Employer Branding für die Logistik

Die Zugangsinformationen zum eBook Inside finden Sie am Ende des Buchs.

Christian Runkel

Employer Branding für die Logistik

Mit Social Media eine attraktive
Arbeitgebermarke entwickeln

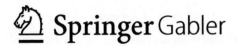 Springer Gabler

Christian Runkel
myLOGconsult GmbH
Rellingen, Deutschland

ISBN 978-3-658-22641-1   ISBN 978-3-658-22642-8   (eBook)
https://doi.org/10.1007/978-3-658-22642-8

Die Deutsche Nationalbibliothek verzeichnet diese Publikation in der Deutschen Nationalbibliografie; detailierte bibliografische Daten sind im Internet über http://dnb.d-nb.de abrufbar.

Springer Gabler

Gedruckt auf säurefreiem und chlorfrei gebleichtem Papier

Springer Gabler ist ein Imprint der eingetragenen Gesellschaft Springer Fachmedien Wiesbaden GmbH und ist ein Teil von Springer Nature
Die Anschrift der Gesellschaft ist: Abraham-Lincoln-Str. 46, 65189 Wiesbaden, Germany

Vorwort

„Danke, ich bin nicht interessiert", sagte mein Gesprächspartner. Auf meine Nachfrage zu den Gründen erhielt ich die Antwort „Das von Ihnen genannte Unternehmen hat kein gutes Image". Diese oder ähnliche Reaktionen erhielt ich in den letzten Jahren, bei Recruiting-Projekten im Kundenauftrag, immer mal wieder von potenziellen Kandidaten beim ersten Gespräch. Der vertrauensvolle Austausch mit meinen Auftraggebern über solche Kandidatenreaktionen und allgemeine Rekrutierungshemmnisse führte dazu, dass die Imageentwicklung und Kommunikation von Arbeitgebermarken immer mehr in den Fokus meiner Beratungstätigkeit rückte.

Ende der 80er Jahre, damals war ich noch als Personalreferent bei einem Technologiekonzern tätig, kam ich das erste Mal bei Veranstaltungen zum Hochschulmarketing mit dem Thema Employer Branding in Berührung. Damals entstand gerade der Begriff Personalmarketing, Employer Branding gewann erst wirklich in den 90er Jahren an Bedeutung.

In den letzten 15 Jahren habe ich bei meinen Beratungsprojekten in der Logistik vielschichtige Erfahrungen im Rahmen von Recruiting und Employer Branding sammeln dürfen. Gerade die letzten Jahre waren mit vielfältigen Veränderungen im Employer Branding verbunden. Einige Unternehmen aus der Logistik, insbesondere die internationalen Unternehmen und Konzerne, haben ihre Anstrengungen in Richtung Employer Branding intensiviert. Der Fachkräftemangel, der sich in einigen Funktionsfeldern deutlich bemerkbar macht, hat ein Übriges dazu beigetragen. Durch die Initiative der Bundesvereinigung Logistik erfolgte mit dem Themenkreis „Image der Logistik" ein weiterer Input, der für Bewegung in der Branche sorgte. An dieser Stelle möchte ich mich bei Frau Frauke Heistermann, Mitglied des Vorstandes der Bundesvereinigung Logistik und Initiatorin des Themenkreises „Image der Logistik" herzlich bedanken. Frau Heistermann stand nicht nur für ein Interview zur Verfügung, sondern bereicherte, durch den gemeinsamen Austausch, meine Ideen zur Gestaltung dieses Buches.

Die Etablierung der Social-Media-Kanäle erhielt in den letzten Jahren eine zusätzliche Relevanz für die Kommunikation von Arbeitgebermarken. Social Media hat die Employer-Branding-Prozesse gravierend verändert. Nachdem zunächst das Recruiting in den Social-Media-Plattformen Einzug hielt, war zu beobachten, wie Unternehmen sich auf den Weg machen, die digitale Kommunikation vermehrt für die mediale Positionierung ihrer Arbeitgebermarken zu nutzen. Dieser Trend führte weiterhin dazu, dass die klassische Employer-Branding-Beratung um die Facetten der Social-Media-Marketing-Gestaltung Bestandteil der Beratungsprojekte wurde. Die ganzheitliche Lösung, von der Beratung über das Projektmanagement zur Gestaltung der Arbeitgebermarke, bis hin zur Social-Media-Kommunikation entwickelte sich zum holistischen Ansatz aus Beratung und Agenturleistung. Mein Dank gilt meinem langjährigen Wegbegleiter Torsten Huith, der mich nicht nur ermutigte, die Praxiserfahrungen in diesem Buch zu dokumentieren, sondern als Beratungspartner für kreative Markenkommunikation verschiedene Anregungen einbrachte. Durch die enge Kooperation bis hin zum Social-Media-Marketing ist Torsten Huith zu einem vertrauten Partner für die Social-Media-Kommunikation von Arbeitgebermarken geworden ist.

Mit diesem Buch möchte ich Ihnen einige Impulse liefern, um sich der Gestaltung Ihrer Arbeitgebermarke zu widmen, oder diese wieder aufzunehmen. Nachdem ich zunächst auf das Thema Image der Logistik eingehe, werde ich Ihnen erläutern, was Sie zur erfolgreichen Durchführung Ihres Employer-Branding-Projektes benötigen, beziehungsweise auf welche Aspekte Sie unbedingt achten sollten. Bevor ich Ihnen die einzelnen Schritte zur Entwicklung einer Arbeitgebermarke, mit zahlreichen Beispielen aus meiner Beratungspraxis, näherbringe, gehe ich zunächst auf die strategische Bedeutung einer attraktiven Arbeitgebermarke ein. Anschließend beleuchte ich die Entwicklungen von Employer Branding im Zusammenspiel mit den Themen rund um Social-Media-Marketing. Dabei zeige ich Ihnen, wie Sie mit einer gut ausgearbeiteten Social-Media-Strategie die Attraktivität Ihrer Arbeitgebermarke langfristig steigern können. Ein besonderes Augenmerk lege ich auf die Kommunikationsform des Storytellings, welches in den letzten Jahren, insbesondere durch den Erfolg von Videoformaten, immer mehr an Bedeutung gewonnen hat. In den letzten Kapiteln dieses Buches gehe ich auf die relevanten Social-Media-Plattformen ein, die für die Kommunikation Ihrer Arbeitgebermarke eine wichtige Rolle übernehmen können. Dabei habe ich das Buch so aufgebaut, dass Sie bei denjenigen Kapiteln einsteigen können, die Sie besonders interessieren. Zur Erleichterung finden Sie inhaltliche Querverweise zu anderen Kapiteln, was zum besseren Verständnis beiträgt.

Ganz bewusst verzichte ich weitestgehend auf die konkrete Benennung von Unternehmen in Verbindung bei den vorgestellten Praxisbeispielen aus der Beratung. Zum einen gehört Vertraulichkeit zu einem wesentlichen Bestandteil meiner Beratungsgrundsätze, zum anderen möchte ich Sie davon abhalten, sich zu sehr an vermeintlichen Wettbewerbern zu orientieren. Aus der Praxis weiß ich, dass die Versuchung nahe liegt, Ansätze zu imitieren, die eventuell gar nicht zu Ihrer Arbeitgebermarke passen. Zur flüssigeren Lesbarkeit verzichte ich auf eine genderspezifische Formulierung bei den in diesem Buch genannten Funktionen. Selbstverständlich sind Frauen und Männer bei allen Bezeichnungen gleichermaßen gemeint.

Der abschließende und größte Dank geht jedoch an meine Frau Monica, ohne deren Rückhalt, durchgehende Unterstützung und immer wieder neue Motivation die Gestaltung dieses Buch nicht möglich gewesen wäre.

Ich wünsche Ihnen viel Spaß beim Lesen dieses Buches und das notwendige Durchhaltevermögen bei der Gestaltung Ihrer Arbeitgebermarke.

Christian Runkel

Inhaltsverzeichnis

1 Image der Logistik 1
   1.1 Logistik and More 11
   1.2 Chancen für den Mittelstand 13
   Literatur. 15

2 Ihr Employer-Branding-Projekt 17
   2.1 Begriffsbestimmungen 18
       2.1.1 Employer Branding 19
       2.1.2 Arbeitgeberattraktivität 22
       2.1.3 Arbeitgeberimage. 25
       2.1.4 Arbeitgebermarke. 28
   2.2 Organisation von Employer-Branding-Projekten. 32
   2.3 Die drei großen Pannen beim Employer Branding 36
   Literatur. 39

3 Die strategische Bedeutung Ihrer Arbeitgebermarke 41
   Literatur. 44

4 Die Entwicklung Ihrer Arbeitgebermarke 45
   4.1 Analyse und Strategieentwicklung 49
       4.1.1 Identität Ihrer Arbeitgebermarke 53
       4.1.2 Markenstrategie und Zieldefinition Ihrer Arbeitgebermarke 65
       4.1.3 Zielgruppendefinition: Die Richtigen erreichen 72
   4.2 Gestaltung und Umsetzung 80
       4.2.1 Positionierung Ihrer Arbeitgebermarke 81
       4.2.2 Das Kommunikationskonzept für Ihre Arbeitgebermarke 84
       4.2.3 Die interne Kommunikation Ihrer Arbeitgebermarke 90
       4.2.4 Die externe Kommunikation Ihrer Arbeitgebermarke 95
   4.3 Monitoring der Arbeitgebermarke 100
   4.4 Reflexion – Ihre erste Aufgabe. 105
   Literatur. 109

5   Employer Branding und Social-Media-Marketing   111
    5.1   Die Bedeutung von Social-Media-Marketing   114
    5.2   Rahmenbedingungen für Social-Media-Marketing   118
    5.3   Storytelling – mit Ihrer Arbeitgebermarke Geschichte schreiben   121
    5.4   Die Social-Media-Strategie für Ihre Arbeitgebermarke   127
    Literatur   138

6   Social-Media-Plattformen für Ihre Arbeitgebermarke   139
    6.1   Corporate-Plattformen   145
        6.1.1   Ihre Karriereseite   147
        6.1.2   Ihr Karriere-Blog   151
    6.2   Content-Plattformen für Social-Media-Marketing per Video   157
    6.3   Community-Plattformen   161
        6.3.1   Facebook   163
        6.3.2   Instagram   167
        6.3.3   Twitter   171
        6.3.4   XING   174
        6.3.5   LinkedIn   178
    6.4   Schlussfolgerungen zur Relevanz und Anwendung von
          Social-Media-Plattformen für Ihre Arbeitgebermarke   181
    Literatur   184

Abbildungsverzeichnis

Abb. 1.1   Umsatz und Beschäftigte in der Logistik   4

Abb. 1.2   Produktionsvolumen der deutschen Fördertechnik- und
Intralogistikbranche 2016 12

Abb. 2.1   Employer Branding System und Zusammenhang 22

Abb. 2.2   Einflussfaktoren zur Arbeitgeberattraktivität 24

Abb. 2.3   Die Top 10 Unternehmen beim Arbeitgeberimage 26

Abb. 3.1   Übersicht der Personalrisiken 42

Abb. 4.1   Der Entwicklungsprozess zur Arbeitgebermarke 48

Abb. 4.2   Identitätsmerkmale der Arbeitgebermarke 54

Abb. 4.3   Auswertung der Mitarbeiterbefragung zu den Identitätsmerkmalen . . . 58

Abb. 4.4   Präzisierung und Formulierung der Top-Identitätsmerkmale 62

Abb. 4.5   Zieldefinition der Arbeitgebermarke 71

Abb. 4.6   Portfolioanalyse Personalbedarfsentwicklung 76

Abb. 4.7   Portfolioanalyse zur Verfügbarkeit von Funktionsgruppen
am Arbeitsmarkt 77

Abb. 4.8   Präferenzen der Zielgruppen für bestimmte Identitätsmerkmale 79

Abb. 4.9   Positionierung der Arbeitgebermarke 82

Abb. 4.10   Das Kommunikationskonzept 86

Abb. 4.11   Konkretisierung der Zielgruppen 87

Abb. 4.12   Mediaplanung externe Kommunikation der Arbeitgebermarke 99

Abb. 4.13   Personal Imageanzeige der Helm AG 108

Abb. 5.1   ICR Recruitment Trends 2018: Entwicklung der Top-Themen 113

Abb. 5.2   Phasen der Social-Media-Marketing-Strategie 129

Abb. 6.1   Recruiting Prism 140

Abb. 6.2   Welche Social Media Plattformen Unternehmen nutzen 141

Abb. 6.3   Nutzung von sozialen Netzwerken für Imagewerbung/Employer
Branding 143

Abb. 6.4   Das Zusammenspiel der Corporate-Plattformen mit anderen
            Social-Media-Plattformen   146
Abb. 6.5   Die Nutzung von Kanälen zum Recruiting   147
Abb. 6.6   Anteil der Unternehmen mit Stellenanzeigen in
            Social-Media-Kanälen   162
Abb. 6.7   Übersicht zur Empfehlung von Social-Media-Plattformen   183

Tabellenverzeichnis

Tab. 4.1   Beispiel-Kennzahlen zur Employer-Branding-Erfolgsmessung   104

Image der Logistik

1

Zusammenfassung

In diesem Kapitel erfahren Sie Einzelheiten über den aktuellen Diskussionsstand zum Image der Logistik und dem Fachkräftemangel in der Branche. Sie werden erfahren, warum die Imageverbesserung in der Logistik nicht nur ein Thema für Speditionsunternehmen ist, sondern alle Branchen mit Logistikfunktionen betrifft. Zudem wird der Fokus auf die klein- und mittelständischen Unternehmen in der Logistik gelegt. Es wird verdeutlicht, welche Chancen sich gerade für diese Unternehmen mit einem proaktiven Employer-Branding-Prozess für ihre Arbeitgeberattraktivität bieten, um dem Fachkräftemangel entgegenzuwirken.

Die Welt der Logistik steht vor einem gravierenden Umbruch. Die Digitalisierung wird die Arbeitswelt in der Logistik grundlegend verändern. Mit neuen Robotertechnologien und künstlicher Intelligenz werden alt gediente Supply-Chain-Prozesse und komplette Warehouse-Konfigurationen infrage gestellt. Digitalisierbare Geschäftsprozesse werden zu neuen Geschäftsmodellen führen, die gerade kleine und mittelständische Unternehmen nicht nur vor neuen Herausforderungen stellen, sondern auch die bisherige Existenzbasis infrage stellen können.

Die Logistik wird zukünftig ein neues Gesicht bekommen. Gestalten werden dieses Gesicht jedoch auch weiterhin hoch qualifizierte Mitarbeiter mit logistischem und digitalem Know-how. Mit dem notwendigen Gestaltungsprozess sind einige entscheidende Fragen verbunden:

1. Sind die Unternehmen und die mit der Logistik verbundenen Institutionen auf die Neugestaltung der Arbeitswelt ausreichend vorbereitet?
2. Wie kann der Bedarf an qualifizierten neuen Mitarbeitern, gerade in der Verbindung mit neuen qualitativen Anforderungen, zukünftig gedeckt werden?

© Springer Fachmedien Wiesbaden GmbH, ein Teil von Springer Nature 2018
C. Runkel, *Employer Branding für die Logistik,*
https://doi.org/10.1007/978-3-658-22642-8_1

3. Ist die Branche für zukünftige Mitarbeiter mit neuem Anspruchsdenken attraktiv genug?

4. Sind Unternehmen und Institutionen in der Lage einen notwendigen Imagewandel der Logistik, weg von der wahrgenommenen Lkw-, Transport-, und Lagerwelt, hin zu einer IT-basierten Versorgung der Gesellschaft mit neuen Technologien, aktiv zu gestalten?

Für die Unternehmen, aber insbesondere für das Human-Resources-Management, wird sich der Fokus der Aktivitäten in Richtung verstärkter Image- (Branchen-) und Marken- (Arbeitgebermarken-) Entwicklung richten müssen, um die Wettbewerbsfähigkeit sicher zu stellen. Die Steigerung der Attraktivität logistischer Arbeitsplätze und eine damit einhergehende Imageverbesserung der gesamten Branchenwahrnehmung, sollten zu zentralen Zielen werden. Einen wesentlichen Lösungsansatz zur Erreichung dieser Ziele bietet ein professionell und ganzheitlich gestalteter Employer-Branding-Prozess. Doch selbst die besten Marken mit hoher Attraktivität bleiben im Dunkeln, wenn es nicht gelingt, eine breite Öffentlichkeit zu erreichen. Imageverbesserung benötigt Kommunikation auf allen Ebenen, unter Einbeziehung von relevanten Social-Media-Marketing-Strategien.

Wie Unternehmen diesen Spagat bewältigen können und ihre langfristige Wettbewerbsfähigkeit mit einer attraktiven Arbeitgebermarke, verbunden mit einer zielgruppenorientierten Rekrutierung bewältigen können, ohne den Branchenfokus zu verlieren, werde ich Ihnen in diesem Buch vorstellen.

In diesem Kapitel werde ich zunächst die Ausgangssituation der Logistik im Hinblick auf den derzeit akuten Fachkräftemangel und einer vermeintlich bestehenden Imageproblematik beleuchten. Zudem werde ich in den folgenden Kapiteln darauf eingehen, warum Employer Branding für die Logistik nicht nur ein Thema für klassische Speditionsunternehmen darstellt, beziehungsweise welche Chancen sich gerade für mittelständische Unternehmen mit einer attraktiven Arbeitgebermarke bieten.

Fachkräftemangel

Der Deutsche Industrie- und Handelstag (DIHK) kommt im Rahmen einer Umfrage 2018 zum Ergebnis, dass es zu wenige Fachkräfte am Bau, in der Logistik, in der Pflege und im Gastgewerbe gibt. Der Fachkräftemangel wird zu einer zunehmenden Belastung für Unternehmen. Die Folge seien sinkende Wachstumspotenziale sowie Hemmnisse für Innovationen und Investitionen. Laut einer Umfrage unter rund 24.000 Unternehmen hat fast jede zweite Firma inzwischen Schwierigkeiten, offene Stellen mit Fachkräften zu besetzen; vor einem Jahr waren es 37 %. Der DIHK schätzt aus hochgerechneten Antworten in der Befragung, dass insgesamt rund 1,6 Mio. Stellen in Deutschland längerfristig nicht besetzt werden können (Deutscher Industrie- und Handelskammertag 2018).

Das Wirtschafts- und Investitionsklima in Deutschland entwickelt sich aktuell weiterhin positiv. Einer der Profiteure dieser Entwicklung ist die Logistik mit all seinen Branchenbereichen. Die Kölner Rewe Group will in den kommenden vier Jahren rund 600 Mio. EUR in ihre Logistik investieren und bis 2025 sieben neue Logistikzentren bauen.

Dabei will REWE auch die Automatisierung ihrer Logistik weiter vorantreiben und die Voraussetzungen für den späteren Einsatz von Robotern schaffen (Logistik Heute 2018). Der Onlinehändler Amazon will im neuen Logistikzentrum im Mönchengladbacher Stadtbezirk Rheindahlen nicht nur 1000 neue Arbeitsplätze schaffen, sondern auch bis zu 4000 Roboter einsetzen. Ähnliche Entwicklungen wird Amazon im zukünftigen Logistikzentrum im Süden Hamburgs vorantreiben (LOG.Mail 2018). Diese beiden Beispiele aus der Handels- und Onlinebranche verdeutlichen, dass trotz weiterer Digitalisierung und Robotertechnik der Bedarf an Mitarbeitern weiter steigt. Der Direktbedarf an Mitarbeitern führt zu einer weiteren Nachfrage im Zuliefererbereich der Logistik. Durch neue oder modernisierte Logistikzentren steigt die Nachfrage für Unternehmen aus der Intralogistik, genauso wie bei den Logistikplanungsunternehmen und den logistischen Immobilienentwicklern. Die Nachfrage nach qualifizierten Mitarbeitern steigt weiterhin stetig an und kann nur eingeschränkt gedeckt werden.

Die Frankfurt University of Applied Sciences hat den Fachkräftemangel in der Logistik und die sich daraus ergebenden Handlungsfelder für das Personalmanagement im Juni 2016 in einem Studienbericht zusammengefasst.

Vom Fachkräftemangel betroffen sind überwiegend die gewerblichen Funktionen (bei 55 % der teilnehmenden Firmen), aber auch die kaufmännischen Funktionen (bei den restlichen Befragten). Am längsten müssen die meisten Unternehmen nach Führungskräften suchen. Fast zwei Drittel der Teilnehmer hält es für schwierig sie anzuwerben. Auf der ersten Position unter den meistgesuchten gewerblichen Mitarbeiter stehen Fachkräfte für Umschlag und Lagerlogistik, und direkt danach die Disponenten sowie die Fahrer/Zusteller. Etwa die Hälfte der Teilnehmer nannte Data-Scientists und IT-Fachkräfte als Berufsgruppen, die schwer zu rekrutieren sind. Unter Nachwuchsfachkräften gelten Auszubildende in kaufmännischen Berufen, sowie in Warenumschlag und Lagerberufen als am anspruchsvollsten zu finden.

Für die Suche nach neuen Führungskräften benötigen die meisten Unternehmen zwischen 3 bis 5 Monate. Das kann mit den hohen Anforderungen an diese Bewerber zu tun haben, wenn es um Qualifizierung oder Erfahrung geht. Jeweils 21 % der Betriebe suchen nach neuen Mitarbeitern für Führungspositionen zwischen fünf bis sieben Monate.

Fachkräfte für Umschlag und Lagerlogistik stehen auf der Liste der gesuchten Mitarbeiter sehr weit oben. Über die Hälfte der Betriebe ist nach diesen Fachkräften zwischen ein bis drei Monate auf der Suche.

Der Recruiting-Aufwand hat sich im Rahmen eines Vergleichszeitraums von fünf Jahren bei 83 % der befragten Unternehmen deutlich erhöht. Der Mangel an geeignetem Personal ist seit 2011 spürbarer geworden. Diese Entwicklung ist mit wachsenden Kosten der Personalarbeit verbunden. Der sich aufbauende Personalmangel kann zu Verzögerungen in der Abwicklung der täglichen Geschäftsprozesse führen und verlangt mehr Aufwand seitens der bestehenden Belegschaft, die oft zusätzliche Aufgaben übernehmen muss.

Der Findungsprozess für neue Fachkräfte wird durch den relativ schlechten Ruf der Branche erschwert. Keiner der Teilnehmer sieht das Image der Logistikbranche als „sehr gut" und nur etwa ein Viertel würde es als „gut" bezeichnen. Die Hälfte der befragten Teilnehmer stuft das Image der Branche als „befriedigend" ein (Czernin, J. und Schocke, K.-O. 2016)

Zu einem ähnlich gelagerten Ergebnis kommt das Hamburger Abendblatt (2018) bei einer regionalen Untersuchung des Hamburger Arbeitsmarktes (Hamburger Abendblatt 2018). Von 17.562 freien Arbeitsstellen, die bei der Bundesagentur für Arbeit Hamburg gemeldet waren, entfielen 3699 auf den Sektor Verkehr und Logistik, also 21 %. Durchschnittlich bleiben die vakanten Logistikpositionen in Hamburg drei Monate unbesetzt. Der Verein Hamburger Spediteure geht davon aus, dass sich der Fachkräftemangel in der Logistik weiterhin verschärfen wird.

Logistik im Wettbewerb mit anderen Branchen

Mit rund drei Millionen Beschäftigten und 258 Mrd. EUR Umsatz im Jahr 2016 ist die

Logistik in Deutschland der drittgrößte Wirtschaftsbereich, und bildet damit das Rückgrat für den wirtschaftlichen Erfolg der Industrie und des Handels (siehe Abb. 1.1).

Bedingt durch die Digitalisierung, einer weiter fortschreitenden Automatisierung und dem Einsatz von Robotertechnologien verändert sich der Bedarf an qualifizierten Fachkräften und Spezialisten in der Logistik. Die Berufsfelder werden stärker geprägt sein

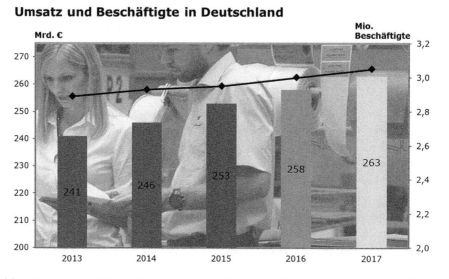

Abb. 1.1 Umsatz und Beschäftigte in der Logistik. (Quelle: Bundesvereinigung Logistik)

von Ingenieuren und IT-Spezialisten. Damit steht die Logistik im starken Wettbewerb mit der Automobilindustrie, seinen Zulieferern, dem Maschinenbau und nicht zuletzt den großen IT-Unternehmen. Das falsche Bild, das zur Logistik vorherrscht, oder besser gesagt das Image, sind ein nicht zu unterschätzendes Hindernis auf dem Weg zu einem erfolgreichen Recruiting.

Die Verbesserung des Images steht auch im Fokus der Bundesvereinigung Logistik. In einem Interview vom 16. Januar 2018 sagte Prof. Dr. Robert Blackburn, Vorstandsvorsitzender der Bundesvereinigung Logistik:

> Wir brauchen ein stärkeres Logistik-Branding. Meine Vorstandskollegin Frauke Heistermann und der BVL-Themenkreis Image der Logistik treten seit Jahren dafür ein. Logistik ist eine tolle Branche, aber unser Wirtschaftsbereich steht am Arbeitsmarkt im Wettbewerb mit der Automobilindustrie, dem Maschinenbau oder auch dem Handel. Das ist eine Herausforderung, denn über diese Branchen wissen die meisten Menschen mehr als über die oft im Hintergrund agierende Logistik. Es ist notwendig, zu informieren und gleichzeitig an der emotionalen Wahrnehmung zu arbeiten (DVZ 2018).

Die zentrale Frage für die Logistik
Welche Schritte sind für die Verbesserung des Branchenimages notwendig?

Ziele des Themenkreises Image der Logistik Um die Logistik sichtbarer zu machen, ihr Image nachhaltig zu verbessern, sowie Menschen für die Logistik zu gewinnen, wird der Themenkreis „Image der Logistik" der BVL, Fachdiskussionen kanalisieren, Anstöße geben und mit eigenen Aktionen Zeichen setzen. Sind die Facetten der Logistik durch die positive, verständliche und aufklärende Kommunikation in Form aufeinander abgestimmter Aktionen kontinuierlich präsent und sichtbar, kann die Logistik als drittgrößte Branche Deutschlands erfolgreicher agieren. Der Themenkreis verfolgt mit der Kampagne und anderen Maßnahmen drei wesentliche, aufeinander aufbauende Ziele (Bundesvereinigung Logistik 2017, S. 7–8).

Sichtbarkeit: Zunächst geht es darum, die Sichtbarkeit des Wirtschaftsbereiches in der Öffentlichkeit und speziell bei den Stakeholdern und Zielgruppen zu erhöhen.

Image verbessern: Durch Information und Kommunikation der Stärken und Leistungen verdeutlichen die Aktionen die Relevanz des Wirtschaftsbereiches und liefern ein umfassendes Bild der Logistik in ihrer ganzen Bandbreite.

Aktivieren: Darauf aufbauend sollen Stakeholder, Bürger, Verbraucher, aber auch die Unternehmen und Menschen innerhalb des Wirtschaftsbereiches selbst zu Entscheidungen und zum Handeln im Sinne des Wirtschaftsbereiches aktiviert werden.

Die Wahrnehmung der Logistik in der Öffentlichkeit muss sich grundlegend ändern. Dabei sollte es gelingen, dass die Welt der Logistik und ihre darin verbundenen Unternehmen und Institutionen.

- Problemlöser für die Versorgung der Öffentlichkeit sind,
- einen hohen Nutzen für die Öffentlichkeit bieten,

- innovative und grüne Technologien entwickeln, die eine spezialisierte IT erfordern,
- eine attraktive Ausbildung, Jobs und Karrieren auf allen Qualifikationsebenen, außerhalb von Lkw, Lager und Verwaltung bietet,
- eine hohe Effizienz für andere Branchen und Produkte gewährleistet und
- ein Treiber von Innovationen ist, der für eine Vernetzung mit anderen Branchen steht.

Im Sinne der Arbeits- und Unternehmensattraktivität sollte deutlich werden, dass in der Logistik moderne, gut ausgebildete Menschen, ob als IT-Manager, Projektleiter, Logistikplaner oder Top-Führungskraft, tätig sind. Es gibt ausreichend spannende Geschichten über die Menschen und ihre Arbeitsplätze in der Logistik zu erzählen. Im Sinne eines Employer Branding mit attraktiven Arbeitgebermarken müssen alle Kommunikationskanäle, speziell die der Social-Media-Plattformen genutzt werden, um eine Imageveränderung zu bewirken.

Logistik wird zum Gestalter der Zukunft – Das hemdsärmelige Image der Branche ist Vergangenheit: Interview mit Frauke Heistermann

Als Vorstandsmitglied der Bundesvereinigung Logistik (BVL) haben Sie 2015 das Thema Image der Logistik aufgegriffen. Hierzu wurde ein Arbeitskreis, bestehend aus Mitgliedern von Industrie, Handel, Logistikdienstleistern, Wissenschaft und Medien ins Leben gerufen. Was hat Sie zu diesem Schritt veranlasst, und wie sehen die konkreten Ziele des Arbeitskreises aus?

Ich glaube, dass wir es uns schlichtweg nicht mehr leisten können, ein Außenbild der Logistik zu vermitteln, welches weit hinter der tatsächlichen, starken Leistungskraft dieser Branche hinterherhinkt. Wir wollen uns doch beim Wettstreit um die besten Mitarbeiter nicht freiwillig in die hintere Reihe stellen, oder? Und dabei hat unsere Branche so viele spannende Geschichten zu erzählen und Inhalte zu vermitteln, sie tut es nur zu wenig und mit zu geringer Leidenschaft und Emotion. Das wollte ich ändern und habe deshalb den Themenkreis ins Leben gerufen.

Der Themenkreis versteht sich als Think Tank. Wir wollen Fachdiskussionen zum Image kanalisieren, Anstöße geben und damit andere Stakeholder aus der Logistik motivieren, selbst für ein positives Image einzutreten und aktiv zu werden.

Logistik soll als attraktives Arbeitsfeld, als unabdingbarer Faktor für die eigene Lebensqualität und als wertvoller Baustein für wirtschaftlichen Erfolg gesehen, verstanden und positiv assoziiert werden.

Da es sich hierbei schon um eine Mammutaufgabe handelt, konzentrieren wir uns im ersten Schritt auf den Bereich der Mitarbeitergewinnung für unsere Branche. Hier sehen wir einen großen Schmerzpunkt der Logistik, der durch ein besseres Image und in dem Zusammenhang auch das Employer Branding verbessern kann.

Das Image beschreibt die Wahrnehmung der Logistik in der Öffentlichkeit. Wie wird die Branche aus Ihrer Sicht aktuell wahrgenommen, und welche Auswirkungen hat diese Wahrnehmung für die Unternehmen in der Logistik?

Unser Themenkreis hat bei Studenten ein Fremdbild der Logistik erheben las-
sen. Das aus meiner Sicht interessanteste Ergebnis: Viele beurteilen das Image der
Logistik als gut (das hat uns gefreut), aber genauso viele schätzen die Bedeutung
der Logistik als eher gering ein, verglichen mit anderen Abteilungen wie Finan-
zen, Produktion, Marketing oder Sales (das hat uns geschockt). Die Auswirkung
einer solchen Einschätzung ist fatal für unsere Branche: Nachwuchstalente wollen
in Bereichen mit hoher Relevanz und Einfluss arbeiten, da sie diese in der Logistik
nicht sehen, gehen sie uns verloren.

Ein anderes Beispiel: Logistik hat immer massive Probleme bei der Umsetzung
von Immobilienprojekten, da die Öffentlichkeit und auch die lokalen Politiker oft
dagegen Stimmung machen. Wir müssen der Öffentlichkeit verdeutlichen, dass
Logistik ihr wichtigster Versorger ist und damit ihren Wohlstand sicherstellt. Dazu
müssen wir in einen aktiven und auch andauernden Dialog mit der Öffentlichkeit
treten und dürfen uns nicht auf das Bild des „Stau – und Lärmproduzenten" redu-
zieren lassen.

Die Unternehmen der Logistik sind nicht unbedingt dafür bekannt, Vor-
reiter für Veränderungen zu sein. Wie haben die Mitgliedsunternehmen der
BVL bisher auf die Aktivitäten reagiert? Haben Sie den Eindruck, dass ein
Soft-Fact wie das Image als relevante Problemstellung erkannt wird?

Die Bandbreite der Reaktionen ist so vielfältig wie unsere Branche und reichen
von „Image ist nicht relevant, damit verdienen wir keinen Cent mehr" bis hin zu
klarer Unterstützung, „gut, dass ihr endlich aktiv werdet, es ist fünf vor zwölf, wo
kann ich mitarbeiten?".

Ich bin der Überzeugung, dass der Schlüssel darin liegt, den Unternehmen zu
vermitteln, dass Imagearbeit nicht bedeutet Hochglanzprospekte zu produzieren.
Es bedeutet, den guten Content, die guten Geschichten, die die Logistik tagtäglich
erlebt, zu erzählen. Darüber findet unsere Branche Gehör und Interesse – beides
fördert unseren Erfolg. Ein Schlüssel ist zum Beispiel die Digitalisierung, über die
unsere Branche nun massiv Innovationen produziert, technologisch aktiv ist und
schon allein damit dem Image der hemdsärmeligen Branche entgegenwirkt.

Ist die Imageproblematik der Branche im Kern nicht auch auf die feh-
lende Attraktivität einiger Arbeitsplätze in der Logistik und letztlich auch der
Unternehmen als Arbeitgeber zurückzuführen?

Das ist sicherlich richtig. Am Image zu arbeiten, darf daher auch nicht
bedeuten, Dinge schön zu reden. Aber gute Dinge dürfen auch nicht kleingeredet
werden. Wir müssen unsere Branche so darstellen wie sie ist. Und dazu zählen die
Fahrer und Lagerarbeiter, genauso wie der Data-Analyst, der Projektmanager
oder der Innovationsmanager (übrigens m/w). Das Unternehmen als Arbeit-
geber steht in der Verantwortung, sich zu überlegen, wie es attraktiv für neue und
bestehende Mitarbeiter sein kann. Wer das gut macht, wird talentierte Leute für
sich gewinnen, wer das nicht gut macht, zieht den Kürzeren.

**Sind aus Ihrer Sicht nur die klassischen Logistikdienstleister von der The-
matik betroffen, oder gilt dies auch für die Intralogistik und Logistikbereiche
innerhalb des Handels oder der Industrie?**

*Aus meiner Sicht gilt: Je stärker eine Marke ist, desto einfacher ist es, gute
Mitarbeiter zu finden. Dies gilt für starke Marken bei den Logistikdienstleistern
wie auch bei Industrie oder Handel. Für alle gilt aber gleichermaßen: Solange
Nachwuchskräfte die Relevanz und den Wertschöpfungsbeitrag der Logistik nicht
erkennen, werden sie sich tendenziell immer für andere Aufgabengebiete entscheiden und uns damit verloren gehen.*

**Hat der Themenkreis schon erste Ergebnisse erzielen können? Haben
Sie zwischenzeitlich schon eine Bewusstseinsänderung zum Thema, bei den
Unternehmen der Logistik wahrnehmen können?**

*Allein kann der Themenkreis der BVL noch keine Bewusstseinsänderung schaf-
fen. Aber durch unsere Aktionen und die Berichterstattung der Medien, die auch
im Themenkreis vertreten sind, haben wir das Thema Image innerhalb unserer
Branche adressiert, Diskussionen angestoßen und damit das Thema sensibilisiert.
Hinzu kommt aktuell der Kampf um Nachwuchstalente. Er verschafft uns ein weiteres Momentum, durch das die Unternehmen erkennen, das Image ein wichtiges
Thema ist.*

**Welche Kernbotschaften sollte die Branche und damit auch die Unter-
nehmen kommunizieren und welche Kommunikationskanäle bieten sich in
besonderem Maße an?**

*Mein Wunsch wäre, eine gezielte, branchenweite Kampagne zur Stärkung des
generellen Logistik-Brandings. Hier wäre die Hauptbotschaft, Logistik als Ermöglicher von Wohlstand und Versorgungssicherheit darzustellen, als wachsende Branche mit attraktiven Arbeitgebern. Auf dieser erhöhten Wahrnehmung und dem
Interesse an Logistik könnte dann jedes einzelne Unternehmen mit seiner eigenen
Kampagne aufsetzen.*

*Bei der Wahl der Kommunikationskanäle kommt es natürlich auf die Zielgruppe
an. Ich persönlich würde allerdings verstärkt auf Kampagnen über die neuen
Medien setzen, da ich hier das beste Kosten-/Nutzenverhältnis sehe.*

**Kommen wir zu einem weiteren Thema, das die Diskussionen in den letz-
ten zwei Jahren besonders intensiv bestimmt hat, die Digitalisierung. Welche
Rolle spielt aus Ihrer Sicht die Digitalisierung, respektive Logistik 4.0, für die
Attraktivität der Logistik?**

*Digitalisierung und ein besseres Branding für die Logistik gehen eine wunder-
bare Symbiose ein. Branding braucht einen guten Inhalt und den liefert uns aktuell
die Digitalisierung. Sie zeigt, wie innovativ, hoch-technologisiert unsere Branche
sein kann, beziehungsweise wie sie zum Gestalter der Zukunft avanciert. Vorausgesetzt, sie nutzt die Chancen der Digitalisierung aktiv, statt nur skeptisch und
abwartend zuzuschauen. Digitalisierung liefert uns Inhalte auf dem Silbertablett,*

die auf unser Image einzahlen: Urbane Logistik, Mobilität, eCommerce… – mit diesen Themen ist die Logistik das erste Mal ganz nah an der Öffentlichkeit und wird für die Menschen, in dem was sie leistet, unmittelbar erlebbar und spürbar. Das müssen wir nutzen!

Sehr geehrte Frau Heistermann, ich danke Ihnen für das aufschlussreiche Gespräch und wünsche Ihnen für die Arbeit im Themenkreis Image der Logistik weiterhin viel Erfolg

Frauke Heistermann ist heute aktiv als Aufsichtsrätin, Vorstandsmitglied der Bundesvereinigung Logistik, Mitglied der Logistikweisen, stellvertretende Vorsitzende des Rates für Technologie in Rheinland-Pfalz und Key Note Speaker. Zuvor war Frau Heistermann über 18 Jahre als Mitgründerin und Mitglied der Geschäftsleitung bei der AXIT GmbH, seit 2015 eine Tochter der Siemens, tätig.

Employer Branding als Lösungsansatz für ein besseres Image und gegen den Fachkräftemangel

Branding-Maßnahmen für die Branche und Employer Branding für die Unternehmen werden zu einem zentralen Faktor, um zukünftig Erfolge bei der Imageverbesserung zu verzeichnen. Eine nachhaltige Imageverbesserung wird bei strategisch richtig gewählten Employer-Branding-Instrumenten und -Methoden zu einem qualitativ wertvolleren Recruiting führen. Eine starke Arbeitgebermarke ist die beste Antwort auf den Fachkräftemangel.

Ein Schlüsselfaktor für die Positionierung der Arbeitgebermarke ist eine content- und zielgruppenorientierte Kommunikation. Diese kommt derzeit noch viel zu kurz, wie eine Umfrage unter Studenten der FHWS im Juli 2016 belegt (Bundesvereinigung Logistik 2017, S. 9).

Das Image der Logistik und die Attraktivität als Arbeitsgeber werden von den Studenten grundsätzlich erst einmal als gut gewertet. Allerdings werden die Aktivitäten der Logistik und deren Präsenz in den Medien, im Vergleich zu anderen Branchen (z. B. Automotive oder Maschinenbau), als sehr gering angesehen. Logistik wird von den Befragten zudem als unwichtigster Bereich eines Unternehmens gewertet. Verglichen wurden die Bereiche: Vertrieb, Personal, Marketing, Logistik, F&E und Finanzen. Der wichtigste Bereich ist Finanzen, der unwichtigste Bereich ist Logistik. Dieses Umfrageergebnis unterstreicht die vorhergehende Argumentation, wie wichtig Aufklärung, im Hinblick auf die Schlüsselrolle der Logistik im gesamten Wertschöpfungsprozess, ist.

Wenn alle Unternehmen Employer Branding als zentrale, strategische Aufgabe sehen, leistet jedes Unternehmen einen Beitrag zur Verbesserung des Branchenimages und wirkt dem Fachkräftemangel entgegen. Dabei verlieren die Unternehmen, wie vielfach befürchtet, nicht ihre eigene Unternehmens-DNA oder Identität. Zuweilen höre ich auch immer mal wieder das Argument, dass man sich bei den konzertierten Imageaktionen, nicht weit genug vom Wettbewerb abgrenzen kann. Dabei gibt es eine ganze Reihe von sehr guten Beispielen, die genau das Gegenteil beweisen.

Das Paradebeispiel ist der „Tag der Logistik", der jedes Jahr am dritten Donnerstag im April stattfindet. Unternehmen und zum Teil auch wissenschaftliche Institutionen öffnen ihre Türen und zeigen die Vielfalt der Logistik. Dabei ist es in den vergangenen Jahren gelungen eine immer breitere Zielgruppe anzusprechen. Die Bandbreite der Teilnehmer reicht bis hin zu Politik und Gesellschaft, dort vor allem Schüler und Studierende. Der „Tag der Logistik" ist eine kleine Erfolgsstory. Seit 2008 hat sich das Interesse mehr als verdoppelt, wie folgende Kennzahlen eindrucksvoll belegen: 458 Veranstaltungen, 40.000 Besucher, 670 teilnehmende Unternehmen und über 2000 Presseinformationen.

Eine weitere als positiv zu bewertende Aktion war die Kampagne „Logistik - Du brauchst sie doch auch". Durch Cartoons wurden Fakten aus der Logistik in lustiger Form vermittelt, mit dem Ziel Wohlfühlfaktoren durch funktionierende Logistik freundlich zu vermitteln.

Im Bereich Spedition und Logistik geht der Verlag Heinrich Vogel als leuchtendes Personalmarketing-Vorbild voran. Unter Schirmherrschaft des Bundesverkehrsministeriums ging bereits vor ein paar Jahren die Initiative „Hallo Zukunft" an den Start. Mit dieser Aktion sollen in erster Linie potenzielle Auszubildende über die Ausbildungsmöglichkeiten in der Logistik informiert werden. Das Portal gibt Informationen zu Ausbildungsstellen, Tipps von Experten und Hinweise zu Veranstaltungen mit Bezug auf die Logistik.

Diese Beispiele zeigen, dass es bereits sehr gute Ideen und Ansätze in Richtung Branding für die Logistik gibt. Sie gehen jedoch vornehmlich von Verbänden und öffentlichen Institutionen aus. Doch wie sieht es mit den Unternehmen der Logistik aus? Für ein verstärktes Engagement ist natürlich zunächst die Erkenntnis notwendig, was mich zur folgenden Frage führt.

Hat das Human-Resources-Management die Imageproblematik wahrgenommen?
Im Blog von Jakob Osman, den „Personalmarketing-Nerds", findet sich ein Artikel aus 2017, in dem er zu dem Ergebnis kommt, dass Personalmarketing und Employer Branding in der Logistik um Jahre zurückliegen, und das trotz schlechtem Image und katastrophaler Arbeitsbedingungen.

> Wirft der Bewerber zum Beispiel den Blick auf den Internetauftritt so mancher Arbeitgeber, fühlt er sich nicht selten in die Neunziger Jahre zurück katapultiert. Leicht auffindbare Informationen über die Ausbildung? Fehlanzeige! Nur mit intensivstem Suchen stößt der geneigte Leser auf den Link, der zu den offenen Stellen im Unternehmen führt. Im Impressum! Und dort? Kein Karrierebereich mit Informationen über die Ausbildung, Videos, Bildern, geschweige denn ein Azubi-Blog. Von responsivem Design, mit dessen Hilfe man die Informationen über mobile Endgeräte abrufen könnte einmal ganz zu schweigen. Die Stellenanzeigen selbst bieten einen ähnlich traurigen Anblick: Lange und lieblos gestaltete Bleiwüsten mit dem Logo als einzigem Farbklecks (Osman 2017).

Die Aussage an sich enthält sicherlich eine Reihe von Wahrheiten, diese gelten aber nicht pauschal für die gesamte Logistik-Szene. Wie in vielen Bereichen zeigen meine Erfahrungen in Gesprächen und Projekten mit Unternehmen ein breit gestreutes Bild. Es gibt HR-Bereiche in Unternehmen, die keine Imageproblematik, aber sehr wohl Rekrutierungshemmnisse sehen. Grund hierfür sind jedoch nicht die eigenen Unzuläng- lichkeiten, sondern das hohe Anspruchsniveau der Kandidaten, schlechte Qualifikationen bei Bewerbern, oder sonstiges Fremdverschulden. Es gibt aber auch schlichtweg immer noch Unternehmen, die keine Rekrutierungsschwierigkeiten feststellen (wollen). Andere Unternehmen sehen sich als hoch attraktiven Arbeitgeber, für den ein schlechtes Image der Branche kein Problem darstellt.

Auf der anderen Seite beobachte ich aber auch immer mehr Unternehmen, die ihre Aktivitäten in Richtung Employer Branding und Positionierung ihrer Arbeitgeber- marke deutlich verstärken. Diese Maßnahmen gehen sowohl von großen Unternehmen und Konzernen aus, sie reichen bis hin zu kleinen und mittelständischen Unternehmen. Besonders positiv aufgefallen sind zum Beispiel Unternehmen wie die Rudolph Logis- tik Gruppe, timocom, die Nagel Group, Zufall Logistik Gruppe oder HSL, ein mittel- ständisches Bahnunternehmen. Aber auch Unternehmen aus der Intralogistik, wie zum Beispiel SSI Schäfer, Gebhardt oder Dematic, um nur Einige zu nennen, haben die unterschiedlichen Social-Media-Plattformen für ihre Kommunikation entdeckt. Diese Unternehmen sind mit guten Geschichten, Bildern und Videos in den sozialen Medien unterwegs und versuchen durch Aufmerksamkeit ihren Bekanntheitsgrad zu steigern, ohne dass man den Eindruck gewinnt es gehe nur um Rekrutierung. Große Unternehmen verstärken ihre Aktivitäten durch die Schaffung neuer Stellen mit Fokus auf Employer Branding, unter dem Aspekt der Recruiting Unterstützung.

Vielfach hinterlassen die verschiedenen Aktivitäten jedoch noch einen recht inhomogenen Eindruck und lassen eine klare Arbeitgebermarkenstrategie im Hinblick auf die Positionierung der Arbeitgebermarke vermissen. Ebenso wird eine klare externe Kommunikation, insbesondere ein konsistentes Social-Media-Marketing für die Arbeit- gebermarke, nicht erkennbar. Viele Maßnahmen wirken wie Stückwerk. Dies lässt darauf schließen, dass sich viele Unternehmen mit Logistikfunktionen und einem ent- sprechenden Personalbedarf noch in der Orientierungsphase befinden.

1.1   Logistik and More

Die Teilnehmer des im vorherigen Kapitel erwähnten Themenkreises „Image der Logis- tik" der Bundesvereinigung Logistik haben es sich zum Ziel gesetzt, die Logistiker in Industrie, Handel, Dienstleistung und Wissenschaft näher zusammenzuführen. Wir sprechen somit nicht nur über die klassischen Logistikdienstleister, die die Branche der Logistik repräsentieren, sondern über alle Unternehmen, Institutionen und Forschungs- einrichtungen mit Logistikfunktionen.

Zur Verbesserung des Images, gemeint ist die Wahrnehmung der Branche von außen und innen, können somit alle Player der Logistik beitragen. Eine besonders wichtige Rolle spielt dabei die Gruppe der Unternehmen, die der Intralogistik und Fördertechnik zuzurechnen sind. Sie zeichnen sich durch eine industrienahe Positionierung aus (Maschinenbau, Investitionsgüter, Hard- und Softwaretechnologien). Nicht zuletzt durch die Digitalisierungsentwicklungen und Logistik 4.0, gilt dieses Segment der Logistik als besonders innovativ. Dabei ist die Produktbandbreite sehr breit, wie Abb. 1.2 verdeutlicht.

Das Produktionsvolumen der deutschen Intralogistikhersteller wuchs 2017 auf 21,3 Mrd. EUR und liegt damit 2 % über dem Vorjahreswert. Für das laufende Jahr 2018 erwartet der VDMA Fachverband Fördertechnik und Intralogistik ein Wachstum von 3 % und eine Steigerung auf 21,9 Mrd. EUR. „Die konjunkturelle Lage für die Anbieter ist insgesamt gut und die Auftragsbücher sind voll. Wir liegen erstmals seit 2007 wieder auf Vorkrisenniveau", sagt Dr. Klaus-Dieter Rosenbach, Vorstandsvorsitzender des VDMA Fachverbands Fördertechnik und Intralogistik.

Die Entwicklung in den einzelnen Produktsegmenten hat sich auch 2017 unterschiedlich entwickelt. Hersteller von Flurförder- und Serienhebezeugen verzeichneten zweistellige Wachstumsraten. Rückläufige Tendenzen gab es hingegen bei den Herstellern von Stetigförderern im Schüttgutbereich sowie in einzelnen Produktbereichen im Kransegment. Die positive wirtschaftliche Entwicklung zeigt sich auch in den Beschäftigtenzahlen. Erneut wuchs die Zahl auf geschätzt 123.500 Mitarbeiter in den deutschen Intralogistikunternehmen (VDMA Fördertechnik und Intralogistik 2018).

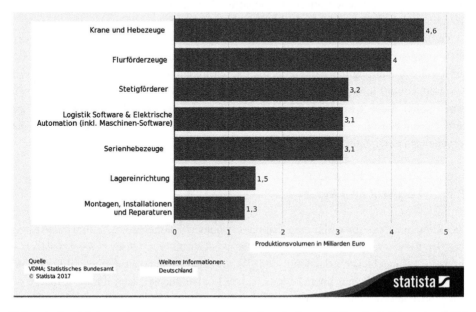

Abb. 1.2 Produktionsvolumen der deutschen Fördertechnik- und Intralogistikbranche 2016. (Quelle: VDMA; Statistisches Bundesamt; zitiert nach Statista 2018)

Aus meiner Sicht kann gerade die Intralogistik einen erheblichen Einfluss auf die positive Entwicklung des Images nehmen. Einige Unternehmen haben dies bereits erkannt und betreiben aktiv eine neue Markenpositionierung. Employer Branding und Arbeitgebermarkengestaltung kommen jedoch auch in diesem Branchensegment noch zu kurz.

Nicht zu vergessen sind die zahlreichen Dienstleister wie Immobilienentwickler oder Planungs- und Beratungsunternehmen. Eine ganz besondere Rolle nehmen jedoch auch die Hochschulen mit ihren Logistikstudiengängen, sowie die angegliederten Forschungseinrichtungen ein. Sie bilden zum einen den Nachwuchs aus, der für die Kommunikation eines positiven Images „genutzt" werden kann, zum anderen können sie durch wissenschaftliche Projekte Innovationen vorantreiben oder Start-ups hervorbringen, die für ein junges, selbstständiges und dynamisches Image der Logistik sorgen können.

Ein weiterer wichtiger Player für die Logistik sind die Logistikregionen, Logistik-Cluster und Logistik-Initiativen in Deutschland. Die führenden Logistikregionen Deutschlands sollten ihren Fokus ein wenig in Richtung Imageentwicklung der Logistik verschieben. Es geht heute nicht mehr nur um die Ansiedlung neuer Unternehmen, sondern zunehmend darum, die Attraktivität einer Region, als lebens- und liebenswerter Raum zum Arbeiten und Leben zu kommunizieren. Hier können die Logistikcluster durch entsprechende Marketing- und Branding-Maßnahmen ein wichtiger unterstützender Pfeiler für die rekrutierenden Unternehmen werden. Die Arbeitsgemeinschaft der Logistik-Initiativen Deutschlands hat dieses Thema erkannt und versucht einen neuen Blickwinkel einzunehmen. Zwölf regionale Logistikinitiativen koordinieren ihre Maßnahmen und haben Aktivitäten in Richtung „nationales und internationales Marketing für den Logistikstandort Deutschland", sowie „Personal und Qualifizierung" als zentrale Ziele definiert. Es bleibt abzuwarten, was tatsächlich umgesetzt wird.

Branding, respektive Employer Branding betrifft mithin eine große Bandbreite von Unternehmen und Institutionen. Wenn ich im weiteren Verlauf dieses Praxisbuches allgemein von der Logistik spreche, speziell im Hinblick auf Employer Branding und der Entwicklung attraktiver Arbeitgebermarken, dann meine ich jedes Unternehmen mit Logistikfunktionen.

1.2   Chancen für den Mittelstand

Wie heißt es doch immer so schön, der Mittelstand ist das Rückgrat der deutschen Wirtschaft und das über alle Branchen hinweg. Die Kleinbetriebe und Mittelständler stehen laut Institut für Mittelstandsforschung in Bonn für ca. 99 % aller Betriebe, das sind 3,4 Mio. Unternehmen, und vereinen ca. 35 % des Umsatzes aller deutschen Unternehmen auf sich. Gleichzeitig sind rund 15.400 Großunternehmen in Deutschland tätig. Kleine und mittelständische Unternehmen (KMU) werden vom Institut für Mittelstandsforschung als Unternehmen mit unter 500 Mitarbeitern und einem Umsatz bis 50 Mio. EUR Umsatz definiert (Institut für Mittelstandsforschung 2015).

Eine vergleichbare Unternehmensstruktur findet sich in der Logistik. Auch wenn keine statistischen Zahlen zur Struktur der Logistikunternehmen existieren, was sicherlich auch darauf zurückzuführen sein mag, dass keine eindeutige Definition existiert, welche Unternehmen und Segmente zur Logistik gezählt werden, so kann man sich doch an der Struktur der Mitgliederdaten der Bundesvereinigung Logistik orientieren. Diese sehen wie folgt aus:

- Bis 50 Mitarbeiter: 39 %
- 51–250 Mitarbeiter: 22 %
- mehr als 250 Mitarbeiter: 34 %
- Universitäten und Fachhochschulen: 5 %.

Auf den ersten Blick sollte man davon ausgehen, dass gerade die KMU's im Bereich der Arbeitgebermarkengestaltung und Employer Branding aufgrund ihrer starken Marktpräsenz besonders aktiv sind. Doch Personalmarketing und Markenpositionierung liegt auch in der Logistik überwiegend in den Händen der großen Unternehmen und Konzerne. Viele mittelständische Unternehmen schrecken vor der vermeintlich übermächtigen Markenmacht der großen Unternehmen zurück, weil sie davon ausgehen, mit diesen Unternehmen nicht mithalten zu können. Zudem haben gerade die Personalbereiche kleiner und mittelständischer Unternehmen mit Ressourcenengpässen zu kämpfen, die zusätzliche Projekte oder Aufgabenstellungen kaum zulassen.

Doch ist die Situation für den Mittelstand im Hinblick auf Employer Branding wirklich so aussichtslos? Genau das Gegenteil ist der Fall. Viele Arbeitnehmer bevorzugen mittelständische Unternehmen, weil sie sich breite Aufgabenbereiche, Interaktion, enge persönliche Bindung und eine eher familiäre Firmenkultur erhoffen. Genau diese Vorteile kann gerade der Mittelstand bieten. Damit können sich mittelständische Unternehmen von den üblichen Attraktivitätsfaktoren wie Unternehmensstrategie, Marken- und Produktimage, vermeintliche Standortattraktivität oder entgeltliche Arbeitgeberleistungen, von großen Unternehmen abheben.

Richtig eingesetzt, und vor allen Dingen konsistent kommuniziert, bieten sich dem Mittelstand im Aufbau einer eigenen Arbeitgebermarke entscheidende Vorteile, die sie zur Attraktivitätssteigerung bei ihren Zielgruppen einsetzen können.

Zahlreiche Unternehmensbeispiele verdeutlichen, dass es gerade kleinen und mittelständischen Unternehmen gelingen kann mit einer attraktiven Arbeitgebermarke und einer zielgerichteten Social-Media-Marketing-Strategie, Wettbewerbsvorteile bei der Rekrutierung zu realisieren.

Fazit

Das Image der Logistik stellt sich derzeit als Hindernis bei der Rekrutierung dar. Die Branche steht bei dem aktuellen Fachkräftemangel, allen voran bei jungen Nachwuchskräften und den Digital-Natives in einem intensiven Wettbewerb mit anderen Branchen, die wesentlich bessere Imagewerte besitzen und von potenziellen Kandidaten bevorzugt werden.

Alle Beteiligten der Logistik-Community müssen erhebliche Anstrengungen unternehmen, um das Image der Logistik zu verbessern. Das Problem ist erkannt und wird von vielen Seiten, wie zum Beispiel der Bundesvereinigung Logistik, in Angriff genommen. Im Besonderen sind jedoch die Unternehmen der Logistik aufgefordert, mehr in Employer-Branding-Aktivitäten zu investieren. Die Entwicklung von differenzierbaren Arbeitgebermarken und daraus abzuleitende Kommunikationslösungen, unter Einbeziehung geeigneter Social-Media-Plattformen, muss zur Kernaufgabe des HR-Managements werden. Gerade für den Mittelstand zeichnen sich hervorragende Chancen ab, um mit attraktiven Arbeitgebermarken gegen die vermeintlich bevorzugten Großunternehmen und Konzerne im Recruiting zu bestehen.

Literatur

Bundesvereinigung Logistik. (2017). Umsatz und Beschäftigte in Deutschland. https://www.bvl.de/service/zahlen-daten-fakten/umsatz-und-beschaeftigung. Zugegriffen: 16. März 2018.

Bundesvereinigung Logistik, Themenkreis Image der Logistik. (2017). Strategiepapier 1.6.

Bundesvereinigung Logistik. (2018). Neues Amazon-Logistikzentrum in Mönchengladbach setzt bis zu 4000 Roboter ein. LOG.Mail vom 16. März 2018.

Czernin, J., & Schocke, K.-O. (2016). *Handlungsfelder der Personalarbeit in der Logistik, Studienbericht.* Frankfurt: Frankfurt University of Applied Sciences.

Deutsche Verkehrszeitung DVZ. (2018). Wir brauchen ein stärkeres Logistik Branding. https://www.dvz.de/rubriken/logistik/single-view/nachricht/wir-brauchen-ein-staerkeres-logistik-branding.html. Zugegriffen: 18. Jan. 2018.

Deutscher Industrie- und Handelskammertag. (2018). Fachkräfte gesucht wie nie! https://www.dihk.de/presse/meldungen/2018-03-13-arbeitsmarkt-report. Zugegriffen: 18. März 2018.

Hamburger Abendblatt. (2018). *Hamburg – die Stadt der freien Jobs.* Ausgabe vom 20./21. Januar 2018.

Institut für Mittelstandsforschung. (2015). Mittelstand im Einzelnen. https://www.ifm-bonn.org/statistiken/mittelstand-im-einzelnen/#accordion=0&tab=0. Zugegriffen: 20. März 2018.

Logistik Heute. (2018). Logistikimmobilien: Rewe plant sieben neue Lager bis 2025. https://www.logistik-heute.de/node/18145. Zugegriffen: 27. März 2018.

Osman, J. (2017). Personalmarketing & Employer Branding in der Logistik. http://personalmarketing-nerds.de/personalmarketing-employer-branding-in-der-logistik/. Zugegriffen: 16. März 2018.

VDMA Fördertechnik und Intralogistik. (2018). Intralogistikbranche nimmt kräftig Fahrt auf. https://foerd.vdma.org/viewer/-/v2article/render/25646898. Zugegriffen: 20. März 2018.

Ihr Employer-Branding-Projekt

2

Zusammenfassung

In diesem Kapitel erhalten Sie notwendige Basisinformationen, um Ihre Arbeitgebermarke langfristig erfolgreich zu gestalten. Zunächst geht es um die Unterscheidung einiger Begriffe wie der Arbeitgeberattraktivität, dem Arbeitgeberimage und der Arbeitgebermarke, die Bestandteil des Employer Branding sind. Sie bekommen Hinweise zur Organisation eines Employer-Branding-Projektes und erfahren, welche Hindernisse Ihr Employer-Branding-Projekt gefährden können.

Auch wenn dieses Buch als Praxisbuch und Leitfaden für die Entwicklung von Arbeitgebermarken genutzt werden soll, so geht es doch nicht ganz ohne eine historische und theoretische Betrachtung des Themas. In meiner Beratungspraxis habe ich immer wieder festgestellt, dass es sowohl in Human-Resources-Bereichen, als auch im Marketing, oder der Unternehmenskommunikation ein unterschiedliches Verständnis vom Markenbegriff und auch vom Employer Branding gibt. Ein erfolgreiches Projektmanagement zur Gestaltung einer Arbeitgebermarke setzt jedoch ein gemeinsames Verständnis aller Beteiligten voraus. Insofern empfehle ich Ihnen, dieses Kapitel nicht einfach zu überblättern, denn es hat im Endeffekt für alle Projektbeteiligten nicht nur einen praktischen Nutzen, sondern ist das Fundament einer gemeinsamen Sprachregelung. Diese Regelung ist für ein erfolgreiches Projekt nicht nur unumgänglich, sondern bildet auch die Basis für eine erfolgreiche Zielerreichung.

In Abschn. 2.1 geht es zunächst darum, eine Differenzierung der verschiedenen Begrifflichkeiten darzulegen. Bei der Definition der Begriffe gehe ich auch auf die in der Wissenschaft etablierten Erklärungen ein. Ich stelle Ihnen aber auch die Definitionen vor, die aktuell in den Beratungsprojekten verwendet werden. Diese haben sich als praktikabel und gut verständlich erwiesen, um eine höchst mögliche Differenzierbarkeit der Begriffe, auch beim späteren, alltäglichen Umsetzungsprozess, zu erreichen. Der Aufbau

© Springer Fachmedien Wiesbaden GmbH, ein Teil von Springer Nature 2018
C. Runkel, *Employer Branding für die Logistik*,
https://doi.org/10.1007/978-3-658-22642-8_2

ist dermaßen gestaltet, dass ich zunächst den Begriff des Employer Branding erläutere. Anschließend gehe ich auf die Begriffe Arbeitgeberattraktivität, Arbeitgeberimage und Arbeitgebermarke ein, weil diese fachlich aufeinander aufbauen und Bestandteil des Employer Branding sind. Es gibt noch eine ganze Reihe weiterer Begriffe, wie zum Beispiel den des Personalmarketing. Ich verzichte jedoch bewusst auf eine umfangreiche Darstellung aller Begrifflichkeiten, die sich rund um Employer Branding herausgebildet haben. Ich fokussiere mich auf die Begriffe, die Bestandteil unseres in der Praxis bewährten Ansatzes sind.

In Abschn. 2.2 möchte ich Ihnen einen ganz entscheidenden Erfolgsfaktor für die Gestaltung Ihrer Arbeitgebermarke nahebringen, nämlich die notwendige Planung und Organisation Ihres Employer-Branding-Projektes. Auch wenn dieser Aspekt vermeintlich eindeutig sein sollte, so verbergen sich gerade zu Beginn der Projektphase zahlreiche Stolpersteine in einer nicht ausgewogen zusammengestellten Projektgruppe, sowie einer nicht eindeutigen Projektdefinition.

Ausgehend von zahlreichen Beratungsprojekten, verbunden mit jahrelang gesammelten Erfahrungswerten, gehe ich in Abschn. 2.3 auf die drei größten Fehler ein, die ich bei der Gestaltung und Kommunikation von Arbeitgebermarken immer wieder gesehen habe. Wenn es Ihnen gelingt, diese Fehler zu vermeiden, haben Sie bereits einen entscheidenden Schritt in die erfolgreiche Gestaltung Ihrer Arbeitgebermarke bewältigt.

2.1   Begriffsbestimmungen

Im Rahmen der Beratungsprojekte starte ich in einem ersten Schritt mit einem Orientierungs- und Analyseworkshop. Zu Beginn bitte ich die Teilnehmer, die Begriffe Employer Branding und Arbeitgebermarke in einem Satz zu formulieren und auf einer Moderationskarte festzuhalten. Danach schauen wir uns die Ergebnisse an. Jeder Teilnehmer erklärt noch einmal seine Definition und erläutert, warum er diese Definition gewählt hat. Vermutlich ahnen Sie schon, wie das Ergebnis aussieht. Bei einer Gruppe von zehn Teilnehmern können Sie davon ausgehen, dass es durchschnittlich sechs verschiedene Sichtweisen und Begriffsbestimmungen gibt. Besonders interessant sind die Ergebnisse dann, wenn in der Gruppe Teilnehmer aus der, nennen wir es, operativen Logistikpraxis dabei sind, wie zum Beispiel Niederlassungsleiter, Supply-Chain-Manager oder auch Vertriebs- und Key-Account-Manager. Es entstehen mitunter hitzige Diskussionen, weil jeder seine Sichtweise für richtig hält. Im Grunde genommen ist dies auch so, da es bis heute keine einschlägigen Definitionen gibt, die sich in Wissenschaft und Praxis etabliert haben.

In einem nächsten Schritt schlagen wir den Teilnehmern Definitionen für die in den nachfolgenden Kapiteln dargestellten Begriffe vor. Anschließend erarbeiten wir die Gemeinsamkeiten aus den unterschiedlichen Begriffsdefinitionen der Teilnehmer und dokumentieren eine gemeinsame „Arbeitssprache". Wichtig wird das gemeinsame Definitions- und Sprachverständnis bereits im nächsten Schritt, wenn die Projektgruppe der Unternehmensleitung ihr Konzept zur Gestaltung und Kommunikation der Arbeitgebermarke vorstellt.

Doch was liegt diesem unterschiedlichen Begriffsverständnis zugrunde? Die konzeptionelle Diskussion zum Begriff Employer Branding begann in den 90er Jahren aus der Personalberatungspraxis heraus, mit einem Artikel von (Ambler und Barrow 1996). Basis bildete die wissenschaftliche Betrachtung von Unternehmensmarken, also Brands, und ihre Auswirkungen auf Aktivitäten für das Personalmanagement im Hinblick auf Mitarbeiterbindung und Rekrutierung. Im deutschen Sprachgebrauch wurden jahrelang Begriffe, wie Arbeitgebermarke, Arbeitgeberimage oder auch Personalmarketing als Synonyme verwendet. Somit entstand ein Wirrwarr von Begriffen und Definitionen. Diese Entwicklung hat sich aus meiner Beobachtung in den letzten Jahren noch einmal erheblich verstärkt. Hintergrund ist sicherlich, dass durch den viel diskutierten Fachkräftemangel, auch in der Logistik, Rekrutierungsprobleme verstärkt in den Fokus rücken. In vielen Fachzeitschriften, aber auch bei Artikeln im Netz, sei es auf XING oder Personaler Blogs ist das Thema gerade aktuell. Viele Artikel suggerieren, dass Employer Branding die Lösung für mancherlei Rekrutierungsprobleme darstellt. Dies ist jedoch eindeutig zu kurz gegriffen und lässt unberücksichtigt, dass Employer Branding und das damit verbundene Management einer Arbeitgebermarke einen langfristigen Prozess, mit permanent notwendigen Anpassungsschritten, mit sich bringt.

Nachfolgend werde ich die unterschiedlichen Begriffe erläutern und die Definitionen verwenden, die sich im Laufe der Beratungspraxis bewährt haben.

2.1.1 Employer Branding

In der wissenschaftlichen Literatur und Forschung hat sich bisher keine einheitliche Definition zum Employer Branding herausgebildet. Insofern lohnt ein Blick in das Wirtschaftslexikon von Springer Gabler Verlag (2017). Hier wird Employer Branding definiert als:

Aufbau und Pflege von Unternehmen als Arbeitgebermarke, mit dem Ziel sich gegenüber Mitarbeitern und möglichen Bewerbern als attraktiver Arbeitgeber zu positionieren, um damit einen positiven Effekt bei der Gewinnung neuer Mitarbeiter, aber auch bei der Mitarbeiterbindung zu erzielen.

Andere Begriffserklärungen gehen davon aus, Employer Branding als einen Prozess zum Management einer Arbeitgebermarke zu verstehen. Dabei wird dieser Prozess weitestgehend in drei Elemente unterteilt:

- Ein Employer-Brand-Positioning-Statement, in welchem das Unternehmen formuliert, wofür es als Arbeitgeber steht,
- die Unique Employment Proposition (UEP), in welcher definiert wird, was den Arbeitgeber einzigartig macht, beziehungsweise von den Wettbewerbern unterscheidet und damit die Kernbotschaft des Employer Brand darstellen soll,
- den Cultural-Fit, der definiert, welche Mitarbeiter fachlich, persönlich und hinsichtlich der Unternehmens- und Führungskultur, am besten zum Unternehmen passen.

Alle gängigen Definitionen stimmen dahin gehend überein, dass die Arbeitgebermarke als Zielobjekt für ein marktorientiertes Personalmanagement zu verstehen ist. „Employer Branding umfasst alle Entscheidungen, welche die Planung, Gestaltung, Führung und Kontrolle einer Arbeitgebermarke sowie der entsprechenden Marketingmaßnahmen betreffen, mit dem Ziel, die umworbenen Fach- und Führungskräfte präferenzwirksam (Employer-of-Choice) zu beeinflussen" (Petkovic 2008). Gerade in Märkten mit steigendem Wettbewerb um Arbeitskräfte ist es für Unternehmen wichtig, Strategien zu entwickeln, um ein bevorzugter Arbeitgeber zu werden (Wilden et al. 2010). Wie ein roter Faden zieht sich durch alle Definitionen, dass Employer Branding vorrangig zur Gewinnung von Personal eingesetzt wird, um im Wettbewerb mit anderen Arbeitgebern einen Vorteil zu generieren. Dieser Ansatz und Gedankengang ist sicherlich richtig, aber nicht ganz zu Ende gedacht. Gerade in Zeiten sich verschärfender Rahmenbedingungen bei der Rekrutierung, muss ein Kernfokus auch auf die Bindung der existierenden Mitarbeiter liegen. Dabei kann eine authentische Arbeitgebermarke entscheidende Unterstützung leisten.

Bereits an dieser Stelle möchte ich auf einen wichtigen Punkt hinweisen, mit dem ich immer wieder in Beratungsprojekten konfrontiert werde. Wie in jedem neuen Projekt, gibt es zu Beginn die ein oder andere kritische Anmerkung oder Frage. Eine Frage geht in die Richtung „Benötigen wir überhaupt Employer Branding, denn solange wir offene Stellen besetzen können, kann es um die Wahrnehmung unseres Unternehmens doch nicht so schlecht bestellt sein".

▶   **Praxistipp** Aus meiner Erfahrung heraus ist Employer Branding keine Frage der Option, für die man sich entscheiden kann oder auch nicht. Employer Branding findet tagtäglich in Ihrem Unternehmen statt, durch zufriedene oder unzufriedene Mitarbeiter, durch zufriedene oder unzufriedene Bewerber, durch zufriedene oder unzufriedene Kunden. Sie alle nehmen ein Bild vom Unternehmen als Arbeitgeber wahr und kommunizieren dies in der Familie, in der Freizeit oder in den sozialen Medien. Insofern können Sie sich entscheiden, ob Ihnen die Wahrnehmung als Arbeitgeber aus der Hand genommen wird und durch andere stattfindet, oder ob Sie ihn selbst gestalten und steuern wollen (Radermacher 2013).

Employer Branding wird in der Literatur vornehmlich als ein strategisches Handlungsfeld für das Personalmanagement gesehen. Dies ist jedoch in den wenigsten Unternehmen der Fall. In der Logistik finden sich, abgesehen von den größeren Unternehmen auf Konzernebene, kaum Mitarbeiter im Personalmanagement, die sich mit dem Thema explizit beschäftigen. Manchmal findet Employer Branding im Recruiting Berücksichtigung, ab und an gibt es noch Referentenfunktionen mit dem „alten" Begriff des Personalmarketings, die sich mit dem Thema Employer Branding beschäftigen. Mehr und mehr beobachte ich aber auch, dass das Personalmanagement die eigentliche Handlungshoheit, in diesem strategisch wichtigen Feld, in Richtung PR, Marketing oder

Unternehmenskommunikation aus der Hand gibt. Eine solche Entwicklung halte ich, im Hinblick auf die Kompetenzentwicklung des HR-Managements, für den falschen Weg. Die Bindung vorhandener Mitarbeiter und die Gewinnung neuer Mitarbeiter muss Kernelement des HR-Managements bleiben. Hierzu braucht es praxistaugliche Instrumente und Methoden für das Personalmanagement. Für die Kommunikation der Marke sollten die Personalbereiche auf die Kompetenz vom PR-Management zurückgreifen, um dabei Hand in Hand zu arbeiten. Wie eine solche organisatorische Struktur im Rahmen eines Employer-Branding-Projektes aussehen kann, werde ich in Abschn. 2.2 beleuchten.

Im nächsten Schritt möchte ich auf einen weiteren Punkt aufmerksam machen, der gerade bei Employer-Branding-Prozessen in der Logistik eine wichtige Rolle spielt. In einigen Definitionen zum Employer Branding und zu Markenansätzen wird erwähnt, dass für eine Markengestaltung äußere Einflussfaktoren, wie das Marktumfeld oder wirtschaftliche Rahmenbedingungen wichtig sein können. Die Entwicklung der Branche und ihr Einfluss auf einen Employer-Branding-Prozess wird jedoch in der wissenschaftlichen Betrachtung weitgehend vernachlässigt. Dies halte ich persönlich für grundlegend verkehrt. Gerade in der Logistik, vor dem Hintergrund der bereits in Kap. 1 dargestellten Imagethemen, sowie der sich verschärfenden Wettbewerbssituation um Arbeitskräfte in der Logistik, spielen die Rahmenbedingungen, nach meiner Erfahrung, eine wichtige Rolle. Deshalb beziehe ich diese Einflussfaktoren immer mit ein. Insbesondere im Hinblick auf unterschiedliche Zielgruppen sowie dem Marketing und der Kommunikation der Arbeitgebermarke sind das Image der Branche, aber auch die Wettbewerbssituation um die jeweiligen Zielgruppen wichtige Schlüsselfaktoren. Hierzu werde ich in Kap. 4 intensiver eingehen.

▶ **Definitionsempfehlung für Ihr Employer-Branding-Projekt** Employer Branding ist der Systemprozess, mit dem die Entwicklung, Positionierung und Kommunikation einer Arbeitgebermarke festgelegt wird. Ziel ist die Steigerung des Bekanntheitsgrades als attraktiver Arbeitgeber, zur Optimierung der Mitarbeiterbindung und Mitarbeitergewinnung, um langfristige Wettbewerbsvorteile zu sichern.

Ohne eigene Steuerung eines Employer-Branding-Prozesses wird die Attraktivität als Arbeitgeber durch personalpolitische Instrumente und auch externe Rahmenbedingungen beeinflusst. Diese Wahrnehmung durch die bestehenden Mitarbeiter und auch externe Personen führen zu einem Image, einem Bild. Dieses Bild prägt im Wesentlichen die Arbeitgebermarke. Mit der aktiven Steuerung des Employer-Branding-Prozesses wird der beschriebene Ablauf und Zusammenhang, den wir auch als Ausgangssituation beim Start des Employer-Branding-Projektes beschreiben können, umgedreht. Mit der Gestaltung, Positionierung und Kommunikation der Arbeitgebermarke haben Sie es selbst in der Hand, die Wahrnehmung als attraktiver Arbeitgeber zu optimieren. Den Zusammenhang habe ich in Abb. 2.1 veranschaulicht.

Um das Gesamtsystem Employer Branding und die Zusammenhänge der Begriffe besser zu verstehen, halte ich es für angebracht in den folgenden Kapiteln zunächst näher

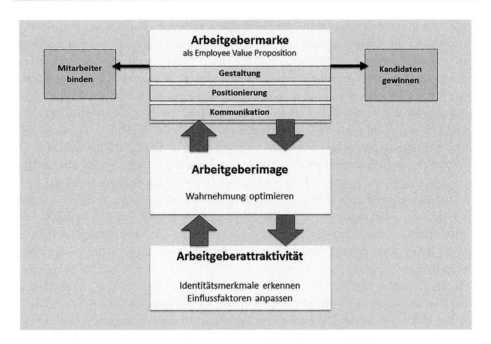

Abb. 2.1 Employer Branding System und Zusammenhang. (Quelle: Eigene Darstellung)

auf die Begriffsbestimmungen einzugehen. Dabei werde ich die Gelegenheit nutzen, immer wieder auf die Erfahrungen meiner Beratungspraxis, sowohl bei der Gestaltung von Arbeitgebermarken, als auch bei der Rekrutierung im Kundenauftrag, einzugehen.

2.1.2 Arbeitgeberattraktivität

▶ **Definitionsempfehlung für Ihr Employer-Branding-Projekt** Die Arbeitgeberattraktivität kennzeichnet

- die Ausprägung der Zufriedenheit der Mitarbeiter mit dem eigenen Arbeitgeber und
- die Ausprägung der Anziehungskraft für Außenstehende, dem Unternehmen anzugehören.

Die Definition der Arbeitgeberattraktivität beinhaltet also eine Innensicht, in Bezug auf die vorhandenen Mitarbeiter, sowie eine Außensicht, im Hinblick auf potenzielle Bewerber. Der Schwerpunkt der Überlegungen in diesem Praxisbuch liegt in der Außensicht und widmet sich somit der Arbeitgeberattraktivität für potenzielle Bewerber.

Ziel der Arbeitgeberattraktivität bei der Außensicht ist die Interessenweckung für das Unternehmen und die Gewinnung neuer Mitarbeiter. Im Rahmen unserer Beratungsprojekte stellen wir immer wieder fest, dass bei der Kommunikation das Gießkannenprinzip zur Anwendung kommt. Das heißt, die Unternehmen versuchen eine große Bandbreite von Interessenten und potenziellen Bewerbern zu erreichen, was jedoch zu erheblichen Streuverlusten in der Kommunikation führt. Eine genaue Definition der Zielgruppen, für die Sie besonders attraktiv sein wollen, ist aus meiner Erfahrung unumgänglich. Anhand welcher Prämissen eine Zielgruppendefinition erfolgen kann, werde ich in Abschn. 4.1.3 ausführlicher erläutern.

Wie sehen die Einflussfaktoren, beziehungsweise die Arbeitgebereigenschaften aus, die die Arbeitgeberattraktivität prägen? Wie kann es gelingen, die Einflussfaktoren im Rahmen von personalpolitischen Maßnahmen so zu verändern, dass für die definierten Zielgruppen eine Steigerung der Arbeitgeberattraktivität erzielt werden kann?

Fragen aus der Praxis
1. Wie sehen die Einflussfaktoren, beziehungsweise die Arbeitgebereigenschaften aus, die die Arbeitgeberattraktivität prägen?
2. Wie kann es gelingen, die Einflussfaktoren im Rahmen von personalpolitischen Maßnahmen so zu verändern, dass für die definierten Zielgruppen eine Steigerung der Arbeitgeberattraktivität erzielt werden kann?

Hierzu sind in den vergangenen Jahren eine Vielzahl von Studien und Untersuchungen erschienen. Ganz bewusst verzichte ich darauf, Ihnen nun die verschiedenen Studienergebnisse detailliert vorzustellen, zumal fast alle Untersuchungsergebnisse zu vergleichbaren Ergebnissen kommen. Ein durchgängig erscheinendes Kernergebnis möchte ich jedoch nicht unerwähnt lassen. In den Untersuchungen bekräftigen mindestens 85 % aller Befragten, dass die Steigerung der Arbeitgeberattraktivität ein wesentlicher Erfolgs- und Zukunftsfaktor für das Unternehmen darstellt. Zudem wird deutlich, dass sich die Arbeitgeberattraktivität positiv auf unternehmensstrategische Bereiche, wie Unternehmensleistung, Return On Investment (ROI) und Innovationskraft auswirkt. Zudem ist die Begeisterung der Kunden bei den attraktivsten Unternehmen deutlich höher, als bei den weniger attraktiven Unternehmen (Bruch et al. 2015).

Ich möchte Ihnen nachfolgend vielmehr die Erkenntnisse aus der Beratungspraxis, sowohl im Hinblick auf die Arbeitgebermarkengestaltung und Kommunikation, als auch der Rekrutierung im Kundenauftrag näherbringen. Darüber hinaus stellt sich, nach meiner Überzeugung, die Arbeitgeberattraktivität für Logistikfunktionen ein wenig differenzierter dar, als in anderen Branchen.

In den Beratungsprojekten unterscheide ich zwischen externen und internen Einflussfaktoren (siehe Abb. 2.2).

Die Ausprägung der einzelnen Balken bei den externen und internen Einflussfaktoren stellt die Gewichtung der jeweiligen Einflussfaktoren dar. Sie wird insofern in einer Rangreihenfolge dargestellt.

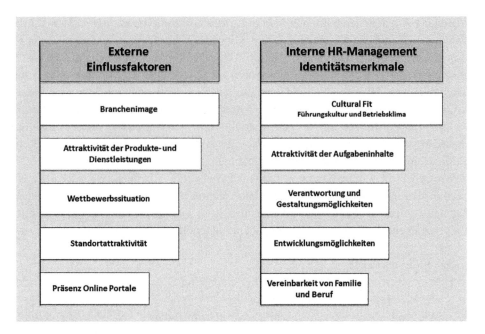

Abb. 2.2 Einflussfaktoren zur Arbeitgeberattraktivität

Beispiel aus der Praxis

Die zuvor dargestellten Einflussfaktoren finden sich nicht nur in vielfältigen Studien-ergebnissen wieder, sondern entsprechen auch meiner persönlichen Erfahrung in Rekrutierungsprozessen. Im ersten persönlichen Gespräch mit Kandidaten, stehen im Wesentlichen folgende Fragen im Mittelpunkt, explizit bei Führungskräften:

1. Um welches Unternehmen handelt es sich? Bekanntheit und Attraktivität werden hinterfragt.
2. An welchem Standort befindet sich der Arbeitsplatz?
3. Wie sehen die Führungsprinzipien des Vorgesetzten aus, beziehungsweise welche Unternehmenskultur wird gelebt?
4. Welche Gestaltungsmöglichkeiten bietet die vakante Position?
5. Wie sehen die weiteren Entwicklungsmöglichkeiten aus?

Die internen Einflussfaktoren spiegeln die Handlungsfelder des HR-Managements wie-der, die zum strategischen Alltagsgeschäft gehören sollten. Dass die Führungskultur und das Betriebsklima der wichtigste Faktor sind, ist wenig überraschend. Einer der häufigs-ten Kündigungsgründe ist die Unzufriedenheit mit der Führung des Vorgesetzten, wie ebenfalls zahlreiche Analysen untermauern. Erfahrungsgemäß liegt die größte Heraus-forderung beim Employer-Branding-Prozess in der kommunikativen Vermittlung der

Unternehmens- und Führungskultur. In den letzten Jahren hat sich hierfür der Begriff des Cultural Fit etabliert. Unter Cultural Fit verstehen wir die Ausprägung der Übereinstimmung, bezüglich der Werte und Verhaltensweisen zwischen einem potenziellen Kandidaten und dem Unternehmen. Selbstredend gilt diese Definition natürlich auch für die eigenen Mitarbeiter im Unternehmen.

Sie werden sich sicherlich fragen, wo denn das Thema Vergütung in der Darstellung bleibt. Sowohl aus der eigenen Praxis, als auch aus zahlreichen Studienergebnissen, kann ich bestätigen, dass eine unmittelbare Verkopplung zwischen Vergütung und Arbeitgeberattraktivität nicht besteht. Gerade bei Rekrutierungsprozessen im gehobenen Management lässt sich feststellen, dass die Gehaltsfrage zu einem untergeordneten Entscheidungskriterium wird. Attraktiv sind hier Arbeitgeber, die auf der Basis ihrer Unternehmens- und Führungskultur den eigenen Führungskräften Gestaltungs- und Entscheidungsspielräume einräumen, und dabei auch noch Entwicklungsperspektiven anbieten. Ein etwas anderes Bild ergibt sich bei jüngeren Arbeitnehmern. In den ersten zehn Jahren der beruflichen Entwicklung spielt die Gehaltsfrage, zum Aufbau eines geplanten Lebensstandards, noch eine wesentlich stärker ausgeprägte Rolle.

Fazit

Als Fazit lässt sich festhalten: Die internen und externen Einflussfaktoren bestimmen den Grad der Arbeitgeberattraktivität. Die internen Einflussfaktoren entwickeln sich zu Identitätsmerkmalen, denen bei der Entwicklung der Arbeitgebermarke eine entscheidende Rolle zufällt. Die Identität der Arbeitgebermarke ist der Ausgangspunkt bei der Analyse und späteren Entwicklung der Arbeitgebermarke, auf die ich ausführlich in Abschn. 4.1.1 eingehen werde.

Für die Logistik ist vornehmlich das Branchenimage auch weiterhin ein Schlüsselthema, wenn es um die Ansprache von Zielgruppen außerhalb der Logistik geht. Die tatsächliche Außenwahrnehmung bestimmt langfristig das Image als Arbeitgeber, was uns zur nächsten Begriffsbestimmung führt.

2.1.3 Arbeitgeberimage

▶ **Definitionsempfehlung für Ihr Employer-Branding-Projekt** Das Arbeitgeberimage charakterisiert die Wahrnehmung eines Unternehmens als Arbeitgeber, mit den subjektiv wahrgenommenen und individuell bewerteten Unternehmenseigenschaften.

Das Unternehmensimage kann als die Wahrnehmung eines Unternehmens als Ganzes bezeichnet werden. Das Arbeitgeberimage beruht auf den wahrgenommenen Eigenschaften als Arbeitgeber. Der Begriff Image (stammt aus dem Englischen und bedeutet Bild) bezeichnet somit das Bild, welches Außenstehende von einem Unternehmen haben.

Dieses Bild wird geprägt von den Einflussfaktoren und Identitätsmerkmalen, die wiederum die Arbeitgeberattraktivität beeinflussen, wie in Abschn. 2.1.2 dargelegt wurde.

Ein Blick auf aktuelle Studien zeigt, dass zum einen die großen Unternehmen und Konzerne bei der positiven Wahrnehmung als Arbeitgeber weit vorne liegen. Zum anderen hat die deutsche Automobilindustrie in den letzten Jahren wiederholt ihre Spitzenposition beim Arbeitgeberimage behauptet (Abb. 2.3).

Darüber hinaus lässt sich ein interessantes Folgeergebnis festhalten. Das positive Image der führenden Unternehmen gilt, wie selbstverständlich, auch für deren Positionen in der Logistik oder dem Supply-Chain-Management. Bei den dargestellten Umfrageergebnissen fehlen Unternehmen aus dem Sektor der Logistikdienstleister. In vielen weiteren Studien zum Arbeitgeberimage fehlen die großen Logistikdienstleistungsunternehmen im Top-Ranking. Dies ist ein deutlicher Indikator dafür, dass es in der Wahrnehmung der direkten Logistik-Arbeitgebermarken einen erheblichen Nachholbedarf gibt. Gleichzeitig sollte dies aber auch ein Ansporn, gerade für die kleinen und mittelständischen Unternehmen der Branche sein. Die positive Nachricht für kleine und mittelständische Unternehmen lautet: Es gibt noch viel Potenzial, denn die vermeintlich Großen sind noch nicht uneinholbar enteilt.

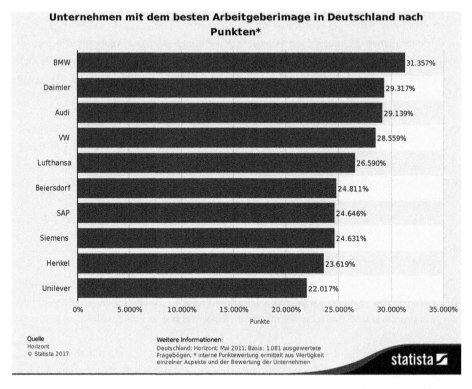

Abb. 2.3 Die Top 10 Unternehmen beim Arbeitgeberimage. (Quelle: statista; statistic_id196.988_top-10-unternehmen—arbeitgeberimage)

Das Image eines Unternehmens in der Öffentlichkeit, mithin auch das Arbeitgeber-image, kann zusätzlich durch ein in den Medien vermitteltes Bild entscheidend geprägt werden. Mittelfristig können mediale Stereotypen und gesellschaftliche Vorurteile zementiert werden. Lassen Sie uns hierzu wiederum den Fokus auf die Logistikpraxis legen. In der Vergangenheit wurden in den unterschiedlichsten Medien immer mal wieder katastrophale Arbeitsbedingungen bei dem ein oder anderen Internet Versandhandels-unternehmen angeprangert. Diese Bedingungen bezogen sich primär auf die Themen Arbeitszeit, Führungskultur und Entlohnung.

Im Hinblick auf die Auswirkungen für das Arbeitgeberimage ist eine differenzierte Betrachtung angebracht.

Beispiel aus der Praxis

Für potenzielle Interessenten in den Bereichen Lager, Umschlag oder Kommissionie-rung können die von den Medien dargestellten Aspekte durchaus zu einem negativen Arbeitgeberimage beitragen. Gleichzeitig kann für Interessierte aus den Bereichen E-Commerce-Management oder Supply-Chain-Management das gleiche Unternehmen aus dem Internet Versandhandel ein durchaus positives Arbeitgeberimage erzielen. Durch IT-Techniken, oder der Entwicklung und Integration innovativer Systeme, wie zum Beispiel dem Einsatz von Drohnen oder intelligenten Robotersystemen, kann die Wahrnehmung des Unternehmens in eine positive Richtung gelenkt werden.

Dieses Beispiel verdeutlicht einmal mehr, wie wichtig die zielgruppenorientierte Aus-richtung und Kommunikation der Arbeitgebermarke ist.

Wie sehen mögliche Ansatzpunkte zur Verbesserung und Steuerung des Arbeitgeber-images aus? Dazu ist es hilfreich, noch einmal in die wissenschaftlichen Grundlagen ein-zusteigen.

Analog den Methoden des Markenmanagements gehe ich in meinen Beratungs-projekten von drei Arten der Markenwahrnehmung aus (Keller 1993).

Leistungsmerkmale der Arbeitgebermarke

Als Leistungsmerkmale bezeichnet man die Einflussfaktoren, beziehungsweise Identi-tätsmerkmale, die zur Arbeitgeberattraktivität beitragen. Insbesondere die internen Merk-male, die ich auch als personalpolitische Basis bezeichne, tragen dazu bei wie das Image als Arbeitgeber bewertet wird.

Nutzenstiftung der Arbeitgebermarke

Die Nutzenstiftung charakterisiert die individuelle und persönliche Wertschätzung eines Mitarbeiters oder Externen für die Arbeitgebermarke. Hier geht es also darum, welcher persönliche Nutzen für die Einzelperson eine besonders wichtige Rolle spielt. Dies kann der Karrierenutzen sein (z. B. in Form von Entwicklungsmöglichkeiten), aber auch der als symbolischer Nutzen bezeichnete Grad der Zugehörigkeit zu einem Team, oder die Anerkennung des Vorgesetzten.

Einstellung zur Arbeitgebermarke

Die Einstellung zur Arbeitgebermarke stellt das Gesamtbild der Wahrnehmung als Arbeitgeber dar, und umfasst somit die gesamte Breite der Einflussfaktoren. Dies ist die Summe der externen und internen Einflussfaktoren, die den Grad der Arbeitgeberattraktivität bestimmen.

Die wahrgenommenen Merkmale der Arbeitgebermarke können langfristig die gesamte Einstellung zur Arbeitgebermarke positiv oder negativ beeinflussen. Dies trifft insbesondere auf ehemalige Mitarbeiter zu, die ihren Arbeitgeber aus Unzufriedenheit verlassen haben. Gerade dieser Aspekt wird von vielen Unternehmen noch immer unterschätzt, da ehemalige Mitarbeiter über Social-Media-Kanäle das Heft des Handelns in der Hand halten können. Ich nenne dies den „kununu-Effekt" (siehe auch Abschn. 6.3.4).

Über mehrere Jahre hinweg habe ich genau diesen Effekt bei einem Kunden erlebt. Bedingt durch eine Reorganisation in der Unternehmenszentrale, die mit Personalanpassungen verbunden war, ließen einige ehemalige Mitarbeiter ihrer Kritik, über die Arbeitgeberbewertungsplattform kununu, freien Lauf. Über mehrere Jahre hatte das Unternehmen große Schwierigkeiten, vakante Positionen in der Region der Unternehmenszentrale zu besetzen. Potenzielle Kandidaten verwiesen immer wieder auf das schlechte Image, abgeleitet aus der Wahrnehmung über kununu. Auch dieser Aspekt verdeutlicht, wie wichtig die proaktive Kommunikation zur Imageentwicklung einer Arbeitgebermarke ist.

> **Fazit**
>
> Für die Gestaltung einer attraktiven Arbeitgebermarke spielt die Kommunikationsstrategie zur Steuerung des Arbeitgeberimages eine entscheidende Rolle. Die Anforderungen an die Kommunikationskultur der Arbeitgebermarke haben sich in den letzten fünf bis zehn Jahren, durch die Akzeptanz und intensiver Nutzung der Social-Media-Kanäle, erheblich verändert.

Vor diesem Hintergrund liegt ein Schwerpunkt dieses Praxisbuches ab Kap. 5 auf der Gestaltung und Nutzung eines Social-Media-Managements, zur zielgruppenorientierten Positionierung Ihrer Arbeitgebermarke.

2.1.4 Arbeitgebermarke

Der englische Begriff für Arbeitgebermarke lautet Employer (Arbeitgeber) Brand (Marke). Dieser Begriff wird fälschlicherweise immer wieder dem Employer Branding gleichgesetzt.

Versuchen wir zunächst einmal den Begriff der Marke zu verdeutlichen. Sie kennen Produktmarken aus dem alltäglichen Leben. Jeder hat für bestimmte Produktsegmente seine Lieblingsmarke. Besonders identitätsstarke Marken werden als Synonyme verwendet, wie zum Beispiel „Tempo" für das Papiertaschentuch. Wie kommt es dazu?

Eine Marke löst Vorstellungsbilder in unseren Köpfen aus. Diese Bilder setzen eine Identifikations- und Differenzierungsfunktion in Gang, welche unser Entscheidungsverhalten zur Wahl eines Produktes beeinflussen. Die Verankerung von Marken in den Köpfen der Kunden und Interessenten erfordert eine langfristige Planung und Kontinuität der kommunikativen Maßnahmen (Esch 2011). Die Aspekte Langfristigkeit und Kontinuität spielen eine entscheidende Rolle, wenn Sie mit der Gestaltung, Positionierung und Kommunikation Ihres Employer-Branding-Projektes beginnen. Seien Sie sich darüber im Klaren, und kommunizieren Sie dies unmissverständlich in Richtung ihrer Unternehmensleitung, dass sich gewünschte Erfolge nur langfristig einstellen werden. Einmalige Maßnahmen werden keinen Erfolg liefern. Kontinuität und Ausdauer sind gefragt.

Zunächst möchte ich Ihnen den Weg von der Marke zur Arbeitgebermarke erläutern. Hierzu schauen wir uns zunächst die Ansätze aus Wissenschaft und Forschung an. Zum Management einer Marke existieren unterschiedliche Ansätze. Die identitätsorientierte Markenführung verfolgt den Ansatz einer starken Bindung zwischen Konsument und Marke, die dem Kunden ein Sicherheitsgefühl, im Hinblick auf das Produkt, liefert. Der Kunde identifiziert sich mit dem Produkt. Dies wird als der identitätsorientierte Ansatz bezeichnet. Die Betrachtung erfolgt aus der Sicht des Unternehmens, also im Hinblick auf Gestaltung und Positionierung der Marke. Andere Markenansätze legen den Blickwinkel eher in Richtung der persönlichen Vorlieben des Konsumenten (Meffert und Burmann 2002).

In erster Linie steht die eigene Gestaltung einer Marke, auf der Basis ihrer Identitätsmerkmale, im Mittelpunkt, um die Attraktivität der Marke langfristig zu steigern (siehe Abschn. 2.1.2).

▶ **Praxistipp** Ich empfehle Ihnen den identitätsorientierten Markenansatz als Fundament für ihre Arbeitgebermarke. Dieser ist verständlich, gut vermittelbar und hat sich bereits im Marketing und Produktmanagement durchgesetzt. Er verfügt über die notwendige Transformationsfähigkeit auf die Arbeitgebermarkengestaltung. Er hat sich somit auch bei Employer-Branding-Projekten bewährt.

Lassen Sie uns im nächsten Schritt ein wenig tiefer in das Begriffsverständnis der Arbeitgebermarke eintauchen.

Arbeitgebermarken sind beschäftigungsspezifisch und charakterisieren die Unternehmensidentität als Arbeitgeber für die eigenen Beschäftigten und Externe. Produkt- und Unternehmensmarken wollen vornehmlich externe Interessenten erreichen (Backhaus und Tikoo 2004). Die Arbeitgebermarke formt ein eigenständiges, unverwechselbares und prägnantes Arbeitgeberbild, welches durch seine Identitätsmerkmale, genauso wie durch seinen individuellen Nutzen überzeugt. Eine attraktive Arbeitgebermarke schafft Glaubwürdigkeit, Sympathie, Emotion und Vertrauen. Für Maßnahmen der Personalrekrutierung wird die Arbeitgebermarke zum Abgrenzungskriterium vom Wettbewerb (Beck 2008; Elsner und Heil 2006).

▶ **Definitionsempfehlung für Ihr Employer-Branding-Projekt** Mit der Arbeitgebermarke wird

1. das Arbeitgeberimage, auf der Grundlage der Identitätsmerkmale zur Arbeitgeberattraktivität, geprägt, und
2. die Bekanntheit als attraktiver Arbeitgeber zielgruppenorientiert gefördert.

Die Kernaspekte der Definition möchte ich noch konkreter erläutern.

Zu Punkt 1

Mit der Entwicklung der Arbeitgebermarke soll es gelingen, das Image zu prägen und zu steuern. Um dieses Ziel zu erreichen, hat sich in Wissenschaft und Praxis der Begriff der Employer Value Proposition, kurz EVP, durchgesetzt. Er wird häufig aus der Unique Selling Proposition, kurz USP, im Produktmanagement abgeleitet. Mit der EVP soll es gelingen, die besonderen personalpolitischen Angebote, die Benefits, sowie die Unternehmens- und Führungskultur besonders zu betonen, um sich von den Wettbewerbern bei der Gewinnung neuer Mitarbeiter zu unterscheiden. Mit der EVP werden unter anderem die kommunikativen Statements zu den in Abschn. 2.1.2 bereits erläuterten Einflussfaktoren festgelegt. Diese Festlegung wird in der Literatur auch mit der Arbeitgeberpositionierung gleichgesetzt, und dieses wiederum mit der EVP. Entscheidend ist, inwieweit es gelingt, aus den Arbeitgebereigenschaften zielgruppenspezifische Botschaften zu kreieren, die langfristig ankommen. Die weitere Konkretisierung und Vorgehensweise im Employer-Brand-Projekt werden wir uns in Kap. 4 ausführlich ansehen.

▶ **Praxistipp** Bereits an dieser Stelle möchte ich auf eine spezielle Thematik hinweisen. In der Praxis beobachte ich immer wieder den krampfhaften Versuch, Alleinstellungsmerkmale als Arbeitgeber herauszuarbeiten. Das Employer-Branding-Projektteam verwendet Begriffe wie „einzigartig" oder „unverwechselbar". Mitunter entstehen intensive Diskussionen und Meinungsverschiedenheiten. Seien Sie ehrlich. Inwieweit ist es sinnvoll, solche Begriffe zu verwenden? Gehören Berufskraftfahrer, Lagerarbeiter, Disponenten, Logistikplaner oder Systemprogrammierer zu Ihrer Zielgruppe des zukünftigen Personalbedarfs, dann wohl eher nicht. Dazu sind die Funktionen und auch die Dienstleistungen in der Logistik zu identisch und austauschbar. Hier muss es Ihnen gelingen, sich über authentische und emotionale Kriterien, sowie Symbole abzugrenzen.

Zu Punkt 2

Die Bekanntheit als attraktiver Arbeitgeber steigern.

Eine Markenbekanntheit ist die notwendige Bedingung für den Erfolg als Arbeitgebermarke. Durch eine Markenbekanntheit wird

1. eine Arbeitgebermarke bei der Arbeitgeberwahl stärker berücksichtigt,
2. eine Verankerung mit den Identitätsmerkmalen der Arbeitgebermarke bei Interessierten und potenziellen Kandidaten hergestellt,
3. eine Sympathie bis hin zur Verbundenheit mit dem Unternehmen geschaffen.

In Bezug auf den Bekanntheitsgrad haben gerade die DAX-30-Unternehmen, bedingt durch eine gewisse produktbezogene Nähe zum Konsumenten, einen erheblichen Vorteil. Jedoch sind ca. 70 % aller sozialversicherungspflichtig Beschäftigten in mittelständischen Unternehmen tätig. Gerade für diese sogenannten Hidden Champions ist es zukünftig unabdingbar, ihre persönliche Arbeitgebermarke zu entwickeln.

Lassen Sie mich diesen Aspekt untermauern. Dazu möchte ich noch einmal den Fokus auf die Logistik lenken, und Ihnen ein Beispiel aus der Rekrutierungspraxis vorstellen.

Beispiel aus der Praxis

Bereits im vorherigen Kapitel hatte ich erwähnt, dass die erste Frage von potenziellen Kandidaten dem Namen unseres Auftraggebers gilt. Wenn ich die Schwerpunkte des Unternehmens dargestellt habe, auf die Aufgaben eingegangen bin, frage ich die Kandidaten, ob sie sich vorstellen könnten, um welchen Auftraggeber es geht. Selbst unter Logistikern werden zunächst immer die bekannten Namen, mit entsprechender Unternehmensgröße, genannt. Unternehmen aus dem Mittelstand sind weniger bekannt. Besonders interessant wird es bei branchenfremden Kandidaten. Dann erscheint die Logistik als Branche wenig transparent, die Unternehmen nur marginal bekannt. Bei Logistikleitern aus Industrie und Handel sind Logistikdienstleister eher als Lieferanten bekannt. Das wahrgenommene Arbeitgeberbild bei diesen Personen ist wenig positiv geprägt. Es macht den hohen Wirkungsgrad der eigenen Mitarbeiter und Führungskräfte auf Externe, hier insbesondere Kunden, deutlich.

Ein anderes Phänomen ist der geringe Bekanntheitsgrad von Unternehmen aus dem Segment der Intralogistik. Ich möchte versuchen, dies wie folgt zu konkretisieren. Außerhalb der Gruppe von Ausstellern und Besuchern der Leitmessen LogiMat und Cemat werden die Unternehmen kaum wahrgenommen. Dies gilt in besonderer Weise für die mittelständischen Unternehmen. Inwieweit sich der Wahrnehmungs- und Bekanntheitsgrad durch die gegenwärtigen Konzentrationsprozesse in der Intralogistik verändern wird, bleibt abzuwarten.

Und wie wird die Notwendigkeit einer attraktiven Arbeitgebermarke bei den Unternehmen der Transportlogistik bewertet? In einem Online-Artikel der Logistik Heute vom März 2018 wird eine Befragung der Agentur Get the Point erwähnt, die eine Studie zum Thema „Markenführung in der Logistik" unter Beteiligung von rund 400 Unternehmen der Transportlogistik durchgeführt hat. 47 % der befragten Unternehmen betrachten sich in dieser Selbsteinschätzung als wenig attraktiven Arbeitgeber, oder wissen nicht, ob sie attraktiv sind. 53 % der Befragten betrachten sich selbst als attraktiven Arbeitgeber. Die Mehrheit der Unternehmen hat die Bedeutung einer attraktiven Arbeitgebermarke erkannt, vielen Unternehmen fehlt es aber wohl an Know-how im Hinblick auf wirkungs-volle Instrumente oder Konzepten zur Positionierung von Arbeitgebermarken (Logistik Heute 2018).

Fazit

Eine attraktive Arbeitgebermarke ist der Kern zur Entwicklung eines positiven Arbeit-geberimages. Hierzu bedarf es einer konkreten Definition der Identitätsmerkmale als Employee Value Proposition zur Attraktivitätssteigerung der Marke. Mit einer erfolgreichen Arbeitgebermarke kann das HR-Management einen wichtigen Wert-schöpfungsbeitrag für jedes Unternehmen erzielen (mehr dazu in Kap. 3). Die Gestaltung der Marke muss in einen konsistenten Prozess münden. Wie dieser aus-sieht, stelle ich Ihnen in Kap. 4 vor.

2.2   Organisation von Employer-Branding-Projekten

Marken und Mitarbeiter werden in der Literatur und Forschung als die wichtigsten Werte für Unternehmen betrachtet. Die Entwicklung dieser Werte sind Aufgabenbereiche für die Marketingabteilung und das Personalmanagement. Damit sind auch die verantwort-lichen Unternehmensbereiche genannt, mit denen in Beratungsprojekten eine enge Zusammenarbeit bestehen sollte.

Wie bei jedem Unternehmensprojekt trägt die Organisation und Planung des Projekt-managements entscheidend zum Gelingen eines Projektes bei. In diesem Kapitel möchte ich Ihnen einen Leitfaden aufzeigen, mit dem es Ihnen gelingen soll, Ihr Employer-Bran-ding-Projekt erfolgreich ins Leben zu rufen und zu gestalten. Dabei zeige ich Ihnen eine Struktur und Vorgehensweise auf, die sich in der Praxis bewährt hat. So ist die nach-folgend dargestellte Struktur einem Beispiel aus der Praxis angelehnt. Selbstverständ-lich lässt sich eine solche Organisationsstruktur und Gestaltung nicht wie aus einem Lehrbuch 1 zu 1 übertragen. Auch ich passe mich den individuellen, unternehmerischen Gegebenheiten immer wieder an. Die nachfolgenden Aspekte werden Ihnen, für ihr Employer-Branding-Projekt, eine Orientierung geben.

Projektdefinition

In der überwiegenden Anzahl der Projekte entsteht der Bedarf für ein Employer-Bran-ding-Thema durch die jeweilige Leitung des HR-Managements, oder direkt über die Unternehmensleitung. Wichtig ist zunächst einmal zu klären, mit welchen Voraus-setzungen das Unternehmen in ein solches Projekt einsteigt. Unsere erste Frage gilt dem HR-Handlungsfeld der Mitarbeiterbindung, bzw. wie hoch der Identifikationsgrad der Mitarbeiter mit dem Unternehmen eingeschätzt wird. Somit gelingt es, nicht nur einen ersten Eindruck über die generellen HR-Handlungsfelder im Unternehmen zu gewinnen, sondern erste Identitätsmerkmale zu identifizieren. Sollte es keine Aktivitäten in Rich-tung Mitarbeiterbindung, oder sogar Hinweise für eine größere Unzufriedenheit geben, so wird die Entwicklung der Arbeitgebermarke zu einem komplexeren Projekt. Denn dann muss es zunächst gelingen, die Arbeitgeberattraktivät für die eigenen Mitarbeiter zu optimieren.

Damit kommen wir zum nächsten wichtigen, wenn nicht sogar entscheidenden Punkt, für das Projekt. Die Klärung der Erwartungshaltung und die konkrete Zielsetzung ist ein Muss für alle am Projekt Beteiligten. Spätestens ab diesem Zeitpunkt ist es notwendig, den für die Kommunikation zuständigen Bereich aktiv einzubinden. In unserem Beispiel handelte es sich um den Bereich Public Relations/Unternehmenskommunikation. Eine schriftliche Fixierung über die zu erreichenden Ziele, mit Definition der Vorgehensweise, des Zeithorizonts, der benötigten Manpower und des Budgets sind bereits in dieser jungen Projektphase unabdingbar.

Somit liegt ein erstes, grobes Konzept zum Employer-Branding-Prozess zur Abstimmung mit der Unternehmensleitung vor.

Abstimmung mit der Unternehmensleitung

Auf der Basis der Ergebnisse zur Projektdefinition wird das erste Konzept der Unternehmensleitung präsentiert. Die Präsentation beinhaltet

1. die Zielsetzung,
2. erste Ansätze zum Wertschöpfungsbeitrag (siehe hierzu auch Kap. 3),
3. Aussagen zum Inhalt und Ablauf,
4. Angaben zum erwarteten Zeithorizont,
5. Informationen zu den Projektbeteiligten,
6. eine erste Budgetkalkulation.

Ziel der Abstimmung ist nicht nur die Freigabe des Projektes und die damit verbundene Investitionsgenehmigung. Vielmehr ist die Identifikation der Unternehmensleitung mit dem Projekt ein zukünftiger Erfolgsgarant. Bereits jetzt sollte es Ihnen gelingen, die Unternehmensleitung als internes Sprachrohr und Unterstützer für den Employer-Branding-Prozess zu gewinnen.

Beispiel aus der Praxis

In dem hier geschilderten Projekt wurden die einzelnen Mitglieder der Unternehmensleitung zu „Markenbotschaftern" ernannt. Die Aufgabe des Markenbotschafters besteht darin, den Willen des Unternehmens auf dem Weg zum attraktiven Arbeitgeber nach innen, sprich in die jeweiligen Bereiche und Abteilungen seines Zuständigkeitsbereiches positiv zu transportieren, sowie emotional zu unterstützen.

Projektleitung

Die Projektleitung sollte ein Gesamtverantwortlicher des HR-Managements übernehmen. Bei kleinen und mittelständischen Unternehmen habe ich positive Erfahrungen gemacht, wenn ein Mitglied der Unternehmensleitung die Projektleitung übernimmt.

In diesen Fällen war in der Folgezeit ein dynamischer Drive zu beobachten. Die Fokussierung aller Teilnehmer auf das Projekt wird intensiver. Je nach Unternehmenskonstellation und bisheriger Bedeutung des HR-Managements kann es auch sinnvoll sein, wenn die Marketing- oder PR-Leitung den Kopf des Projektes bildet.

Sofern Sie sich dazu entschließen sollten, den Employer-Branding-Prozess mit externer Unterstützung zu gestalten, so empfehle ich Ihnen die interne und externe Doppelspitze bei der Projektleitung. Ein externer Experte kann das Know-how und die Erfahrung in Richtung Fach- und Methodenkompetenz einbringen. Er kann dabei unterstützen, den Projektfortschritt stringent zu steuern. Zudem kennt er das etwaige Konfliktpotenzial und mögliche Projektbarrieren. Der externe Experte sollte die Sichtweise über den Tellerrand des Unternehmens lenken. Somit sollte vermieden werden, die Selbstwahrnehmung in den Vordergrund zu rücken. Erfahrungsgemäß kann ein externer Experte zusätzlich die internen Kommunikationskanäle positiv beeinflussen.

Der Verantwortungsbereich der Projektleitung beinhaltet im Wesentlichen:

- Einhaltung der definierten Projektziele,
- Kommunikation in Richtung Unternehmensleitung und deren aktive Einbindung,
- fachliche und persönliche Steuerung der Projektgruppe,
- Steuerung der Projektaktivitäten,
- Fokussierung auf das Zeitmanagement in Richtung definierter Meilensteine,
- Management möglicher Konfliktsituationen.

Projekttitel

Häufig unterschätzt, und doch enorm wichtig für die Kommunikation nach innen, ist der Titel Ihres Employer-Branding-Projektes. Bereits in dieser Phase können Sie lernen, oberflächliche Begriffe oder „abgenutzte" Wörter zu vermeiden. Verzichten Sie zum Beispiel auf Projektnamen wie „Employer Branding". Erstens schaffen Sie damit wenig Identifizierung, zweitens eignet sich die Bezeichnung des Prozesses weniger als Titel. Entwerfen Sie einen Projekttitel, der das Ziel des Projektes widerspiegelt.

Beispiel aus der Praxis

In unserem Beispielprojekt hat sich die Projektleitung für „Get-In" als Projekttitel entschieden. Zum Hintergrund: Das Unternehmen hatte das strategische Ziel neue Geschäftsfelder, im Hinblick auf die Digitalisierung der Branche, zu entwickeln. Hierzu wurde ein mittel- und langfristig erhöhter Personalbedarf an zusätzlichen Spezialisten ermittelt. Somit stand die Rekrutierung bei der Attraktivitätsentwicklung der Arbeitgebermarke im Mittelpunkt. Dies konnte der Projekttitel gut vermitteln.

Projektgruppe

In einigen Artikeln und auch Büchern werden Sie den Hinweis finden, die Projektgruppen möglichst großzügig zu besetzen. Manche verweisen gar auf den alten kybernetischen Leitgedanken, alle einzubinden, die nicht weggelassen werden dürfen. Diesen

Ansatz halte ich für die heutige Projektrealität und Intensität des Alltagsgeschäftes für wenig hilfreich. Zudem behindert die Größe eher die Stringenz in der Projektbearbeitung und Zielerreichung.

Aus meiner Erfahrung hat sich eine Gruppengröße von sechs bis zwölf Teilnehmern, inklusive der Projektleitung, bewährt. Zweifelsohne spielt auch die Größe des Unternehmens eine wichtige Rolle bei der Anzahl der Teilnehmer.

Bei der Zusammensetzung der Gruppe sollten Sie neben den fachlich orientierten Teilnehmern aus HR und Marketing/PR auch auf die operative Expertise zurückgreifen. Vergessen Sie nicht die Arbeitnehmervertreter. Ein Betriebsratsmitglied, beziehungsweise ein entsandtes Mitglied, sollte der Projektgruppe angehören. Zudem gibt es in jedem Unternehmen Influencer oder Meinungsbildner. Überlegen Sie sorgfältig, wer von diesen Personen, für Sie eine wichtige Rolle im Employer-Branding-Prozess übernehmen könnte, beziehungsweise welche Rolle diese Person in der Projektgruppe übernehmen sollte.

Für die Praxis

In unserem Beispiel setzte sich die Projektgruppe aus zehn Teilnehmern zusammen:

- Leiterin Personalmarketing plus externer Berater als Projektleitung,
- zwei Referenten aus der Personalrekrutierung,
- Leiterin PR und Öffentlichkeitsarbeit,
- eine Mitarbeiterin aus der Abteilung Öffentlichkeitsarbeit,
- ein Projektassistent zur Unterstützung der Projektleitung,
- ein Betriebsratsmitglied,
- ein Vertreter eines Unternehmensbereiches mit der geringsten Fluktuation und der gefühlt höchsten Mitarbeiterzufriedenheit,
- ein Vertreter eines Unternehmensbereiches, der in den letzten Jahren bereits eine entsprechende hohe Anzahl von neuen Mitarbeitern rekrutiert und integriert hatte.

Arbeitsgruppe

Bei manchen Projekten kann es sinnvoll sein, zusätzlich zur Projektgruppe weitere Arbeitsgruppen zu definieren. Dies ist insbesondere bei größeren Unternehmen mit dezentralen oder internationalen Strukturen der Fall. Die Leitung der Arbeitsgruppen sollte ein Mitglied der Projektgruppe übernehmen und auch die zur Unterstützung der Projektgruppe notwendigen Aufgaben verteilen. Dies können Rechercheaufgaben sein, oder die Erarbeitung von internen Daten (siehe hierzu auch Abschn. 4.1). Darüber hinaus kann es notwendig sein, Mitarbeiterinterviews durchzuführen. Dazu können Mitglieder der Arbeitsgruppe einbezogen werden, die die Aufbereitung und Dokumentation für die Projektgruppe übernehmen.

In dem Projektbeispiel habe ich auf die Bildung von Arbeitsgruppen verzichten können, gleichwohl auch hier Mitarbeiterinterviews durchgeführt worden sind.

Reporting

Definieren Sie frühzeitig, in welcher Form und in welchem Zeitrhythmus ein Reporting in Richtung Unternehmensleitung erfolgen soll. Bei komplexeren Projekten und großen Unternehmen empfehle ich einen Lenkungsausschuss einzurichten, an den die Projekt-gruppe berichtet. In diesem Fall sollte ein Mitglied der Unternehmensleitung dem Lenkungsausschuss angehören.

In unserem Praxisbeispiel war ein Lenkungsausschuss nicht notwendig. Das Repor-ting in Richtung Unternehmensleitung gestaltete sich locker und entspannt. Durch die Rolle der Markenbotschafter gelang es, nicht nur eine Informationsnähe zu schaffen, sondern auch einen intensiven Identifikationsgrad zu entwickeln.

Kick-off-Meeting

Das Kick-off-Meeting ist die Geburtsstunde für Ihr Employer-Branding-Projekt. Es ist ein erster wichtiger Meilenstein auf dem Weg zu Ihrer attraktiven Arbeitgebermarke. Zum jetzigen Projektzeitpunkt besteht Raum für Diskussionen und notwendige Nach-justierungen. Elementar für ein erfolgreiches Kick-off-Meeting ist, Einigkeit in der Projektgruppe zu erzielen, zu lernen mit einer Sprache zu sprechen und ein verbindliches Commitment zu den Projektzielen zu vereinbaren.

Bei unserem Praxisbeispiel sah die Agenda des Kick-off-Meeting wie folgt aus:

- Einstiegsvortrag durch ein Mitglied der Unternehmensleitung
- Begriffsklärungen und Definitionen (siehe hierzu Abschn. 2.1)
- Vorgehensweise und Methoden
- Aufgaben und Verantwortlichkeiten
- Zeitplanung und nächste Schritte
- Fokussierung und Commitment

Auch bei noch so guter Vorbereitung habe ich in der Praxis immer wieder beobachtet, dass grundlegende Aspekte aus dem Ruder gelaufen sind. Wie Sie die wichtigsten Pan-nen in Ihrem Employer-Branding-Projekten vermeiden, schauen wir uns im nächsten Kapitel an.

2.3   Die drei großen Pannen beim Employer Branding

In den letzten Jahren bin ich immer wieder mit Employer-Branding-Projekten konfron-tiert worden, die im ersten unternehmensinternen Anlauf gescheitert sind. Das Scheitern wurde größtenteils daran festgemacht, dass die erhofften Ziele nicht erreicht wurden. Interessanterweise konnten, bei der Mehrzahl dieser Zielverfehlungen, die Gründe nicht exakt festgemacht werden, oder man wollte diese vielleicht auch nicht Preis geben. Zum anderen war aus den Worten der Projektverantwortlichen zu entnehmen, dass es, wie bei jedem Scheitern, einen Schuldigen gab. So wurden zum Beispiel geänderte

Rahmenbedingungen oder eine Verschiebung der personalpolitischen Prämissen genannt. Nicht selten steht auch die Unternehmensleitung im Fokus, die das Projekt stoppte, weil sie die Notwendigkeit aus Kostengründen nicht mehr sah.

Bei genauerer Betrachtung liegen die tatsächlichen Gründe für eine Zielverfehlung jedoch eher in der Projektgestaltung. Dabei können die Ursachen recht unterschiedlich sein. Es sind jedoch immer wiederkehrende Grundtendenzen erkennbar, die ich als die größten Pannen beim Employer Branding bezeichne. Um Sie rechtzeitig dafür zu sensibilisieren, möchte ich Ihnen diese kurz vorstellen und mögliche Konsequenzen aufzeigen.

Panne 1: Der Employer-Branding-Prozess versiegt
Immer wieder kann ich beobachten, wie Unternehmen, nach dem erfolgreichen Prozess zur Gestaltung der Marke, mit vollem Elan an die Umsetzung gehen. So werden erste kommunikationsorientierte Maßnahmen durchgeführt, die eigene Karrierewebseite neu gestaltet, verstärkt Messen und Veranstaltungen besucht, um seine definierte Zielgruppe zu erreichen, oder es werden neue Imagebroschüren entworfen.

Im Laufe der Zeit geht den Beteiligten die Luft aus, die Aktivitäten verlieren zusehend an Dynamik. Hierfür kann es die unterschiedlichsten Gründe geben. Zum Beispiel werden die Aufgaben des Employer Branding von einem Mitarbeiter aus dem HR-Bereich mal eben so mitgemacht, oder werden nicht Bestandteil eines unternehmerischen Markenbewusstseins. Schnell wird der verantwortliche Mitarbeiter vom sonstigen Alltagsgeschäft überrollt. Die Kommunikation der Marke, die zu vermittelnden Eigenschaften und die Steigerung des Bekanntheitsgrades, Ziele, für die man eigentlich angetreten war, bleiben auf der Strecke. Die Zielgruppe gerät aus dem Fokus, der Employer-Branding-Prozess kommt zum Erliegen.

Die Konsequenzen für die Arbeitgebermarke und den gesamten Employer-Branding-Prozess liegen auf der Hand:

- die Ziele werden nicht erreicht,
- die Unternehmensleitung hinterfragt den gesamten Prozess und reduziert zukünftige Budgets,
- der Druck bei weniger, oder nicht erfolgreichen Rekrutierungsmaßnahmen auf den HR-Bereich nimmt zu,
- die Wirkung der Arbeitgebermarke verpufft, die Wahrnehmung lässt bestenfalls nach, oder das Image leidet,
- der erwartete Wettbewerbsvorteil und eine damit verbundene Wertschöpfung werden nicht realisiert.

Panne 2: Die Botschaft entspricht nicht der Unternehmensrealität
Die schwerwiegendste Panne, die passieren kann, sind Botschaften, die sich als falsch herausstellen. Dies ist vergleichbar mit einem Produkt, welches stark beworben wird und damit eine hohe Aufmerksamkeit erreicht. Sie kaufen das Produkt und stellen nach kurzer Zeit fest, dass die beworbenen Produkteigenschaften nicht der Realität entsprechen.

Ihre Erfahrungen, aber insbesondere Ihre Unzufriedenheit, teilen Sie dem Freundeskreis mit oder schildern Ihre Erfahrung in Bewertungsportalen.

So, oder so ähnlich ist es schon manchem Unternehmen ergangen. Es wurden im Employer-Branding-Prozess, mit besten Absichten, Arbeitgebereigenschaften heraus-gearbeitet und vermeintliche Differenzierungsmerkmale entwickelt. Nicht selten ist festzustellen, dass es sich dabei eher um Soll-Eigenschaften handelt. Heißt konkret, der HR-Bereich hat sich zum Ziel gesetzt, durch entsprechende personalpolitische Instru-mente, einen Entwicklungsprozess in Gang zu bringen, um bestimmte Arbeitgebereigen-schaften zu erreichen. Wenn diese dann schon in den Kommunikationsprozess einfließen, muss der Schuss nach hinten losgehen. Besonders gravierend stellt sich dieses Problem bei den „weichen" Identitätsmerkmalen, wie der Unternehmens- und Führungskultur, mit besonders „harten" Auswirkungen dar. Wenn neue Mitarbeiter zu einem Unternehmen wechseln, weil es für einen besonders beteiligungs- und teamorientierten Führungsstil wirbt, die Realität aber anders aussieht, setzt schnell eine entsprechende Enttäuschung ein. Diese kann sich in der Form äußern, wie zuvor beim unzufriedenen Kunden bei-spielhaft erläutert.

Die damit verbundenen Risiken können sehr schmerzhaft sein:

- erhöhte Rekrutierungskosten durch eine zunehmende Fluktuation, nicht nur bei neu eingestellten Mitarbeitern,
- schlechte Resonanzen und Bewertungen in den Social-Media-Kanälen, wie zum Bei-spiel kununu,
- das Image wird beschädigt, die Attraktivität lässt erheblich nach,
- eine „Stimmungsinfektion" bei den bestehenden Mitarbeitern sorgt für einen Motivationseinbruch.

Panne 3: Austauschbare Eigenschaften statt authentischer Kultur

Immer wieder ist bei Diskussionen, im Rahmen von Workshops, festzustellen, wie intensiv die Teilnehmer dazu tendieren, sich am Wettbewerb zu orientieren. Dies ist grundsätzlich nicht verkehrt, die Wettbewerbsanalyse ist auch Bestandteil eines Beratungsworkshops, jedoch zeigt sich schnell die Neigung Slogans oder Begriffe anderer aufzugreifen. Diese Vorgehensweise forciert wenig Erfolg versprechende Imitationsprozesse.

Gerade in der Logistik sind solche Tendenzen zu erkennen. Die Logistik besticht nicht gerade durch Ideenreichtum. Wie häufig finden sich Begriffe wie „Logistics Solu-tions, World of Logistics, Excellence, Worldwide Logistics" oder verwandte Begriff-lichkeiten bei unterschiedlichen Unternehmen (Baumann 2017). Buzzwords wie global, international, führende Marke, innovativ, sind Massenbegriffe, die im Zusammenhang mit scheinbaren Markeneigenschaften gerne verwendet werden, aber keine Diffe-renzierung schaffen. Erst recht beschreiben sie nicht, wofür ein Unternehmen steht, geschweige denn, wie es um die Unternehmens- und Führungskultur steht. Gerade die unternehmenskulturellen Eigenschaften, die gelebten Unternehmenswerte, auch Tradi-tion und Ziele, sind Kernaspekte, die potenziellen Bewerbern wichtig sind.

Die möglichen Auswirkungen auf die Arbeitgebermarke können weitreichend sein, wie zum Beispiel:

- fehlende Aufmerksamkeit, beziehungsweise Wahrnehmbarkeit,
- untergehen im Einheitsbrei durch fehlende Differenzierbarkeit,
- die Arbeitgebermarke erzielt keinen Nutzen,
- Bewerbungen von Kandidaten mit fehlendem Cultural Fit nehmen zu,
- Anpassungsaufwendungen zur Korrektur werden notwendig.

Literatur

Ambler, T., & Barrow, S. (1996). The employer brand. *Journal of Brand Management, 4,*185–206.
Backhaus, K., & Tikoo, S. (2004). Conceptualizing and researching employer branding. *Career Development International, 9*(5), 501–517.
Baumann, C. (2017). *Die Markenentwicklung. In Beste Logistik Marke 2017* (S. 14). München: Huss.
Beck, C. (2008). Personalmarketing 2.0. Personalmarketing in der nächsten Stufe ist Präferenz-Management. In C. Beck (Hrsg.), *Personalmarketing 2.0. Vom Employer Branding zum Recruiting*. Köln: Luchterhand.
Bruch, H., Fischer, J. A., & Färber, J. (2015). top job-Trendstudie 2015 Arbeitgeberattraktivität von innen betrachtet – eine Geschlechter- und Generationenfrage.
Elsner, M., & Heil, O. (2006). Employer Branding als Herausforderung und Chance für das strategische Personalmarketing. In OSCAR.trends, No. 3.
Esch, F.-R. (2011). *Strategie und Technik der Markenführung* (7. Aufl.). München: Vahlen.
Keller, K. L. (1993). Conceptualizing, Measuring and Managing Customer-Based Brand Equity. *Journal of Marketing, 57*(1), 1–22.
Logistik Heute. (2018). Studie: Mit der Marke zum Erfolg. http://www.logistik-heute.de/Logistik-News-Logistik-Nachrichten/Markt-News/18194/Immer-mehr-Transportlogistiker-ekennen-den-Wert-guter-Markenarbeit-Studie-Mi?xing_share=news. Zugegriffen: 28. März 2018.
Meffert, H., & Burmann, C. (2002). Wandel in der Markenführung. Vom instrumentellen zum identitätsorientierten Markenverständnis, Markenmanagement: Grundfragen der identitätsorientierten Markenführung; mit Best Practice-Fallstudien. S. 17–33, 25 ff.
Petkovic, M. (2008). *Employer Branding. Ein markenpolitischer Ansatz zur Schaffung von Präferenzen bei der Arbeitgeberwahl* (2. Aufl.,). München: Hampp.
Radermacher, S. (2013). Zielrichtung und Aufgabe des Employer Branding. In H. Künzel (Hrsg.), *Erfolgsfaktor Employer Branding* (S. 1–16). Berlin: Springer.
Springer Gabler Verlag (Hrsg.). (2017). Gabler Wirtschaftslexikon, Stichwort: Employer Branding, online im Internet: http://wirtschaftslexikon.gabler.de/Archiv/596505812/employer-branding-v3.html. Zugegriffen: 06. Dez. 2017.
Wilden, R., Gudergan, S., & Lings, I. (2010). Employer branding: strategic implications for staff recruitment. *Journal of Marketing Management, 26*(1–2), 56–73.

Die strategische Bedeutung Ihrer Arbeitgebermarke

3

Zusammenfassung

In diesem Kapitel erfahren Sie, wie Sie unter Berücksichtigung eines strategischen Risikomanagements mit Ihrer erfolgreichen Arbeitgebermarke einen Wertschöpfungsbeitrag für Ihr Unternehmen erzielen können. Gerade für das HR-Management spielt der Erfolgsnachweis für die Human-Resources-Instrumente eine immer wichtigere Bedeutung.

Von einer strategischen Bedeutung einer Arbeitgebermarke kann ausgegangen werden, wenn es gelingt mit der Arbeitgebermarke eine Wertschöpfung für das Unternehmen zu erreichen. Gestalter dieses Wertschöpfungsbeitrages sollte im Wesentlichen das HR-Management sein. Die Gestaltung der Arbeitgebermarke, eingebettet in den Employer-Branding-Prozess, ist ein typisches strategisches Handlungsfeld des HR-Managements.

Seit eh und je streiten sich die wissenschaftlichen Kreise darüber, ob und wie ein Wertschöpfungsbeitrag des HR-Managements uberhaupt existiert, beziehungsweise an welchen Kriterien dieser festgemacht werden könnte.

Der für mich wichtigste Indikator für den Wertschöpfungsbeitrag ist die Wahrnehmung in der Praxis. Die Promerit AG hat 2013, in Zusammenarbeit mit der Universität St. Gallen und dem in der Haufe Gruppe erscheinenden Personalmagazin, eine Befragung von 158 Unternehmensentscheidern durchgeführt, um die Zufriedenheit von Geschäftsführern, Vorstandsvorsitzenden und anderer Vorstände mit dem Wertschöpfungsbeitrag des HR-Managements zu untersuchen. Mit dem Beitrag des HR-Managements, insbesondere bei Themen wie dem Employer Branding oder der Besetzung von Schlüsselpositionen mit Spitzenkräften zeigte sich nur eine Minderheit der Manager zufrieden bis sehr zufrieden. Bei besonders wertschöpfenden Funktionen, wie „qualifizierte Führungskräfte" und „Top-Leister auf Schlüsselpositionen" trauen die Unternehmenslenker HR besonders wenig zu (Blatz und Müller 2013). Dieses Ergebnis ist ein recht gutes Spiegelbild zur Logistik, da ich eine vergleichbare Wahrnehmungstendenz in der Praxis bestätigen kann.

Das HR-Management benötigt deutliche Argumente, möglichst mit Kennziffern untermauert, um der zuvor genannten Wahrnehmung entgegenzuwirken. Dies gilt ebenso für einen erfolgreichen Employer-Branding-Prozess. Einen guten Ansatz hierzu liefert das Risikomanagement. Die Notwendigkeit des Risikomanagements ergibt sich durch zahlreiche gesetzliche Bestimmungen und Normenregelungen. Das Risikomanagement beinhaltet die Bewertung und Steuerung von Risiken, die dazu beitragen können, die Erreichung der Unternehmensziele zu gefährden. Zweck ist, die Abweichung von diesen Zielen zu verhindern, beziehungsweise möglichst gering zu halten.

Im Zusammenhang mit dem Employer-Branding-Prozess empfehle ich den Verantwortlichen aus dem HR-Management die Anwendung des Personalrisikomanagements. Die Einbeziehung des Personalrisikomanagements ist im Hinblick auf die Betrachtung von Wettbewerbsvorteilen ein gut geeignetes Instrument, weil dieses die Knappheit der Ressource Personal untersucht. Ausgehend von der Heterogenität der Ressourcenausstattung in Unternehmen kann ein Wettbewerbsvorteil dann erreicht werden, wenn die zu betrachtende Ressource wertvoll und knapp ist (Barney 1991). Wertvoll sind Ressourcen dann, wenn sie am Markt knapp sind, da ansonsten der Besitz dieser Ressource keinen eigentlichen Wettbewerbsvorteil verschafft.

Personalrisiken, siehe Abb. 3.1, lassen sich als Risikogruppen in vier Hauptfelder zusammenfassen (Kobi 2002).

Engpassrisiko
Wenn Leistungsträger in einem Unternehmen fehlen, entspricht dies einem Engpassrisiko. Es wird unterschieden zwischen Bedarfslücken, die funktionsbezogen zu

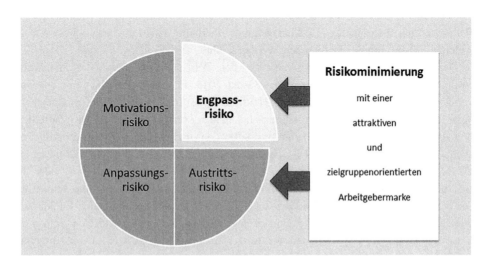

Abb. 3.1 Übersicht der Personalrisiken. (Quelle: Eigene Abbildung)

betrachten sind und Potenziallücken, die personenbezogen betrachtet werden. Sofern vakante Positionen nicht besetzt werden können, steigt das Risiko des Leistungs- und Produktivitätsverlustes im Unternehmen. Zur Reduzierung oder Vermeidung eines Engpassrisikos können verschiedene Handlungsfelder, wie zum Beispiel interne und externe Rekrutierung von Mitarbeitern eingesetzt werden.

Austrittsrisiko
Austritte von Leistungsträgern werden als hohes Risiko betrachtet, weil Know-how und Erfahrung verloren gehen. Dies entspricht dem Austrittsrisiko. Zur Reduzierung oder Vermeidung von Kündigungen sollten die potenziell gefährdeten Mitarbeiter erkannt und langfristig an das Unternehmen gebunden werden.

Anpassungsrisiko
Wenn Mitarbeiter nicht richtig qualifiziert sind, stellt dies ein Anpassungsrisiko dar. Qualifizierungsmaßnahmen werden zum Beispiel zur Risikominimierung notwendig.

Motivationsrisiko
Zurückgehaltene Leistungen werden als Motivationsrisiko bezeichnet. Zurückgehaltene Leistungen sind so definiert, dass Mitarbeiter, welche die Qualifikation und Fähigkeit für die Aufgabenstellung mitbringen, nicht einsetzen.

Damit sind sicherlich nicht alle Risiken erfasst, die zum HR-Steuerungsmanagement gehören sollten. Im Hinblick auf die Gestaltung der Arbeitgebermarke ist der Ansatz des Engpassrisikos und des Austrittsrisikos ein relevanter und praxisnaher Faktor. Erinnern wir uns an die Kernziele, die mit der Arbeitgebermarke verbunden sind. Zum einen soll die Attraktivität für die eigenen Mitarbeiter gestärkt und damit das Austrittsrisiko minimiert werden. Zum anderen soll eine attraktive Marke dazu beitragen, mittels steigender Bekanntheit und Kommunikation der Arbeitgebereigenschaften, für potenzielle Bewerber und Zielgruppen interessanter zu werden, um das Engpassrisiko zu minimieren. Beide angestrebten Reduzierungen der Risiken können durch entsprechende Kennziffern untermauert werden, was den Wertschöpfungsgedanken entscheidend untermauert (siehe auch Abschn. 4.3).

Bei der Risikomessung der Personalrisikofaktoren genügt es nicht, Daten und Kennziffern aus der Vergangenheit abzuleiten. Für eine strategische Betrachtung ist es unumgänglich, sämtliche personalrelevanten Faktoren zukunftsbezogen zu beurteilen. Dazu müssen die Maßnahmen an den mittel- und langfristigen strategischen Unternehmenszielen ausgerichtet werden. Aufgabe des HR-Managements ist es, die notwendigen Maßnahmen zur Risikominimierung aufzuzeigen und präventive Maßnahmen auf den Weg zu bringen. Eine präventive Maßnahme ist die Arbeitgebermarkenführung zur Reduzierung des Engpassrisikos und des Austrittsrisikos.

Der Fokus in diesem Buch liegt auf der Gestaltung und Kommunikation der Arbeitgebermarke mit dem Schwerpunkt der Rekrutierung. Somit steht die Betrachtung des Engpassrisikos im Mittelpunkt.

Im Wesentlichen geht es bei dieser Betrachtung darum, wie die Bedarfslücken, auf der Basis der Arbeitgebermarke, durch externe Rekrutierungsmaßnahmen gedeckt werden können. Für eine Beantwortung dieser Frage muss zunächst eine Bedarfslücke identifiziert werden. Dabei wird zu klären sein, für welche Zielgruppen, Funktionen und Positionen, mittel- und langfristig eine Bedarfslücke besteht. In einem weiteren Schritt wird die Frage zu beantworten sein, mit welcher Wahrscheinlichkeit diese Lücken, durch interne Besetzungen gedeckt werden können, um somit den externen Bedarf zu erkennen. Wie die geeignete Vorgehensweise hierzu aussehen kann, erläutere ich in Abschn. 4.1.3.

Literatur

Barney, J. (1991). Firm resources and sustained competetive andvantage. *Journal of Management*, *17*(1), 99–120, 105–115.

Blatz, C., & Müller, C. (2013). Große Erwartungen. *Personalmagazin 06,* (S. 16–20). Freiburg: Haufe.

Kobi, J.-M. (2002). *Personalrisikomanagement. Strategien zur Steigerung des People Value* (2. Aufl., S. 17). Wiesbaden: Gabler.

Die Entwicklung Ihrer Arbeitgebermarke

4

Zusammenfassung

In diesem Kapitel erfahren Sie, wie Sie mit einem praxisbewährten Konzept Ihren Employer-Branding-Prozess im Unternehmen gestalten können. Im Mittelpunkt steht Ihre Arbeitgebermarke. Zunächst beginnt der Prozess mit einer eingehenden Analyse und einer sich daran anschließenden Strategieentwicklung. Im nächsten Schritt geht es um die Gestaltung und kommunikative Umsetzung Ihrer Arbeitgebermarke. Weiterhin lernen Sie die wesentlichen Faktoren kennen, mit denen Sie den Erfolg Ihrer Arbeitgebermarke überprüfen können. Zum Abschluss erhalten Sie noch eine Anregung, wie Sie mit einer Wettbewerbsbeobachtung, die bis dahin gewonnenen Erkenntnisse, für sich selbst reflektieren.

Im Rahmen des Employer Branding widmen wir uns in diesem Kapitel nun der Entwicklung der Arbeitgebermarke. Die gute Nachricht zu Beginn ist, dass viele Unternehmen bei der Entwicklung ihrer Arbeitgebermarke nicht bei null anfangen müssen. Aus zahlreichen Projekten kann ich bestätigen, dass auch die Unternehmen, beziehungsweise Unternehmensbereiche der Logistik bereits vielfach eine gute Basis für ein zielgerichtetes Employer Branding gelegt haben. Dennoch gibt es, vor dem Hintergrund der in Abschn. 2.3 dargestellten Themen, sowie eventueller Fehlentwicklungen, oder nicht planbarer Unwägbarkeiten, für jedes Unternehmen die unterschiedlichsten Voraussetzungen. Somit gilt es, bei jedem Start in die Entwicklung der Arbeitgebermarke, die Karten neu zu legen und strategisch richtig anzulegen, erst recht, wenn es zuvor schon einmal erste Versuche in Richtung Arbeitgebermarkengestaltung oder eines Personalmarketings gab.

Zu Beginn der Projekte, also wenn ich mit den Kunden in die Entwicklung der Arbeitgebermarke einsteige, stelle ich zunächst sogenannte Bannerbotschaften in den Raum. Die Bannerbotschaften begleiten den gesamten Prozess der Arbeitgebermarkenentwicklung wie einen roten Faden. Sie helfen, sich in schwierigen Projektsituationen auf den Kern zu besinnen, und das Ziel nicht aus den Augen zu verlieren.

Die erste Bannerbotschaft lautet: „Ehrlich macht authentisch"
Was meine ich damit? Verkaufen Sie die Eigenschaften, die Ihr Unternehmen tatsächlich ausmachen und zu dem gemacht haben, was Ihr Unternehmen heute darstellt.

▶   **Praxistipp** Vermeiden Sie, Ihre Arbeitgebermarke anhand von Kriterien zu definieren, die Sie persönlich für „in" halten, oder in einer Form zu präsentieren, wie Sie Ihr Unternehmen selbst gerne sehen würden.

Verstehen Sie mich nicht falsch, natürlich müssen Sie zukünftige strategische Entwicklungsaspekte berücksichtigen, aber nur dann, wenn sich diese aus einer bereits verabschiedeten Unternehmensstrategie ableiten lassen.

Wussten Sie übrigens, dass vier von zehn Kandidaten bereits ein Job-Angebot abgelehnt haben, da die versprochenen Aussagen zu den Merkmalen der beworbenen Arbeitgebermarke nicht mit den tatsächlich erlebten Erfahrungen übereinstimmen (Weitzel et al. 2017, S. 18). Die Herausforderungen an eine authentische Arbeitgebermarke werden in den nächsten Jahren noch einmal erheblich zunehmen. Dies liegt aus meiner Sicht daran, dass die gut qualifizierten, veränderungswilligen Kandidaten, immer mehr darauf achten werden, wie sich die Unternehmen präsentieren. Die Kandidaten werden vermehrt prüfen, ob Ihre Botschaften zu attraktiven Arbeitsplätzen und Zusatzleistungen der Realität entsprechen.

Die zweite Bannerbotschaft lautet: „Wiedererkennung vor Unverwechselbarkeit"
Bereits in Abschn. 2.1.4 habe ich auf die Problematik aufmerksam gemacht, die mit der Verwendung von Begriffen wie „unverwechselbar" oder „einzigartig" einhergeht. Gerade die Verwendung der logistikspezifischen Begrifflichkeiten macht die Verwendung von unverwechselbaren Kriterien so gut wie unmöglich. Sicherlich gibt es einige Unternehmen, die es durch besondere personalwirtschaftliche Programme schaffen, nahezu unverwechselbare Angebote für ihre Mitarbeiter zu entwickeln. Dies dürfte, nach meiner Einschätzung, jedoch die Ausnahme sein.

Nicht zuletzt aus diesem Grund empfehle ich Ihnen, dem Druck und der Erwartungshaltung für die unverwechselbare Arbeitgebermarke mit Gelassenheit zu begegnen. Seien wir ehrlich, gerade im Logistikumfeld geht es doch in erster Linie darum, den Bekanntheitsgrad zu steigern und das Image für schwierig zu besetzende Logistikvakanzen zu verbessern. Insofern fahren Sie wesentlich besser mit dem Ansatz den Wiedererkennungswert Ihrer Marke, beziehungsweise die der Arbeitgebereigenschaften in den Mittelpunkt zu stellen. Wiedererkennung ist ein Schlüsselfaktor für die Steigerung des Bekanntheitsgrades. In der Praxis beobachte ich immer wieder, wie die Prämisse der Wiedererkennung neue Kreativität im Gestaltungsprozess der Arbeitgebermarke freisetzen kann. Der schöne Nebeneffekt dabei; es gelingt die Authentizität zu bewahren.

▶ **Praxistipp** Sie kennen die Aussage „ein Bild sagt mehr als tausend Worte". Dies gilt insbesondere für die Botschaften und die damit verbundene Kommunikation Ihrer Arbeitgebermarke. Das Erfolgsgeheimnis für Ihre Marke liegt darin, die Kernaussagen Ihrer Markenidentität über ein Symbol oder ein Motiv in Bild und Wort zu gießen. So haben Sie die Chance mit einer dauerhaften Wiedererkennung die Bekanntheit Ihrer Arbeitgebermarke zu steigern, und im nächsten Schritt eine wahrnehmbare Differenzierung zu erzielen.

Die dritte Bannerbotschaft lautet: „Horizont und Wiederkehr"
Je nach Ausgangssituation, beziehungsweise vorheriger Erfahrung im Unternehmen, ist die Gestaltung, Positionierung und Kommunikation Ihrer Arbeitgebermarke ein langwieriger Prozess.

Der Aufbau der Markenstärke ist nicht kurzfristig zu leisten. Nur mit langfristigen Investitionen, mit Ausdauer, Lernfähigkeit und Erfahrung schaffen Sie gute Voraussetzungen, um die gesteckten Ziele zu erreichen. Diese Voraussetzungen fasse ich gerne unter dem Begriff „Horizont" zusammen, weil sie Weitblick erfordern.

Eine weitere Dimension bildet die Notwendigkeit, den gesamten Prozess permanent zu wiederholen und zu überprüfen. Denken Sie nur an eine neue strategische Ausrichtung, die von der Unternehmensleitung auf den Weg gebracht wird. Diese kann zu einem veränderten quantitativen oder qualitativen Personalbedarf führen. Der neue Personalbedarf kann zur Folge haben, dass sich Ihre Zielgruppen bei der Rekrutierung, und bei der Mitarbeiterbindung verändern müssen. Modifizierte Zielgruppen erfordern gegebenenfalls Maßnahmen, um die Positionierung der Arbeitgebermarke sowie die Kommunikationskanäle anzupassen. Für diesen Aspekt verwende ich den Begriff der „Wiederkehr", weil eine Veränderung der Rahmenbedingungen die Wiederholung des vorherigen Prozesses notwendig macht.

Gerade vor dem Gesichtspunkt der „Wiederkehr" empfehle ich, sich bei der Entwicklung der Arbeitgebermarke am klassischen kybernetischen Regelkreis zu orientieren. Dieser soll verdeutlichen, dass nach Abschluss des Entwicklungsprozesses eine Wiederholung der Schritte in regelmäßigen Abständen notwendig ist.

Der klassische kybernetische Regelkreis besteht aus den folgenden Elementen:

1. Diagnose/Analyse
2. Prognose
3. Zielsetzung
4. Planung und Organisation
5. Realisation: Durchführung/Erledigung der geplanten Maßnahmen
6. Kontrolle – und falls erforderlich: Zielkorrektur

▶ **Praxistipp** Aus den eigenen Erfahrungen, sowie in Anlehnung an den erwähnten kybernetischen Regelkreis, empfehle ich Ihnen, den Prozess der Arbeitgebermarkengestaltung in drei Themenfelder zu gliedern:

1. Analyse und Strategie
2. Gestaltung und Umsetzung
3. Monitoring

Die Veränderung der Rahmenbedingungen spielt bei der Gestaltung und Umsetzung der Arbeitgebermarke in besonderem Maße für den gesamten Logistiksektor eine wichtige Rolle. So sind zum Beispiel die Einflussfaktoren des Branchenimages (siehe Kap. 1), oder die individuelle Wettbewerbssituation bei der Entwicklung der Arbeitgebermarke immer wieder neu zu überprüfen. Die Ergebnisse dieser Betrachtung liefern in der Regel wichtige Erkenntnisse im Hinblick auf die Art und Weise der Kommunikation Ihrer Arbeitgebermarke.

Für den Entwicklungsprozess Ihrer identitätsorientierten Arbeitgebermarke können Sie eine Art Road-Map nutzen. Eine solche Road-Map stellt die Abb. 4.1 dar.

In den nachfolgenden Kapiteln werde ich ausführlich auf die notwendigen Schritte zur attraktiven Arbeitgebermarke eingehen.

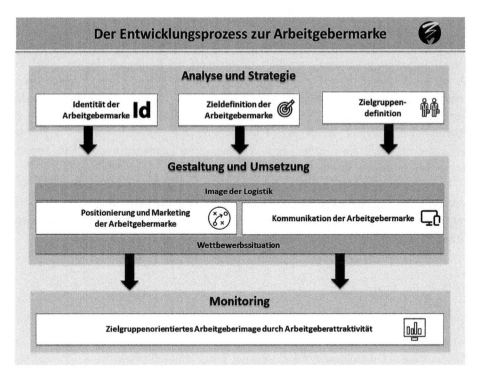

Abb. 4.1 Der Entwicklungsprozess zur Arbeitgebermarke. (Quelle: Eigene Darstellung)

4.1 Analyse und Strategieentwicklung

Eine fundierte, mit Daten und Fakten gesicherte Analyse der Ausgangssituation bildet die Basis für eine passende Strategie zur Entwicklung Ihrer Arbeitgebermarke.

In der Praxis treffe ich bei den Unternehmen immer wieder auf folgende Ausgangssituationen:

1. Das Unternehmen hat noch keinen professionell strukturierten Employer-Branding-Prozess durchlaufen. Folglich sind weder Grundlagen für die Gestaltung der Arbeitgebermarke, noch eine klare Kommunikationsstrategie vorhanden.
2. Das Unternehmen hat schon den ein oder anderen personalstrategischen Ansatz durchgeführt. Dies können zum Beispiel Maßnahmen in Richtung der internen Kommunikationskultur sein. Sofern bereits eine Idee, eventuell sogar ein Verantwortlicher für Personalmarketing im Unternehmen vorhanden ist, gibt es eine gute Grundlage, auf der man aufbauen kann.
3. Das Unternehmen hat bereits erste Versuche zur Positionierung und Kommunikation der Arbeitgebermarke unternommen. Der erhoffte Erfolg hat sich jedoch nicht eingestellt. In diesem Fall stellt sich nicht selten heraus, dass eher eine unzureichende Definition der Erfolgsfaktoren das eigentliche Problem ist.

Eventuell erkennen Sie eine der drei Situationen aus Ihrem eigenen Alltag wieder. Die unterschiedlichen Ausgangssituationen machen eine differenzierte Analyse notwendig. Dennoch kann bei der Analyse und der darauf aufsetzenden Strategieentwicklung auf ein gleiches Grundmuster bei der Vorgehensweise zurückgegriffen werden.

Ziel der Analyse
In der Analysephase werden alle organisationalen, unternehmensspezifischen sowie marktbezogenen Faktoren analysiert, um deren Einfluss auf die Gestaltung der Arbeitgebermarke ausreichend zu berücksichtigen. Alle Faktoren haben einen wesentlichen Einfluss auf die Arbeitgeberattraktivität, wie ich bereits in Abschn. 2.1.2 dargestellt habe.

Unternehmensspezifische Faktoren
Neben den zuvor erläuterten Ausgangssituationen, spielt die zukünftige Unternehmensstrategie eine entscheidende Rolle für die Entwicklung der Arbeitgebermarke. Auch die Kommunikation der Arbeitgebermarke kann von der Unternehmensstrategie und bereits eingeleiteten Maßnahmen abhängig sein. Sollte Ihr Unternehmen im strategischen Wandel sein, oder einen Change-Prozess durchlaufen, dann sollten in der Regel die Unternehmensbereiche PR, Öffentlichkeitsarbeit oder Marketing eingebunden sein. In diesem Fall kann die Kommunikation der Arbeitgebermarke nur im Einklang mit der Unternehmens- oder Produktstrategie erfolgreich funktionieren.

Auf der anderen Seite können solche unternehmensspezifischen Faktoren zusätzlich ein Anstoß sein, um erstmals, oder ganz neu über die Gestaltung der Arbeitgebermarke nachzudenken. In der Praxis erlebe ich immer wieder, dass solche Chancen unberücksichtigt bleiben.

Beispiel aus der Praxis

Ein global agierendes Logistikunternehmen hat eine neue strategische Zielrichtung definiert. Diese ist durchaus ambitioniert. Das strategische Ziel bietet jedoch ein hervorragendes Potenzial, um sowohl über begleitende personalpolitische Instrumente an Arbeitgeberattraktivität zu gewinnen, als auch über entsprechende kommunikative Maßnahmen am Image zu arbeiten. Interessanterweise gelingt es dem Unternehmen, durch eine gute Kommunikation nach innen, sowie entsprechende Informations- und Schulungsveranstaltungen, die eigenen Mitarbeiter auf das neue Ziel einzuschwören. Das Ergebnis: Die Fluktuation geht in den folgenden zwei Jahren zurück.

Das Unternehmen versäumt es jedoch, den erfolgreichen internen Weg zusätzlich für die Außendarstellung zu nutzen. Damit wird eine gute Option verspielt, die eigene Arbeitgebermarke neu zu positionieren und sich als zukunftsweisender Arbeitgeber darzustellen. Dies wäre letztendlich umso dringlicher gewesen, als es um das Arbeitgeberimage in der Außenwahrnehmung nicht zum Besten bestellt war. Dies spiegelte sich zudem in steigende Probleme bei der externen Rekrutierung signifikant wider. Somit blieb die Außenwahrnehmung bei potenziellen Bewerbern weiterhin negativ. Eine gute Chance blieb ungenutzt.

Es gibt dennoch positive Beispiele. Ein solches Beispiel möchte ich Ihnen gerne nahebringen, da es sehr aktuell ist und für die Logistik eine deutliche Relevanz aufweist. Dieses Beispiel soll bei Ihren Überlegungen zur Gestaltung der Arbeitgebermarke ein paar Inspirationen und Anregungen liefern.

Beispiel aus der Praxis

Ein Unternehmen aus dem Segment der Intralogistik, speziell der Fördertechnik, hat den Weg der Digitalisierung für seine Produktbereiche eingeschlagen. Dies führt dazu, dass sich der Personalbedarf für die nächsten fünf bis sieben Jahre erheblich verändert. Der zukünftige Bedarf verändert ganz speziell die qualitativen Kompetenzen. Speziell die Bereiche Produktentwicklung, Produktmanagement, IT und Business Development erfahren einen neuen Zuschnitt. Dies betrifft nicht nur die Organisationsstruktur, sondern auch die Kompetenzanforderungen an die Führungskräfte und Mitarbeiter. Das HR-Management nutzt die Chance, um mit neuen Instrumenten, wie zum Beispiel Arbeitszeitflexibilisierungen oder neuen Fachlaufbahnen, die Attraktivität als Arbeitgeber zu steigern.

Diese Fakten sind der Ausgangspunkt für die neue Gestaltung der Arbeitgebermarke. Im Projekt wird zunächst die neue strategische Ausrichtung analysiert, um die Zielgruppen zur Deckung des zukünftigen Personalbedarfs spezifischer festzulegen.

Über plakative Symbole und Werteaussagen werden Botschaften zur Arbeitgebermarke an die Zielgruppen gerichtet. Der Schwerpunkt der Kommunikation liegt bei ausgewählten Social-Media-Kanälen, in denen die Zielgruppe unterwegs ist. Um die Authentizität der neuen Arbeitgebermarke hervorzuheben, werden die Mitarbeiter in Form von videobasierten Testimonials aktiv eingebunden. Weitere Videos über Standorte und Fachvideos zur Digitalisierung ergänzen die Kommunikation (siehe hierzu auch Kap. 5).

Dieses Beispiel macht zusätzlich deutlich, wie wichtig die wiederkehrende Analyse der unternehmensspezifischen Situation für die Gestaltung oder Nachjustierung der Arbeitgebermarke ist.

Zu den unternehmensspezifischen Faktoren gehören darüber hinaus Daten und Fakten, die Sie aus dem Personalcontrolling kennen. Diese müssen sorgfältig aufgearbeitet werden, denn sie bilden die realitätsbezogene Basis für die Identifizierung der Einflussfaktoren Ihrer Arbeitgeberattraktivität (siehe Abschn. 2.1.2).

Wenn Sie sich nun fragen, wer denn dafür im Employer-Branding-Prozess zuständig ist, dann finden Sie die Antwort in Abschn. 2.2. Es handelt sich um eine typische Aufgabe für die zu installierende Arbeitsgruppe, die im Analyseprozess die Ergebnisse der Projektleitung und Projektgruppe präsentiert. Welche Daten und Fakten Sie nun tatsächlich analysieren, hängt im Wesentlichen von der beschriebenen Ausgangssituation, und natürlich von der individuellen Verfügbarkeit der Daten im Unternehmen ab. Die wichtigsten Themen, beziehungsweise Auswertungen, auf die Sie bei der Analyse der Ausgangssituation zurückgreifen sollten sind:

- Fluktuationsanalysen und Austrittsinterviews, sofern vorhanden
- Fehlzeitenanalysen
- Mitarbeiterbefragungen, sofern vorhanden
- Kennziffern zum Recruiting-Prozess und bisherige Kampagnen im Personalmarketing
- Bisherige Zielgruppen bei der Rekrutierung
- Angebote im Rahmen von Compensation & Benefits
- Kompetenzsysteme, sofern vorhanden
- Personalentwicklungsmaßnahmen und Karriereplanung

▶ **Praxistipp**

Auch wenn sich unsere Betrachtung auf den identitätsbasierten Markenansatz richtet und somit die unternehmensspezifische Außendarstellung im Mittelpunkt steht, sollten Sie zwischenzeitlich immer wieder einen Perspektivwechsel in Ihrer Analyse einbeziehen.

Konkret möchte ich Ihnen empfehlen, sofern Ihnen die entsprechenden Budgetmittel zur Verfügung stehen, eine Studie in Auftrag zu geben, um zu evaluieren, wie Ihr Unternehmen allgemein oder speziell bei Ihren Zielgruppen als Arbeitgeber wahrgenommen wird. Dadurch erhalten Sie wichtige

Hinweise zur Attraktivität und dem tatsächlichen Image. Aus meiner Erfahrung muss ich Ihnen jedoch sagen, dass die Ergebnisse wahrscheinlich nicht so ausfallen werden, wie Sie es sich erhoffen. Sie erhalten aber substanzielle Informationen für die weitere Gestaltung und Umsetzung Ihrer Arbeitgebermarke. Bei einer wiederholten Evaluation zu einem späteren Zeitpunkt gewinnen Sie aussagekräftige Argumente zur Anpassung Ihrer Arbeitgebermarke. Ein weiteres Argument für eine Studie ist die Belegbarkeit Ihrer Erfolge, um einen strategischen Beitrag zum Unternehmenserfolg zu dokumentieren (vgl. hierzu Kap. 3 und Abschn. 4.3).

Marktbezogene Faktoren

Die marktbezogenen Faktoren werden in der Praxis immer wieder unterschätzt. Aus meiner Beobachtung liegt dies darin begründet, dass sich die Führungskräfte vieler Unternehmen schwer tun über den Tellerrand des eigenen Unternehmens zu schauen. Zudem ist im Logistikumfeld zu beobachten, dass man sehr auf das eigene Branchenumfeld fixiert ist und Problemfelder, die Rekrutierung betreffend, gerne einmal ausblendet. Die Tatsache, dass man zukünftig noch stärker, im Wettbewerb um talentierte Nachwuchskräfte, mit anderen Branchen konkurriert, die ein hohes Arbeitgeberimage genießen, wird zu wenig berücksichtigt. Schließlich ist man ja gewohnt, seine Vakanzen aus dem logistischen Wettbewerbsumfeld zu besetzen. Dies wird in Zukunft jedoch nicht mehr uneingeschränkt gelingen.

Vor diesem Hintergrund gilt es bei der Gestaltung und Umsetzung der Arbeitgebermarke die marktbezogenen Faktoren, wie das

- Image der Logistikbranche und einzelner Logistikfunktionen, sowie die
- eigene Wettbewerbspositionierung

zu analysieren.

Auf mögliche Instrumente und Methoden, die sich in der Praxis bewährt haben, komme ich in Abschn. 4.2 zurück.

Ziel der Strategieentwicklung

Die Strategie bei der Entwicklung der Arbeitgebermarke muss in der Lage sein, die folgende Frage zu beantworten:

Mit welchen Botschaften, Symbolwerten und Emotionen kann die Arbeitgebermarke ihre Identität und Bekanntheit in ausgewählten Kommunikationskanälen die definierten Zielgruppen erreichen, um einen entscheidenden Wettbewerbsvorteil bei der Rekrutierung und Mitarbeiterbindung zu erzielen?

Ein wesentlicher Schlüsselfaktor hierfür ist die Zieldefinition, mit der wir uns in Abschn. 4.1.2 ausführlicher beschäftigen.

Fazit

Nur wenn Sie wissen, für was Sie als Arbeitgeber nachweislich stehen, können Sie die Zielrichtung Ihrer Arbeitgebermarke festlegen. Nur wenn Sie die internen und marktbezogenen Faktoren kennen, sind Sie in der Lage, Ihre Zielgruppen für eine erfolgreiche Rekrutierung anzusprechen.

4.1.1 Identität Ihrer Arbeitgebermarke

Zu Beginn dieses Abschnitts möchte ich zunächst die Frage klären:

Was bedeutet Identität im Zusammenhang mit der Arbeitgebermarke?

▶ **Definitionsempfehlung für Ihr Employer-Branding-Projekt** Die Identität der Arbeitgebermarke beschreibt die gewünschte Wahrnehmung der zu erarbeitenden Charakteristika als attraktiver Arbeitgeber. Die Charakteristika werden zum einen abgeleitet aus den personalpolitischen Leistungen des HR-Managements, und zum anderen aus der Unternehmenskultur, die somit zu Identitätsmerkmalen werden. Zum einen sollen externe Nachfrager diese Merkmale wahrnehmen, um den Bekanntheitsgrad zu steigern, zum anderen sollen diese gleichzeitig für eine Differenzierung vom Wettbewerb sorgen. Zudem stehen die Leistungen als Arbeitgeber für das Identifikationspotenzial der eigenen Mitarbeiter. Über die Identität kann die Arbeitszufriedenheit gefördert und die Bindung zum Arbeitgeber gesteigert werden.

Es geht also um das Leistungsversprechen Ihres Unternehmens gegenüber den eigenen Mitarbeitern und gegenüber den externen Bewerbern, beziehungsweise den zukünftigen Kandidaten, die Sie mit der Kommunikation der Arbeitgebermarke erreichen wollen.

Im Hinblick auf die interne Vermittlung der Leistungsversprechen, beobachte ich immer wieder Unterschiede zwischen der Wahrnehmung des Arbeitgebers, bezüglich der eigenen personalpolitischen Instrumente, und dem von den Mitarbeitern empfundenen Nutzen dieser Instrumente. Dieser Diskrepanz gilt es im Rahmen der Analyse auf den Grund zu gehen. Differenzen zwischen der Wahrnehmung des Arbeitgebers und dem tatsächlichen Empfinden der Mitarbeiter, haben häufig eine Unzufriedenheit der Mitarbeiter zur Folge. Dies kann kontraproduktiv werden, denn die eigenen Mitarbeiter sind die wichtigsten Markenbotschafter, mit einem nicht zu unterschätzenden Einfluss auf die Meinungsbildung außerhalb des Unternehmens.

An dieser Stelle möchte ich auf die Employer Value Proposition als ein Kernelement des Employer-Branding-Prozesses zurückkommen. Es geht darum, zu erarbeiten mit welchen Merkmalen aus den personalpolitischen Instrumenten Sie mittels einer Nutzenargumentation Ihre Zielgruppen erreichen wollen, mit dem Ziel sich von anderen Arbeitgebern zu unterscheiden. Diese Erkenntnisse sind notwendig, um zu einer aussagekräftigen Arbeitgeberpositionierung zu kommen (vgl. hierzu Abschn. 4.2.1).

Welche Merkmale prägen die Identität der Arbeitgebermarke?
Im Wesentlichen werden die Merkmale geprägt durch die Verknüpfung von Unternehmenseigenschaften, den Handlungen des Unternehmens, sowie seinen Produkten in der Kombination mit den Arbeitsplätzen. Diese Verknüpfung bildet die Basis für die Identität der Arbeitgebermarke. Um die Identität genauer herauszufiltern, gibt es verschiedene Gestaltungsfelder, die ich in Schaubild Abb. 4.2 verdeutlicht habe.

In der Regel haben Sie die Möglichkeit auf verschiedene Handlungsfelder Ihres Unternehmens zurückzugreifen, um die Positionierung der Arbeitgebermarke zu gestalten. Im Kern fasse ich die Gestaltungsfelder unter drei Aspekten zusammen, auf die ich nachfolgend eingehe. Dabei möchte ich darauf hinweisen, dass die dargestellten Merkmale weder allgemeingültig, noch erschöpfend sind. Die dargestellten Merkmale sind diejenigen, denen ich in der Praxis am häufigsten begegne, beziehungsweise in Employer-Branding-Projekten diskutiert werden.

Die Unternehmensmarke Die Unternehmensmarke ist geprägt durch alle wirtschaftlich ausgestalteten Aktivitäten des Unternehmens, sowie der Maßnahmen zur Darstellung des Unternehmens nach außen. Diese zeichnen sich schwerpunktmäßig dadurch aus, dass sie auf die Zielgruppe Kunde ausgerichtet sind. Der Gestaltungsspielraum hierfür liegt klassisch in den Unternehmensbereichen Produktentwicklung, Produktmanagement oder Marketing.

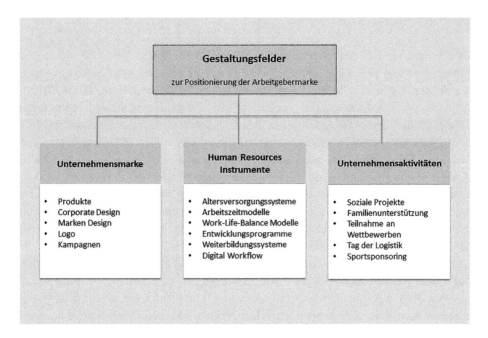

Abb. 4.2 Identitätsmerkmale der Arbeitgebermarke. (Quelle: Eigene Darstellung)

Bei Ihren Überlegungen, welche Aspekte denn besonders gut für die Gestaltung Ihrer Arbeitgebermarke geeignet sein könnten, beachten Sie bitte, dass aus meiner Praxiserfahrung heraus das Corporate- und Marken-Design, sowie das Unternehmenslogo gesetzte Merkmale sind, die Sie nicht antasten sollten. Es sei denn Ihr Unternehmen denkt über ein komplett neues Unternehmens- und Produkt-Branding nach. Einen guten Ansatzpunkt, um Input für Ihre Arbeitgebermarke zu erhalten, sind bisherige und aktuelle Marketingkampagnen. Auch die Produkte Ihres Unternehmens können wichtige Hinweise liefern. In engem Austausch mit dem Vertriebsbereich erfahren Sie üblicherweise, welche Produkte, unter welchen Entscheidungsaspekten, bei den Kunden sehr gut ankommen. Für die strategische Ausrichtung können darüber hinaus geplante Produktinnovationen ein guter Indikator sein.

▶ **Praxistipp** Zur Vorbereitung von Analyse- und Strategie-Workshops in Employer-Branding-Projekten bitte ich jeden Teilnehmer der Projekt- und Arbeitsgruppe zwei bis drei typische Dinge oder Gegenstände mitzubringen, die für den Mitarbeiter die Unternehmensmarke trefflich charakterisieren. Es ist immer wieder beeindruckend, wie groß die Vielfalt des Unternehmens im Hinblick auf die Wahrnehmung der eigenen Mitarbeiter sein kann. Aus der Diskussion entstehen dann bereits die ersten Inspirationen für die Positionierung der Arbeitgebermarke.

Die Human-Resources-Instrumente Die Human-Resources-Instrumente stehen in einer engen Beziehung zu den bereits in Abschn. 2.1.2 diskutierten Identitätsmerkmalen des internen HR-Managements. Die Human-Resources-Instrumente bilden in der Regel die wesentlichen Einflussfaktoren für Ihre Arbeitgeberattraktivität. In der jetzigen Phase des Employer-Branding-Prozesses geht es darum, diese Instrumente als Identitätsmerkmale genau zu analysieren und in die zukünftige Strategie zu überführen. Zunächst gehen wir erst einmal von der Ist-Situation aus. Dies bedeutet konkret, dass Sie alle Instrumente hinsichtlich ihres Einflusses auf die Mitarbeiterzufriedenheit, beziehungsweise Attraktivität für externe Kandidaten analysieren und bewerten.

Die Unternehmensaktivitäten Erfahrungsgemäß sind die Unternehmensaktivitäten diejenigen Merkmale, die bei der Gestaltung der Arbeitgebermarke am wenigsten berücksichtigt werden. Dabei bilden gerade diese Aktivitäten eine hervorragende Basis zur Kommunikation, vor allem für Zielgruppen außerhalb des Unternehmens. Sie haben nicht nur das Potenzial im Gedächtnis haften zu bleiben, sondern spiegeln in vielen Fällen die Unternehmenswerte und die gesellschaftliche und soziale Orientierung des Unternehmens wieder.

Alle Aktivitäten mit Außenwirkung eignen sich für ein Marketing Ihrer Arbeitgebermarke. Einige Unternehmen engagieren sich in sozialen Projekten oder unterstützen, in Kooperation mit sozialen Trägern, Familien- oder Kinderprojekte. In meiner Praxis erlebe ich immer wieder in Gesprächen mit Kandidaten, dass solche Aktivitäten eine besondere Anerkennung erfahren. Sie können das Gefühl vermitteln bei diesem Arbeitgeber ein aktiver Bestandteil sozialer Projekte werden zu können.

Das Sportsponsoring, auch auf regionaler Ebene, hat sich in den letzten Jahren ebenfalls bewährt. Gerade die Unterstützung von Mannschaftssportarten kann als Botschaft und Symbol für eine teamorientierte Führungskultur genutzt werden.

Ein weiteres Beispiel ist der jährlich stattfindende „Tag der Logistik", der einen prägenden Charakter hat. Die hohen Besucherzahlen bei zahlreichen Veranstaltungen zeigen, dass diese Formate eine geeignete Plattform zur Darstellung von Arbeitgebermarken sein können. Im Jahr 2017 besuchten knapp 40.000 Teilnehmer rund 400 Veranstaltungen in insgesamt 20 Ländern. Diese Zahlen liefern das beste Argument für eine Positionierung und Kommunikation Ihrer Arbeitgebermarke. Gerade im Rahmen solch öffentlichkeitswirksamer Veranstaltungen bietet sich die Möglichkeit, die Unternehmensmerkmale aus allen Unternehmensbereichen in den Blickpunkt zu stellen. Darüber hinaus haben Sie die Gelegenheit, das Bild der Logistik in den Augen der Öffentlichkeit in ein anderes Licht zu rücken. Sie können verdeutlichen, dass Logistik nicht nur Transport mit Verkehrsträgern darstellt, die im Zweifel mit negativen Wahrnehmungen verbunden sind.

Nachdem wir uns mit den möglichen Merkmalen auseinandergesetzt haben, werde ich Ihnen im nächsten Schritt aufzeigen, mit welchen Methoden die Identitätsmerkmale konkretisiert werden können. Zunächst noch ein kurzer Hinweis aus der Praxis.

▶ **Praxistipp**

Regelmäßig plädiere ich dafür, die Identitätsmerkmale zur Gestaltung der Employer Value Proposition nicht nur in der Arbeitsgruppe zu diskutieren, weil damit lediglich die Wahrnehmung einer kleinen Gruppe berücksichtigt wird. Da die Arbeitsgruppe in der Regel aus den Gestaltern der HR- und Unternehmenskommunikation besteht, fällt eine kritische Betrachtung der eigenen Erfolge erfahrungsgemäß besonders schwer.

Aus diesem Grund sollte eine Mitarbeiterbefragung die Basis für die zukünftige Markenpositionierung darstellen. Diese Befragung kann von der Arbeitsgruppe umgesetzt werden. Die Mitarbeiterbefragungen können, je nach Größenordnung des Unternehmens, „Face-zu-Face" in einem Interview, oder mittels Online-Fragebogen im Intranet organisiert werden. Interessant ist immer wieder die Fragestellung, ob es Unterschiede zwischen Mitarbeitern gibt, die noch recht kurzfristig im Unternehmen sind und denjenigen, die über eine langjährige Betriebszugehörigkeit verfügen. Eine allgemeingültige Aussage gibt es dazu nicht. Das ist von Unternehmen zu Unternehmen unterschiedlich, führt jedoch in der Regel zu spannenden Erkenntnisse für die Projektgruppe.

Bei den strukturierten Mitarbeiterinterviews sollten Sie Ihr Augenmerk darauflegen, welche Mitarbeiter besonders begeistert und motiviert über die Vorteile im Unternehmen berichten. Hieraus kann sich ein späterer

Anknüpfungspunkt ergeben. Dies ist dann der Fall, wenn Sie daran denken Mitarbeiter Testimonials in der Kommunikation nach außen einzusetzen. Zudem könnten die Mitarbeiter für ein Konzept als Markenbotschafter geeignet sein.

Auch wenn die Einbeziehung der Mitarbeiter in den Employer-Branding-Prozess unverzichtbar ist, sollten Sie sich auf die wesentlichen, wirklich notwendigen und relevanten Punkte bei der Mitarbeiterbefragung konzentrieren. Ich habe bereits in einigen Konzernunternehmen erlebt, dass die Mitarbeiter kein Interesse mehr an „weiteren" Befragungen hatten. Diese Interessenlosigkeit ist häufig damit verbunden, dass den Mitarbeitern die Transparenz fehlt, was mit ihren Aussagen geschieht, beziehungsweise zu welchen Schlussfolgerungen und Maßnahmen das Unternehmen kommt. Somit ist eine Kommunikation der Ergebnisse genauso unabdingbar, wie die Einbeziehung der Mitarbeiter an sich.

Substanziell hat die Mitarbeiterbefragung das Ziel herauszufinden, mit welchen Leistungsmerkmalen des Unternehmens, gleichzusetzen mit den Identitätsmerkmalen, sich die Mitarbeiter des Unternehmens in erster Linie identifizieren. Zusätzlich gilt es herauszufinden, inwieweit bei den Mitarbeitern eine Priorisierung der Merkmale, im Hinblick auf den eigenen Nutzen, existiert.

Zunächst legt die Projektgruppe alle relevanten Leistungsmerkmale fest, zu denen die Mitarbeiter befragt werden sollen. Meine Empfehlung, stecken Sie den Rahmen der Merkmale eher weiter, als zu restriktiv ab. Zudem werden Sie im Rahmen der Mitarbeiterbefragung zahlreiche neue Aspekte und Erkenntnisse gewinnen. Für jedes Leistungsmerkmal formuliert die Projektgruppe den vermuteten Nutzen für den Arbeitnehmer. Zusätzlich wird jedes Leistungsmerkmal, im Rahmen einer Gewichtung, geratet.

Die Ergebnisse der Mitarbeiterbefragung sollten durch die Arbeitsgruppe zusammengefasst werden und anschließend der Projektgruppe vorgestellt werden. Anhand welcher Methoden die Ergebnisse zusammengefasst und in der Projektgruppe bewertet werden, obliegt der Projektleitung. Hierzu gibt es unterschiedliche Ansätze. Aus meiner Praxis haben sich einige Verfahren als besonders handhabbar und transparent bewährt, die ich kurz vorstellen möchte.

Im ersten Schritt werden die Ergebnisse der Einzelgespräche mit den Mitarbeitern, oder der Online-Ergebnisse zusammengefasst. Hierzu empfehle ich eine Auswertungsübersicht, welche die in Abb. 4.3 dargestellten Elemente berücksichtigt.

In der Mitarbeiterbefragung wird erarbeitet, wie die Mitarbeiter die festgelegten Leistungsmerkmale im Hinblick auf den Nutzen für sich selber bewerten. Zusätzlich erfolgt eine Gewichtung der Merkmale und die Analyse der Mitarbeiterzufriedenheit mit dem Erfüllungsgrad des jeweiligen Leistungsmerkmals.

Die Abweichungen führen erfahrungsgemäß zu intensiven Diskussionen in der Projektgruppe. Häufig kommt es zu erheblichen Diskrepanzen zwischen der Bewertung und Sichtweise der Mitarbeiter, im Gegensatz zu den vermuteten Leistungsversprechen durch den Arbeitgeber. Ansprechpartner als Vertreter des Arbeitgebers sind die Verantwortlichen

Leistungsmerkmal	Nutzen für Arbeitnehmer	Gewichtung Arbeitgeber 1-5	Gewichtung Mitarbeiter 1-5	Zufriedenheit Mitarbeiter 1-5

Abb. 4.3 Auswertung der Mitarbeiterbefragung zu den Identitätsmerkmalen. (Quelle: Eigene Darstellung)

aus dem HR-Management, also diejenigen, die für die Gestaltung der Human-Resources-Instrumente verantwortlich sind. Die tatsächliche Arbeitgebermarkenleistung im Kontext mit den Mitarbeitern bilden jedoch die Führungskräfte aller Fachbereiche. Diese prägen durch ihr Führungsverhalten ein gemeinsames Verständnis der Arbeitgebermarke. Dies macht deutlich, welch entscheidende Rolle die Führungs- und Unternehmenskultur für den Erfolg einer attraktiven Arbeitgebermarke spielt.

Die Ergebnisse zur Bewertung der Identitäts- bzw. Leistungsmerkmale werden im nächsten Schritt einer Kano-Analyse unterzogen. Zum besseren Verständnis stelle ich Ihnen dieses Modell kurz vor.

Erläuterung zum Kano-Modell
Das Kano-Modell (Wikipedia 2017), auch Modell der Kundenzufriedenheit genannt, ist ein Ansatz zur systematischen Bewertung der Kundenzufriedenheit für ein Produkt oder eine Dienstleistung. Es beschreibt den Zusammenhang zwischen dem Erreichen bestimmter Eigenschaften und der erwarteten und tatsächlichen Zufriedenheit von Kunden. Aus der Analyse von Kundenwünschen leitete Noriaki Kano, Professor an der Universität Tokio 1978 ab, dass Kundenanforderungen differenzierbar und klassifizierbar sein können. Das nach ihm benannte Kano-Modell erlaubt es, die Erwartungen und Erfahrungen von Kunden aufzunehmen und bei weiteren Produktmaßnahmen zu berücksichtigen.

Das Kano-Modell beinhaltet folgende Klassifizierungen:

1. Basismerkmale, die so grundlegend und selbstverständlich sind, dass sie den Kunden erst bei Nichterfüllung bewusst werden. Werden die Grundforderungen nicht erfüllt, entsteht Unzufriedenheit. Werden diese erfüllt, entsteht aber keine besondere Zufriedenheit. Die Nutzensteigerung im Hinblick auf eine Differenzierung gegenüber Wettbewerbern ist sehr gering.
2. Leistungs-Merkmale sind dem Kunden bewusst, sie beseitigen Unzufriedenheit oder schaffen eine Zufriedenheit, die abhängig ist vom Grad der Erfüllung.
3. Begeisterungs-Merkmale sind Nutzen stiftende Merkmale, mit denen der Kunde nicht unbedingt rechnet. Sie zeichnen das Produkt gegenüber der Konkurrenz aus und rufen Begeisterung hervor. Eine kleine Leistungssteigerung kann zu einem überproportionalen Nutzen führen. Die Differenzierungen gegenüber der Konkurrenz können gering sein, der Nutzen aber enorm.
4. Unerhebliche Merkmale sind sowohl bei Vorhandensein, wie auch bei Fehlen ohne Belang für den Kunden. Sie können daher keine Zufriedenheit stiften, führen aber zu keiner Unzufriedenheit.
5. Rückweisungs-Merkmale führen bei Vorhandensein zu Unzufriedenheit, bei Fehlen jedoch nicht zu Zufriedenheit.

In den Beratungsprozessen führe ich die Ergebnisse der Mitarbeiterbefragung in Form eines schlankeren Kano-Modells zusammen. Dabei empfehle ich eine Konzentration auf die drei wesentlichen Merkmale. Diese Merkmale sind:

1. Die *Basismerkmale,* also diejenigen Merkmale, die von Mitarbeitern und externen Kandidaten als selbstverständlich erwartet werden. Wenn diese Merkmale übertroffen werden, bedeutet dies **nicht,** dass das Unternehmen automatisch attraktiver wird. Hierzu gehören zum Beispiel Themen wie ein gutes Arbeitsklima, eine „gerechte" Bezahlung, Einhaltung von gesetzlichen und tariflichen Vorschriften oder „interessante" Tätigkeiten.
2. Die *Leistungsmerkmale,* also diejenigen Merkmale, die potenzielle Kandidaten für das Unternehmen begeistern können. Bei den eigenen Mitarbeitern werden solche Merkmale, bedingt durch den Gewohnheitseffekt, im Laufe der Zeit eher als „normal" angesehen. Die alleinige Erreichung dieser Merkmale führt jedoch nur zu einer geringen Steigerung der Arbeitgeberattraktivität. Hierzu gehören alle Merkmale, die in unmittelbarem Zusammenhang mit dem eigenen Arbeitsplatz stehen, wie zum Beispiel die Arbeitszeit, die Sicherheit des Arbeitsplatzes oder die Weiterbildungsmöglichkeiten.
3. Die *Begeisterungsmerkmale,* also die Merkmale, die in der Lage sind, externe Kandidaten für das Unternehmen zu begeistern. Sie haben ein hohes Differenzierungspotenzial im Vergleich zu möglichen Wettbewerbern. Diese Merkmale können zu einer hohen Arbeitgeberattraktivität führen. Zu diesen Merkmalen können zum Beispiel Home-Office-Lösungen gehören, oder flache Organisationsstrukturen mit hohem Anteil an Projekt- und Teamarbeit. Darüber hinaus können dies architektonisch oder technologisch besonders hochwertig ausgestattete Arbeitsplätze, mit individuellem Charakter, sein. Weiterhin können die zuvor dargestellten sozialen Aktivitäten des Unternehmens Begeisterung auslösen.

An dieser Stelle lohnt ein Exkurs zu relevanten Studienergebnissen. Ich lasse diese gerne in den Projekten einfließen, da die Ergebnisse die Mitglieder der Projektgruppe von der Euphorie gerne in die Realität zurückholen. Dies tut gut, weil es ein Anreiz ist, bisherige Wahrnehmungen noch einmal kritisch zu hinterfragen.

Zudem zeigen die Ergebnisse der Studien, dass es durchaus nicht selten zu unterschiedlichen Bewertungen der Arbeitgebermerkmale kommt. Die Selbsteinschätzung der Arbeitgeber differenziert in vielen Fällen von der Einschätzung potenzieller Kandidaten. Ein Beleg dafür ist die zuvor schon erwähnte Studie „Employer Branding und Personalmarketing" als Teil der Studie „Recruiting Trends 2017", die im Auftrag der Monster Worldwide Deutschland GmbH als Kooperation verschiedener Institute durchgeführt wurde (Weitzel et al. 2017, S. 16). Während sich 92,3 % aller teilnehmenden Unternehmen bei dem Basismerkmal „gutes Arbeitsklima" gut aufgestellt sehen, nehmen ein solches lediglich 35,9 % der befragten Kandidaten wahr. In den Workshops kommt dann automatisch die Frage auf: „Wie sollen die Bewerber das denn wissen, geschweige denn bewerten?". Die Antwort ist genau so einfach wie trivial; eben deswegen arbeiten Sie an Ihrer Arbeitgebermarke und deren Wahrnehmung, um diese glaubhaft, ehrlich und authentisch zu transportieren.

Auf eine weitere ausgeprägte Diskrepanz bei den Leistungsmerkmalen möchte ich noch eingehen, weil es hier häufig zu besonders ausgeprägten Wahrnehmungsdifferenzen kommt. Es geht um das Thema Weiterbildung. Bei den Unternehmensvertretern sind sich ca. 85 % der Befragten sicher, dass die Weiterbildung in ihren Unternehmen im Vordergrund steht. Von den Kandidaten nehmen dies jedoch gerade einmal 19 % wahr.

Bei den Begeisterungsmerkmalen fällt auf, dass die Differenz zwischen der eigenen Attraktivitätsbeurteilung und der Sicht der Kandidaten nur sehr gering ausfällt. Warum dies der Fall ist, beantwortet die Studie nicht. In den Beratungsprojekten stelle ich indes fest, dass sich die Unternehmen ohnehin schwer damit tun, Begeisterungsmerkmale zu bestimmen, mit denen sie externe Kandidaten ansprechen möchten.

Mangelnde Glaubwürdigkeit zu Arbeitgebermarkenaussagen führt zu Absagen Die bereits zuvor erwähnte Studie von Monster Worldwide kommt zudem zu dem Ergebnis, dass Kandidaten durchaus Employer-Brand-Aussagen von Unternehmen hinterfragen, beziehungsweise prüfen. Dies kann ich aus meiner eigenen Beratungspraxis bestätigen. Namentlich kununu ist dabei eine bevorzugt genutzte Quelle. In der Konsequenz bedeutet dies, dass Aussagen zur Arbeitgebermarke, speziell zu bestimmten Arbeitgebermerkmalen, die nicht glaubwürdig erscheinen oder nach einer Einstellung nicht eingehalten werden können, weil die Unternehmensrealität ganz anders aussieht, zu negativen Auswirkungen führen. Die Glaubwürdigkeit von Aussagen zu den Arbeitgebermerkmalen machen Kandidaten überwiegend daran fest, ob diese Merkmale schriftlich fixiert sind und durchgängig in allen Kommunikationskanälen wiederholt kommuniziert werden, sowie authentisch erscheinen (vergleiche hierzu Abschn. 4.2.4).

Die Studie kommt weiterhin zu dem Ergebnis, dass bereits vier von zehn befragten Kandidaten ein Vertragsangebot abgelehnt haben, weil die angebotenen oder dargestellten Konditionen nicht mit den beworbenen Werten und Merkmalen übereinstimmen.

Welche Schlussfolgerungen sollten Sie jetzt aus den Studienergebnissen für die weitere Konkretisierung der Identitätsmerkmale Ihrer Arbeitgebermarke ziehen? Das Ergebnis bedeutet nicht, sich allein auf die Wünsche und Vorstellungen der Kandidaten zu fokussieren. Daraus ergibt sich vielmehr, die eigenen Merkmale zu kanalisieren und realitätsgetreu sowie authentisch in Richtung der Zielgruppe zu kommunizieren. Sie müssen zu Ihrer Identität stehen. Glaubwürdigkeit wird durch eine Dokumentation auf ihren Kommunikationskanälen und durch Wiederholung wahrgenommen. Nur so kann es Ihnen gelingen, nicht nur fachlich passende Kandidaten zu gewinnen, sondern auch zu begeistern und langfristig zu binden.

Abschließend stellt sich nun die Frage, wie aus den Ergebnissen der Mitarbeiterbefragung, der eigenen Einschätzung der Leistungsmerkmale als Arbeitgeber und den Erkenntnissen aus aktuellen Studien eine Kanalisierung auf die wesentlichen Kernmerkmale erfolgen kann. Dies führt zur nächsten Fragestellung.

Welche Kernmerkmale sollen zukünftig die Identität der Arbeitgebermarke bestimmen?

In diesem Projektschritt stellen Sie die ersten entscheidenden Weichen für die Zukunft Ihrer Arbeitgebermarke. Zunächst werden die zuvor erarbeiteten Leistungsmerkmale noch einmal in ihrer Quantität gestrafft. Hierzu empfehle ich im ersten Schritt eine Rangreihenfolge nach der zuvor ermittelten Gewichtung und Nutzenwirkung für die Mitarbeiter aufzustellen.

Im nächsten Schritt widmen Sie sich der Konkretisierung der ersten fünf Merkmale in der gewählten Reihenfolge.

▶ **Praxistipp** Beschäftigen Sie sich besonders intensiv mit den Merkmalen, die Sie im Kano-Modell als Begeisterungsmerkmale festgelegt haben. Hier sollten minimal zwei Merkmale zugeordnet sein. Damit sind Sie in der Lage Arbeitgebermerkmale und Eigenschaften, die von Externen nicht unbedingt erwartet werden, in Botschaften für ihre Zielgruppen einzubetten. So gewinnen Sie Aufmerksamkeit und Attraktivität, und mit hoher Wahrscheinlichkeit eine Differenzierung.

Nach der Auswahl der Top-Identitätsmerkmale beginnt die Präzisierung und erste konkretere Formulierungen der Leistungsmerkmale. Ich empfehle diesen Schritt der Präzisierung bereits in der jetzigen Projektphase, weil ich in der Praxis festgestellt habe, dass es zu diesem Projektzeitpunkt immer noch Missverständnisse und Interpretationen gibt, die ausgeräumt werden sollten. Im Rahmen der Präzisierung arbeite ich gerne mit der in Abb. 4.4 dargestellten Vorgehensweise.

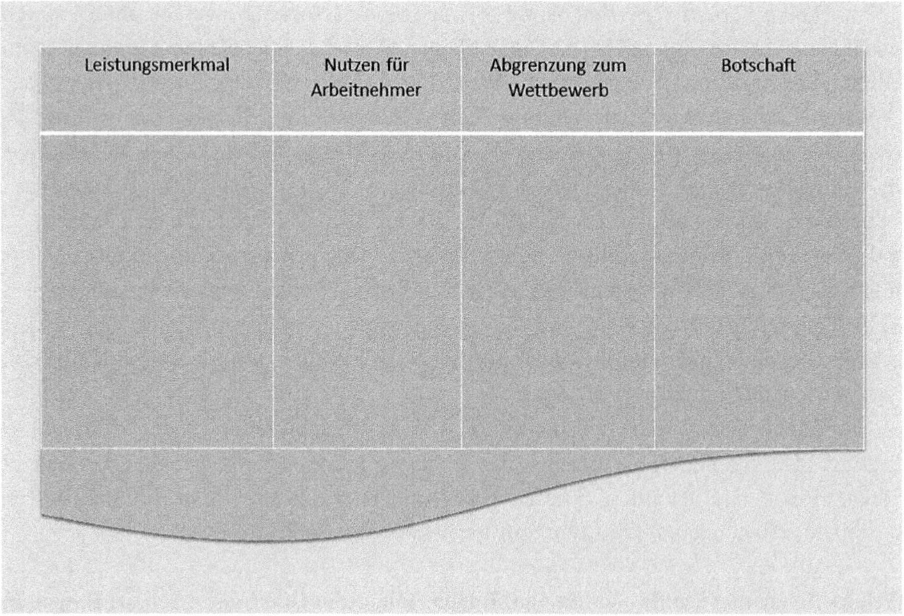

Leistungsmerkmal	Nutzen für Arbeitnehmer	Abgrenzung zum Wettbewerb	Botschaft

Abb. 4.4 Präzisierung und Formulierung der Top-Identitätsmerkmale. (Quelle: Eigene Darstellung)

Für jede der Top-5-Identitätsmerkmale wird zunächst noch einmal der Nutzen für den Mitarbeiter konkretisiert. Dabei lohnt es sich, den Fokus schon einmal in Richtung der externen Kandidaten zu lenken. Dies insbesondere unter der Fragestellung, wie kann der Nutzen so formuliert werden, dass er glaubhaft und verständlich von jemandem verstanden wird, der das Unternehmen nicht kennt. Vermeiden Sie also die so typischen firmeninternen Sprach- und Wortgebilde.

Die nächste Aufgabe besteht darin, zu jedem Leistungsmerkmal die Abgrenzung, oder besser gesagt die Vorteilsdefinition, gegenüber den vermeintlichen Wettbewerbern bei der Rekrutierung zu formulieren. Hierzu empfehle ich, sich besonders intensiv mit den Begeisterungsmerkmalen auseinanderzusetzen.

Nun folgt der anspruchsvollste, aber auch spannendste Schritt der Präzisierung. Die Kreativität der gesamten Projektgruppe ist gefragt. Formulieren Sie in maximal zwei Sätzen zu jedem Leistungsmerkmal eine Textbotschaft. Formulieren Sie die Botschaft in einer Form, in der ein Stück Ihrer Unternehmenskultur erkennbar wird. Versuchen Sie Emotionen anzusprechen, mit denen Sie das Denken und Handeln Ihres Unternehmens, bezogen auf das jeweilige Identitätsmerkmal, beschreiben können. Sammeln Sie die Ideen für die Textbotschaften. Diese müssen noch nicht fertig ausformuliert werden; sie müssen noch nicht perfekt sein. Zum späteren Zeitpunkt, wenn wir uns der Kommunikation der Arbeitgebermarke widmen, werden wir in Abschn. 4.2.2 auf die Ergebnisse des jetzigen Arbeitsschrittes zurückkommen.

An dieser Stelle möchte ich noch einmal auf einen bedeutungsvollen Aspekt hinweisen, den ich bereits in Abschn. 2.1.4 erwähnt hatte.

Vermeiden Sie bei der Präzisierung und Formulierung der Textbotschaften Allgemeinplätze

▶ **Praxistipp**

Vermeiden Sie Begriffe wie „herausfordernde Arbeitsmöglichkeiten", „marktübliche Vergütung" oder „betriebliche Altersversorgung". Seien Sie grundsätzlich vorsichtig bei Gehaltsthemen. Diese sind Basismerkmale, mit denen Sie kaum an Attraktivität gewinnen, wie Sie anhand des Kano-Modells gesehen haben. Verzichten Sie lieber darauf.

Die Logistik ist es gewohnt, bedingt durch ihre starke Kundenorientierung, sich über ihre Prozesse, den Innovationsprojekten und der IT-Kompetenz zu definieren. Ehrlich gesagt sind diese jedoch alle mehr oder weniger vergleichbar. Konsequenterweise ist eine Individualisierung der Identifikationsmerkmale nur über das Unternehmen selbst zu definieren. Ich spreche deswegen von der CCVP, der Company Culture Value Proposition. Jedes Unternehmen verfügt über seine eigene Kultur oder DNA. Greifen Sie diesen Aspekt bevorzugt in Ihren Textbotschaften auf.

Ergänzend möchte ich Ihnen noch einen weiteren Hinweis geben. Vereinzelt gibt es in den Employer-Branding-Projekten den Wunsch, die formulierten Präzisierungen der Leistungsmerkmale an die Arbeitsgruppe zurückzugeben, um ein Feedback von den zuvor interviewten Mitarbeitern zu erhalten. Dies kann hilfreich sein, persönlich rate ich jedoch in der aktuellen Projektphase davon ab. Erfahrungsgemäß ist diese Schleife ein Zeitfresser. Darüber hinaus führt das Feedback zu neuen Diskussionen in der Projektgruppe, mit dem Ergebnis, dass die Teilnehmer eher verunsichert werden, als zusätzlichen Erkenntnisgewinn zu generieren.

Zur Abrundung für die Gestaltung der Identitätsmerkmale Ihrer Arbeitgebermarke, möchte ich Ihnen als Anregung noch zwei Beispiele mit auf den Weg geben. Beide Beispiele sollen Ihnen verdeutlichen, wie Botschaften zu Unternehmensaktivitäten oder aus Human-Resources-Instrumenten das Image als Arbeitgeber positiv beeinflussen können und somit auch die Attraktivität für potenzielle Kandidaten gesteigert werden kann.

Beispiel aus der Praxis zu „Vereinbarkeit von Familie und Beruf":

Ein mittelständisches Unternehmen aus der Logistik-Zuliefererindustrie legt mit seinen Human-Resources-Instrumenten besonderen Wert auf den Begriff „Familienunternehmen". So hat man Arbeitszeit- und Einkommensmodelle entwickelt, die darauf ausgerichtet sind, ein familienfreundliches Unternehmen zu sein. So wurde zum Beispiel ein Benefit-Modell zur Familienunterstützung ins Leben gerufen, mit dem Mitarbeiter darin unterstützt werden, die Pflege der Eltern besser zu organisieren. Zudem gibt es eine besondere Unterstützung für Familien, zu der zusätzlich die Förderung durch Nachhilfe bei Mitarbeiterkindern gehört. Möglichkeiten zu Elternzeiten oder gar Auszeiten werden über die gesetzlichen Rahmenbedingungen hinaus unterstützt. Unter dem Identitätsmerkmal „Vereinbarkeit von Familie und Beruf" wurde die Botschaft „Wir stehen als Familie zusammen" ins Leben gerufen. „Die Familie unterstützt sich gegenseitig in herausfordernden Situationen und feiert in guten Zeiten" lautet die interne und externe Kommunikation.

Beispiel aus der Praxis zu „Sozialer Verantwortung"

Ein Unternehmen der Logistikbranche unterstützt aktiv soziale Projekte zur Verminderung von Kinderarbeit in Asien. Das Unternehmen ist seit mehreren Jahren, auch mit eigenen Niederlassungen und einer regionalen Organisationsstruktur in Asien geschäftlich tätig. In enger Abstimmung mit der Unternehmenszentrale und in Kooperation mit einer internationalen Kinderhilfsorganisation startet man unter dem internen Titel „Bücher statt Arbeit" ein Hilfsprojekt. Damit werden Familien und primär Kinder gefördert, um wieder regelmäßig die Schule besuchen zu können und einen Elternteil in Lohn und Brot zu bringen. Die Mitarbeiter, nicht nur in den Niederlassungen der Region, werden aktiv in das Projekt eingebunden. Über dieses und weitere Unterstützungsprojekte unterstreicht das Unternehmen sein Verständnis von sozialer Verantwortung. Das Projekt findet bei den Mitarbeitern nicht nur Unterstützung, sondern schafft eine neue Identifikation.

Exkurs: Work-Life-Balance

Zum Abschluss dieses Kapitels möchte ich mit Ihnen noch einen kurzen Exkurs zum Thema Work-Life-Balance wagen, einem der gewinnbringenden und immer mehr an Bedeutung gewinnenden Merkmale und Gestaltungsfelder der Human-Resources-Instrumente. In der Praxis nehme ich dieses Merkmal in durchaus unterschiedlichen Facetten wahr.

Zunächst möchte ich auf den Blickwinkel der externen Kandidaten eingehen. In Rekrutierungsprozessen begegne ich diesem Thema, gerade in der Altersgruppe der 30 bis 40-jährigen Kandidaten, immer häufiger. Aktuell wird Work-Life-Balance mehr unter dem Begriff der Vereinbarkeit von Familie und Beruf verwendet. Fakt ist, dass während der Erstinterviews dieses Thema, bei der besagten Altersgruppe, immer mehr an Bedeutung gewinnt. Kandidaten tasten sich über die Fragestellung nach Arbeitszeitmodellen vorsichtig an das Thema heran.

Aufseiten der Arbeitgeber begegne ich mehrfach zwei Reaktionstendenzen bei diesem Thema. Entweder das „machen wir schon" Argument, oder dem „das ist in unserem Arbeitsumfeld nicht realisierbar" Argument. Welches Argument nun richtig oder für Ihre Arbeitgebermarkengestaltung richtig und nutzbar ist, hängt von der individuellen Ausgangssituation ab.

Dennoch möchte ich auf die steigende, nennen wir es, Nachfrage seitens des Kunden, eingehen. In der bereits zuvor erwähnten Studie im Auftrag von Monster Deutschland wird erwähnt, dass Work-Life-Balance immer mehr zum Eckpfeiler für die

Employer-Branding-Strategie wird. Überwiegend Unternehmen aus der IT-Branche legen einen Schwerpunkt auf dieses Leistungsmerkmal. Vor diesem Hintergrund ist es aus meiner Sicht mehr als einen Gedanken Wert, sich gerade in der Logistikwelt diesem Aspekt verstärkt anzunehmen. Vor dem Hintergrund der Digitalisierung, unter dem Stichwort Logistik 4.0, wird der Personalbedarf von IT-affinen Spezialisten und Fachkräften deutlich steigen. In der Konsequenz bedeutet dies, die IT-Branche wird im Wettbewerb um die besten Mitarbeiter zu einem unmittelbaren Konkurrenten. Bedingt durch die steigende Nachfrage nach Work-Life-Balance-Modellen droht ein Wettbewerbsnachteil, da sich klassische IT-Unternehmen als Vorreiter von entsprechenden Arbeitszeitmodellen auszeichnen. Zudem haben immer mehr Gewerkschaften das Thema in ihren Tarifverhandlungen verankert.

Sollten Sie immer noch Zweifel haben, so möchte ich Ihnen die folgenden Zahlen an die Hand geben. Ca. 86 % aller befragten Kandidaten in der zuvor genannten Studie bewerten Work-Life-Balance als ein wichtiges Entscheidungskriterium für oder gegen einen Arbeitgeber. Dazu würden ca. 47 % der Befragten einen Gehaltsverzicht in Kauf nehmen. Dieser Trend ist bei Kandidaten mit langjähriger Berufserfahrung erkennbar, während Kandidaten mit weniger als vier Jahre Berufserfahrung das Thema entspannter bewerten. Bekräftigt werden diese Ergebnisse im Rahmen der LinkedIn-Studie „Inside the Mind of Today's Candidate", in der mehr als 14.000 Teilnehmer in mehr als 20 Ländern befragt wurden (Paulewitt 2017). Mit 53 % wurde der Wunsch nach besserer Vereinbarkeit von Familie und Beruf, als zweithäufigster Grund für einen Arbeitgeberwechsel genannt. Die Gehaltsfrage erschien übrigens erst auf dem dritten Platz. Diese Ergebnisse entsprechen meiner zuvor erwähnten Wahrnehmung in Recruiting-Projekten.

4.1.2 Markenstrategie und Zieldefinition Ihrer Arbeitgebermarke

Nach den emotionalen und kreativen Elementen, denen wir uns im vorherigen Kapitel bei den Identitätsmerkmalen gewidmet haben, geht es nun um eher nüchterne, aber für die Erfolgsbewertung Ihres Employer-Branding-Projektes, enorm wichtige Kriterien. Zum aktuellen Zeitpunkt des Projektes geht es nicht mehr um die Notwendigkeit und die damit verbundene Fragestellung Employer Branding ja oder nein. Es geht vielmehr um die Fragestellung, ob es konkrete und überprüfbare Formulierungen von strategischen Zielen gibt, die mit einer Arbeitgebermarkenstrategie erreicht werden sollen.

Im Mittelpunkt steht also die Fragestellung, mit welchen quantitativen und qualitativen Faktoren ein späteres Monitoring, beziehungsweise ein konkretes Controlling, definiert werden kann. Diesbezüglich möchte ich Ihnen einen Hinweis geben.

▶ **Praxistipp** Vermeiden Sie einen Dschungel von Zielen und Unterzielen. Die Kunst besteht darin, zwei bis maximal vier Ziele zu definieren, deren Zielerreichung Sie mit nachvollziehbaren Kennzahlen dokumentieren, und langfristig verfolgen können.

Zum besseren Verständnis lohnt ein Blick in die wissenschaftliche Literatur. Diese enthält nicht nur fundamentale Erkenntnisse zum begrifflichen Verständnis, sondern bildet ein grundsätzliches Fundament für praktische Zielbestimmungen. Im Wesentlichen orientiere ich mich weiterhin an den Strategien und Methoden zur Markenführung und dem identitätsorientierten Markenansatz (vgl. Abschn. 2.1.4).

Zunächst lassen Sie uns einen Blick auf mögliche Markenstrategien werfen. Kern einer jeden Arbeitgebermarkenstrategie bildet immer die Markenpositionierung, mit der schlussendlich bei externen Interessenten Präferenzen zur Arbeitgeberwahl aufgebaut werden sollen (Esch 2011, S. 368). Die markenstrategischen Optionen lassen sich weitestgehend in drei Kategorien zusammenfassen (Meffert et al. 2008; Becker 2005):

Einzelmarken-Strategie

Wenn die Einzelmarken-Strategie zum Einsatz kommt, werden für die Produkte eines Anbieters jeweils eigene Marken kreiert und in den Markt transportiert. Man bezeichnet die Strategie auch als Mono-Marken-Konzept. Zur Verdeutlichung sei Ferrero genannt. Die Produkte wie Giotto, Nutella, Duplo, Hanuta usw. werden alle einzeln mit einer eigenen Markenstrategie positioniert.

Der aktuelle Trend geht jedoch immer mehr zu einer Zusammenfassung von Marken; man spricht von einer zunehmenden „Überdachung" von Marken.

Dachmarken-Strategie

Bei einer Dachmarken-Strategie werden alle Produktbereiche oder Produktsegmente eines Unternehmens unter einer einheitlichen Marke zusammengeführt, entsprechend positioniert und vermarktet. Im Vordergrund der Vermarktung steht häufig ein übergeordneter Aspekt, oder besser gesagt ein übergeordnetes Identitätsmerkmal, welches für alle Produkte spricht. Damit wird eine besondere Unternehmenskompetenz zum Ausdruck gebracht. Die Dachmarken-Strategie ist primär bei Industriegütern und bei Dienstleistungen weit verbreitet. Tendenzen zur Dachmarken-Strategie sind ebenso in der Logistik zunehmend erkennbar. Doch dazu gleich mehr.

In der Automobilindustrie gehen reine Dachmarken zurück; sie werden gefüllt mit Subbrands. Auch hier ein Beispiel zur Erläuterung. Bei BMW wird das, nennen wir es Dachmerkmal „Aus Freude am Fahren" für die gesamte Marke heruntergebrochen auf ein Modell oder Modellgruppen. Für das 3er Modell mit historischer Dimension wurde der Begriff „Unerreicht" zugeordnet, das 5er Modell als Zukunftsvariante wirbt mit der Aussage „Die Eroberung der digitalen Welt", die X-Modelle werben mit dem Begriff „Grenzenlos". Bei genauer Betrachtung erkennen Sie den Vorteil des Sub-Brandings unterhalb der Dachmarke. Mit jedem Subbrand gelingt es mit einer Kernbotschaft, die jeweiligen Zielgruppen in einer Bildsprache zu erreichen. Genau darum geht es bei der Gestaltung und Kommunikation Ihrer Arbeitgebermarke, wie wir später in Abschn. 4.2.4 sehen werden.

Familienmarken-Strategie

Die Familienmarke ist ein Nischenkonstrukt zwischen der Einzelmarke und der Dachmarke. Bei einer Familienmarke wird für mehrere Produkte eine einheitliche Markenstrategie gewählt. Dies ist häufig bei Produktgruppen oder Produktlinien der Fall. Man spricht heute von einer Line Brand Strategy. Es erfolgen jedoch in der Praxis immer mehr Aufweichungen dieser Strategie, hin zu einer Range Brand Strategy (Kapferer 2004). Diese unterscheidet sich von der zuvor dargestellten Dachmarken-Strategie durch die Flexibilisierung bei der Einführung neuer Marken. Dies ist letztendlich der Vorteil der Range Brand Strategy, sie gibt dem Unternehmen eine größere Freiheit und Flexibilität bei der Markenpositionierung.

Der Ansatz der Markenstrategie mag Ihnen nach den Erläuterungen eventuell sehr theoretisch erscheinen, er ist jedoch entscheidend für die weitere Gestaltung Ihrer Arbeitgebermarke. Aus der Praxis kann ich bestätigen, dass die Frage nach der Markenstrategie eine immer wichtigere und zentralere Rolle für den Employer-Branding-Prozess einnimmt.

Beispiel aus der Praxis

Gerade im gesamten Logistikumfeld ist in den letzten Jahren eine neue Marktorientierung zu erkennen. Ein gutes Beispiel dafür ist die Intralogistik. Marktwachstum, gerade durch internationale Unternehmen, wurde durch Zukäufe generiert. Beispiele dafür sind die Kion Group AG, die Körber AG mit der Sparte Körber Logistics, oder KUKA mit der Branchenfokussierung E-Commerce und Retail-Logistik durch die Übernahme der Swisslog AG. Bei einigen Unternehmen ist eine verstärkte Differenzierung der Marken und Ausrichtungen erkennbar. Eigene Sparten oder Gesellschaften in der Kontraktlogistik, in der Rail- oder Port-Logistik sind fast schon zum Standard geworden. Bei anderen Logistikdienstleistern sind eher Dachmarken-Strategien erkennbar, während in der Intralogistik die starken Produktgruppen weitestgehend noch eher einer Familienmarken-Strategie zugeordnet sind.

Welche Strategie nun die Richtige ist, soll und kann nicht Gegenstand der Überlegungen hinsichtlich der Gestaltung Ihrer Arbeitgebermarke sein. Aus der strategischen Betrachtung heraus, empfehle ich der Markenstrategie des Unternehmens zu folgen. Die Aufgabe besteht darin, die positiven Effekte der jeweiligen Strategie auf die Identitätsmerkmale der Arbeitgebermarke zu konvertieren. Damit sind wir wieder an dem entscheidenden Punkt. Die Arbeitgebermarkenstrategie, gerade in der Logistik, orientiert sich im Grunde an den folgenden vier Aspekten:

1. der Markenstrategie,
2. den mittel- und langfristigen Unternehmens- und Markenzielen,
3. den definierten Identitätsmerkmalen als Arbeitgeber,
4. der Wettbewerbssituation und dem Image der Branche.

Die Markenstrategie liefert ein Fundament für die weitere Zieldefinition. Nun geht es darum festzulegen, in welche Richtung der Weg mit der Arbeitgebermarke führen soll. Aus dem klassischen Markenmanagement lässt sich das Kernziel für Ihre Arbeitgebermarke ableiten (Esch 2011, S. 73):

Zentrale Zielgröße für Ihre Arbeitgebermarke ist der Markenwert als Arbeitgeber Der Wert einer Marke wird weitestgehend aus zwei Perspektiven betrachtet:

1. Die *finanzwirtschaftliche Perspektive* stellt den zahlenmäßigen Wert einer Marke dar. Dieser Wert wird beispielsweise erst dann tatsächlich sichtbar, wenn die Marke von einem anderen Unternehmen übernommen wird oder eine Lizenzvergabe erfolgt. Damit existiert dann eine Art Messung der Markenleistung, die beschreibt wie erfolgreich die Marke ist.
2. Die *verhaltenswissenschaftliche Perspektive* beschreibt den Markenwert als das Ergebnis von Sichtweisen, Wahrnehmungen und Reaktion der eigenen Mitarbeiter und der externen Kandidaten auf die Kommunikation der Arbeitgebermarke. Die Markenbotschaft sorgt für Vorstellungen und Assoziationen, die in den Köpfen der Zielgruppe verankert werden, und zum gewünschten Ziel führen. Diese Ziele sind zum Beispiel eine Reduktion der Fluktuationsquote oder eine Zunahme von Bewerbungen. Die verhaltenswissenschaftliche Perspektive bringt zum Ausdruck, warum die Arbeitgebermarke erfolgreich ist.

Die verhaltenswissenschaftliche Perspektive sollte bei der Zieldefinition für Ihre Arbeitgebermarke im Mittelpunkt stehen. Der Fokus bei der Gestaltung und Vermarktung der Arbeitgebermarke sollte darauf liegen, die Wahrnehmungen und Reaktionen Ihrer Zielgruppen positiv, im Sinne Ihrer Zielsetzungen, zu beeinflussen. Im Rahmen eines Projektes bei einem börsennotierten Unternehmen sollte die Projektgruppe versuchen, die finanzwirtschaftliche Perspektive zu beleuchten, sprich einen Marktwert der Arbeitgebermarke in Euro zu bestimmen. Die Unternehmensleitung sollte mit Hardfacts vom langfristigen Erfolg des Employer-Branding-Projektes überzeugt werden. Trotz intensiver Unterstützung durch das Finanz- und Rechnungswesen und einem externen Wirtschaftsprüfer gelang es nicht, einen interpretationsfreien Markenwert festzustellen.

Aus diesem Grund hat sich die verhaltenswissenschaftliche Sichtweise zum Markenwert in der Praxis durchgesetzt und dient als Grundlage für mögliche Zielvorgaben einer Markengestaltung.

▶   **Praxistipp** Sollten Sie im Rahmen des Employer-Branding-Prozesses mit der Frage konfrontiert werden, wie sich der Markenwert der Arbeitgebermarke in Zukunft entwickelt, dann gehen Sie dem Versuch einer geldwerten Beurteilung aus dem Weg. Argumentieren Sie ausschließlich mit verhaltenswissenschaftlichen Argumenten.

Um weitere Transparenz zu schaffen, möchte ich bei der verhaltenswissenschaftlichen Perspektive noch ein wenig tiefer ins Detail einsteigen. Dieser Schritt hilft, um zu verdeutlichen, wie der Ansatz so operationalisiert werden kann, um daraus konkretere Ziele abzuleiten.

Wie bereits erwähnt, ergibt sich der Markenwert aus den spezifischen Vorstellungen der Zielgruppe zur Arbeitgebermarke. Starken Arbeitgebermarken gelingt es, über die Identitätsmerkmale hinaus, einzigartige und relevante Vorstellungen in den Köpfen von Kandidaten freizusetzen. Diese Vorstellungen zur Arbeitgebermarke unterstützen dabei, folgende Determinanten zu beeinflussen:

- Markenbekanntheit und
- Markenimage.

Markenbekanntheit

Die notwendigen Zielsetzungen, gerade für kleine und mittelständische Unternehmen, die über ihre Unternehmensregion hinaus wenig bekannt sind, habe ich bereits in Abschn. 2.1.4 erläutert. Die Bekanntheit ist eine notwendige Bedingung, um ein Image für eine Arbeitgebermarke zu entwickeln. Ohne den notwendigen Bekanntheitsgrad wird es nicht gelingen, Vorstellungen und Assoziationen zur Qualität einer Arbeitgebermarke aufzubauen. Gerade in der Logistik zeigt die Praxis immer wieder, dass es erst einmal darum geht, die Bekanntheit der Arbeitgebermarke zu entwickeln (Breite der Markenbekanntheit), oder zielgruppenspezifisch zu intensivieren (Tiefe der Markenbekanntheit). Beide Facetten werden über ein Marketingkonzept und einer Kommunikationsstrategie abgedeckt, auf die ich in Abschn. 4.2.2 eingehen werde.

Markenimage

Das Image einer Arbeitgebermarke habe ich bereits in Abschn. 2.1.3 erläutert. In der Praxis versuche ich das Image der Arbeitgebermarke anhand folgender Merkmale zu konkretisieren (Esch 2011, S. 67–68):

1. Die *verbale und nonverbale Assoziation:* Welche emotionalen Inhalte sollen mit der Arbeitgebermarke verknüpft werden? Hierzu sammeln Sie in der Projektgruppe Adjektive oder Bilder in Form eines Brainstormings und ordnen die Begriffe den Top-Identitätsmerkmalen zu.
2. Die *Vernetzung der Assoziationen:* Die Anzahl der Assoziationen ist der eine Aspekt. Wenn es gelingt die Vorstellungen zu den Assoziationen miteinander zu vernetzen, um übergeordnete Bilder zu schaffen, erleichtert dies eine Wiedererkennung.
3. Die *Einzigartigkeit der Assoziationen:* Es gilt die Frage zu klären, ob und welche Assoziationen stark genug ausgeprägt sind, um eine Differenzierbarkeit zu konkurrierenden Arbeitgebermarken zu erreichen.
4. Die *Relevanz der Assoziationen:* Hier steht die Frage im Vordergrund, inwieweit die Vorstellungen den Nutzen der Zielgruppe treffen.

Nachdem wir nun einen Ansatzpunkt in Form von Bekanntheitsgrad und Markenimage für eine zentrale Zielgröße kennengelernt haben, stellt sich als nächstes die Frage nach der Konkretisierung möglicher Ziele. Zunächst möchte ich noch einmal auf die wissenschaftlichen Erkenntnisse zur Entwicklung von Zielsystemen hinweisen.

Herausforderungen und Probleme bei der Konkretisierung von Zielsystemen Grundsätzlich kann man zwischen zwei Problemfeldern bei der Definition von Markenzielen unterscheiden (Esch 2011, S. 78):

1. **Das Zurechnungsproblem**
   Es sind keine direkten Beziehungen zwischen Maßnahmen für die Marke und dem Verhalten von Interessenten nachweisbar. Konkret hat dies folgende Konsequenz. Wenn Sie eine Imagekampagne über verschiedene Social-Media-Aktivitäten für Ihre Arbeitgebermarke durchführen, dann werden Sie feststellen können, dass die quantitative und hoffentlich auch qualitative Anzahl der Bewerbungen zugenommen hat. Es wird Ihnen aber nicht gelingen, den Beweis anzutreten, dass dieses Ergebnis unmittelbar auf Ihre Imagekampagne zurückzuführen ist. Im Endeffekt hängt der Erfolg von vielen Einflussgrößen ab, die untereinander in Beziehung stehen, beziehungsweise sich gegenseitig bedingen. Mögliche Einflussgrößen sind zum Beispiel die Qualität der Botschaften, die auf den vermittelten Identitätsmerkmalen beruhen oder gleichzeitige Aktivitäten der Wettbewerber, die um die gleichen Zielgruppen buhlen.
2. **Das Problem der Operationalisierung**
   Es können unterschiedliche Maßnahmen zur Beeinflussung von Assoziationen und dadurch ausgelöstem Verhalten eingesetzt werden. Im Hinblick auf die Markenkommunikation gibt es weder die richtigen, noch die falschen Maßnahmen.

Die dargestellten Problemfelder gelten im Übrigen auch für klassische Produkt- und/oder Unternehmensmarken, unabhängig von der jeweiligen Markenstrategie. Insofern sind die Herausforderungen in den Unternehmensbereichen Produktentwicklung und Marketing bekannt. Aus meiner praktischen Erfahrung muss ich Ihnen leider sagen, dass diese Akzeptanz und Erkenntnis nicht immer sofort für die Arbeitgebermarke akzeptiert wird.

Um aus diesem dargestellten Dilemma herauszukommen, empfehle ich die folgende Vorgehensweise. Als Orientierung dient Abb. 4.5.

Gehen Sie in folgenden Schritten vor:

1. Fokussieren Sie sich zunächst noch einmal auf die Unternehmensziele.
2. Anschließend setzen Sie sich erneut mit den Themen der Risikominimierung auseinander (siehe Kap. 3). Beantworten Sie für sich die Frage, mit welchem Risikomanagement Sie zum Erfolg der Unternehmensziele am besten beitragen können. In den meisten Fällen geht es um die Minimierung des Engpassrisikos und des Austrittsrisikos.
3. Mit der Entwicklung des Markenwertes, indem Sie das Arbeitgeberimage verbessern, oder Sie die Bekanntheit der Arbeitgebermarke forcieren, sollte es Ihnen gelingen, die

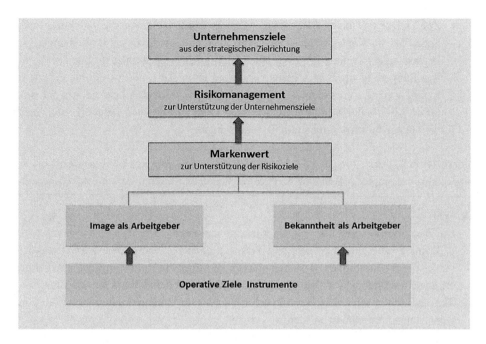

Abb. 4.5 Zieldefinition der Arbeitgebermarke. (Quelle: Eigene Darstellung)

definierten Risiken zu minimieren. Entscheiden Sie sich nun, welche Determinante Sie priorisieren. Die Entscheidung sollten Sie im Wesentlichen von der Ausgangssituation der strategischen Ziele abhängig machen. Wenn beispielsweise Kern der strategischen Zielrichtung die Wachstumsorientierung, durch den Aufbau eines neuen Standortes, darstellt, an dem Sie als Arbeitgeber kaum oder gar nicht bekannt sind, könnte der Schwerpunkt in der Entwicklung des Bekanntheitsgrades liegen.

4. Abschließend überlegen Sie sich, mit welchen Unterzielen Sie die Entwicklung von Image und Bekanntheit erreichen wollen. Achten Sie auf den zu Beginn dargestellten Praxistipp und konzentrieren Sie sich auf maximal vier Ziele. In der Praxis zeigt es sich immer wieder, dass im weiteren Verlauf des Entwicklungsprozesses eine kritische Überarbeitung der Ziele zu einer weiteren Reduzierung führt.

Zur Verdeutlichung möchte ich Ihnen noch ein paar Ziel-Beispiele aus der Praxis vorstellen. Die Zieldefinitionen wurden von den jeweiligen Unternehmensleitungen unterstützt. Sie haben über einen längerfristigen Zeitraum für eine positive Bewertung des Employer-Branding-Projektes gesorgt.

Beispiel aus der Praxis

- Mit der Steigerung unseres Images als attraktiver Arbeitgeber erreichen wir eine Reduzierung der durchschnittlichen „time to hire" auf zwei Monate für die Zielgruppe der Logistikplaner und reduzieren somit das Engpassrisiko bei der Durchführung neuer Projekte.

- Zur Steigerung unseres Bekanntheitsgrades verdoppeln wir die Klickrate in den Social-Media-Kanälen, um mehr Anfragen und qualifizierte Bewerbungen von Hochschulabsolventen für unser Nachwuchskräfteprogramm zu erhalten.
- Zur Steigerung unseres Arbeitgeberimages entwickeln und positionieren wir ein familienorientiertes flexibles Arbeitszeitmodell, weil zusätzlich die Anzahl weiblicher Mitarbeiter erhöht werden soll. Als Kennzahl wird definiert, die Anzahl weiblicher Bewerberinnen um 30 % zu steigern.

Für die visuelle Darstellung und das Monitoring der Ziele eignet sich im Besonderen die Verwendung einer Employer Branding Scorecard. Hierauf werde ich in Abschn. 4.3 eingehen.

Fazit

Die Zieldefinition lässt sich wie folgt zusammenfassen:

Primäres Ziel muss es sein, die Assoziationen der Zielgruppe zur Arbeitgebermarke so zu beeinflussen, dass der Markenwert über die Entwicklung des Arbeitgeberimages und/oder durch die Steigerung der Markenbekanntheit in der Breite oder Tiefe gesteigert wird. Hierzu sollten Sie bis zu vier Unterziele definieren, die durch Kennzahlen untermauert werden.

In diesem Kapitel habe ich bereits mehrfach den Begriff der Zielgruppe verwendet. Wie diese Zielgruppe, unter Berücksichtigung der zukünftigen strategischen Ausrichtung des Unternehmens, ermittelt werden kann, erläutere ich im folgenden Kapitel.

4.1.3   Zielgruppendefinition: Die Richtigen erreichen

In diesem Kapitel geht es um die Fragestellung, wie die Zielgruppen für eine Arbeitgebermarke festgelegt werden. Hierzu werde ich Ihnen wieder Instrumente und Methoden vorstellen, die sich in der Praxis bewährt haben. Daran anschließend zeige ich Ihnen einen Weg, wie die bereits erarbeiteten Botschaften für Ihre Zielgruppen konkretisiert werden können. Im Endeffekt geht es darum die „Richtigen" oder „Passenden" anzusprechen und zu begeistern. Mit der Zielgruppendefinition bestimmen Sie die Richtung der Kommunikation, und ebnen den Weg für zukünftige Botschaften.

▶ **Definition: Zielgruppe** Eine Zielgruppe besteht aus den Personen, die Sie mit Ihrer Arbeitgebermarke ansprechen möchten, um bei diesen Personen positive Assoziationen zu bewirken, die zu einer Kontaktaufnahme mit Ihrem Unternehmen führen.

Der Weg zur Zielgruppe

In der wissenschaftlichen Literatur werden verschiedene Ansätze diskutiert, die in abgewandelter Form auch in der Praxis angewendet werden. Dabei möchte ich darauf hinweisen, dass es aus meiner Sicht keine richtigen oder falschen Methoden gibt. Wie immer kommt es darauf an, was zum Unternehmen passt. Es sollte vor allen Dingen zur Management- und Führungskultur passen. Es ist weniger Erfolg versprechend ausgefeilte und detaillierte Analysedesigns einzusetzen, wenn Sie eher eine pragmatische Hands-on-Mentalität in Ihrem Unternehmen pflegen.

Wichtig ist aus meiner Sicht, gerade im jetzigen Stadium des Employer-Branding-Projektes, auf den vorherigen Ergebnissen der Analyse und der Strategiedefinition aufzubauen. Achten Sie immer darauf, dass das Gesamtpaket Ihrer Arbeitgebermarke konsistent ist und die Ergebnisse in den einzelnen Analyseschritten keine Widersprüche aufwerfen.

Wesentliche Orientierungspunkte für die Definition der Zielgruppe lassen sich aus den folgenden vier Elementen ableiten:

1. Die *mittel- und langfriste Unternehmensstrategie* ist der Ausgangspunkt, wie ich bereits in Kap. 3 dargestellt habe. Hierauf müssen Sie jetzt wieder zurückgreifen.

2. Ausgehend von der Unternehmensstrategie sollten Sie den mittelfristigen *Personalbedarf* ermittelt haben. Meine Empfehlung hierzu lautet, den Bedarf für die nächsten fünf Jahre nach Funktionen und Qualifikationen zu ermitteln. Damit gelingt Ihnen, die notwendige Verknüpfung hin zur quantitativen und qualitativen Personalbedarfsplanung herzustellen. Dabei legen Sie Ihren Fokus bei der Qualifikation auf die Zukunft. Eine Rückwärts- und Erfahrungsbetrachtung wird Sie nicht wirklich weiterbringen. Gerade in Zeiten von Logistik 4.0 ist die Zukunftsbetrachtung eine Kernaufgabe für das HR-Management. Die notwendigen Kompetenzen, selbst bei heute weitestgehend standardisierten Funktionen, wie zum Beispiel der Kommissionierung, wird sich weitreichend verändern. Alle Funktionen entlang des Supply-Chain-Managements werden in den nächsten fünf bis zehn Jahren eine Kompetenzverschiebung in Richtung IT, mit Hinblick auf das Handling von Big Data und deren Analyse, erleben.

3. Dennoch kann eine Vergangenheitsbetrachtung aus einem anderen Blickwinkel heraus ein wichtiger Indikator für die Bestimmung der Zielgruppe, beziehungsweise deren zukünftige Ansprache sein. Ich empfehle hierzu eine einfache *Stellenbesetzungsanalyse.* Diese beinhaltet eine Auswertung unter der Fragestellung: Welche Funktionen und/oder Funktionsgruppen wurden in den vergangenen fünf Jahren am häufigsten intern und extern besetzt. Wie sah die dazugehörige „Time to Hire" aus, beziehungsweise, wie hat sich diese in den letzten Jahren entwickelt? Natürlich ist auch die Frage nach der zukünftigen Entwicklung oder Erwartung entscheidend. Dazu gehe ich im nächsten Schritt ein. Weitere Informationen zu möglichen Kennzahlen finden Sie in Abschn. 4.3.

4. Heute existieren bereits eine Reihe von etablierten *Studien,* die in regelmäßigen Abständen die Erwartungshaltung hinsichtlich Beruf und Karriere untersuchen. Dabei werden unterschiedliche Gruppen geclustert. Die Zielgruppen Auszubildende, Hochschulabsolventen oder die Genration X, Y und Z stehen, aufgrund der Diskussionen

um den Fachkräftemangel, immer mehr im Fokus. Im Hinblick auf die Zielgruppe „Jugend" empfehle ich gerne die Shell Studie, die sich sehr intensiv mit Wünschen und Erwartungshaltungen, auch im Hinblick auf Vorstellungen zu Beruf und Familie, auseinandersetzt. Die letzte Studie erschien 2015. Für Personen oder Funktionsgruppen aus der Logistik sind Studien bisher eher Mangelware. Studien können wichtige Anregungen im Hinblick auf Zielgruppen liefern. Ich empfehle jedoch regelmäßig eine sorgfältige Prüfung der vermeintlichen Zielrichtung von Studien. Schauen Sie, welche Studienergebnisse Ihnen wirklich fundiert weiterhelfen.

Bei einer Einordnung von möglichen Zielgruppen haben sich zwei Oberbegriffe in der wissenschaftlichen Literatur, aber auch in der Praxis, etabliert. Es handelt sich um die Begriffe Schlüsselfunktion und Engpassfunktion. Hierzu empfehle ich erneut, die Definitionen genau zu hinterfragen. Die Begriffe werden teilweise sehr undifferenziert und oberflächlich benutzt. Die gängigen Definitionen lauten (Trost 2013):

▶ **Definition: Engpassfunktion** Engpassfunktionen sind Funktionen im Unternehmen, die sich durch einen als hoch zu bezeichnenden Personalbedarf darstellen lassen, und aufgrund schwieriger Arbeitsmarktbedingungen schwer zu besetzen sind.

▶ **Definition: Schlüsselfunktion** Schlüsselfunktionen sind für das Unternehmen strategisch wichtige Funktionen. Schlüsselfunktionen zeichnen sich dadurch aus, dass sie einen hohen Wertschöpfungscharakter generieren und bei Nichtbesetzung den Unternehmenserfolg gefährden können. Häufig sind diese Funktionen wegen der notwendigen Expertise nur schwer zu besetzen, wobei der quantitative Bedarf nur eine untergeordnete Rolle spielt.

Diese Definitionen sind, nach meiner Beurteilung, kritisch zu betrachten und sollten so nicht unkommentiert bleiben. Gerade im Hinblick auf Logistikfunktionen habe ich in der Vergangenheit, im Rahmen der Employer-Branding-Thematik, zahlreiche Diskussionen zu diesen Definitionen begleiten dürfen.

Mehr und mehr entwickelt sich bei Logistikfunktionen der Trend, dass Engpassfunktionen so in den Fokus geraten, dass diese zu Schlüsselfunktionen werden, und somit eine neue qualitative Dimension erhalten. Als Beispiel möchte ich hier aus dem klassischen Speditionsbereich die Funktion der Disponenten und der Berufskraftfahrer nennen. Aus dem Bereich der Kontraktlogistik die Funktionen rund um das Lagermanagement, aus dem Bereich der Intralogistik die IT-Projektmanager.

Inwieweit es sich bei diesen Funktionen um tatsächlich strategisch wichtige Funktionen handelt, beziehungsweise wie ausgeprägt sich ein möglicher Wertschöpfungsfaktor darstellt, ist von Unternehmen zu Unternehmen unterschiedlich zu betrachten. Entscheidend ist aus meiner Sicht nicht die wissenschaftliche oder gängige Definition, sondern der „unternehmensindividuell empfundene Schmerz" bei der Besetzung von vakanten Funktionen.

Im Kontext der Zielgruppendefinition beim Employer Branding bevorzuge ich den Begriff der Engpassfunktionen. Zum einen passt dieser Begriff sehr trefflich zu der Zielrichtung der Reduzierung des Engpassrisikos (siehe Kap. 3), zum anderen rückt die Deckung des Personalbedarfs, in Verbindung mit sich zuspitzenden Arbeitsmarktbedingungen, beim Employer Branding immer mehr in den Mittelpunkt. Dies gilt in besonderem Maße auch für Logistikfunktionen.

Im Wesentlichen geht es bei der Zielgruppendefinition darum herauszufiltern, wie die tatsächlichen Personalbedarfslücken anhand des quantitativen und qualitativen Personalbedarfs und der Verfügbarkeit am Markt aussieht. Wie eine mögliche Vorgehensweise und damit verbundene Methoden und Instrumente aussehen können, zeige ich Ihnen anhand von neutralisierten Ergebnissen aus verschiedenen Projekten. Diese werden Ihnen einige Anregungen für Ihre individuelle Vorgehensweise geben können. Dabei werden die zuvor dargestellten vier Orientierungspunkte konkret aufgegriffen.

Zunächst empfehle ich eine Einordnung des zukünftigen Personalbedarfs, auf Basis der Unternehmensstrategie, anhand einer vereinfachten, plakativen Portfolioanalyse. Auch wenn zwei Dimensionen für eine ganzheitliche Betrachtung nicht immer genügen, so reichen sie nach meiner Erfahrung aus, um strategische Erkenntnisse zu gewinnen. Die Erkenntnisse aus der zweidimensionalen Betrachtung reichen aus, um Bedarfslücken und Hintergründe hierfür, so einzuordnen, um daraus entsprechende Handlungsfelder abzuleiten. Für die Portfolioanalyse empfehle ich die Mitarbeiter aus dem Recruiting einzubeziehen, um deren Erfahrungen einfließen zu lassen, sofern sie nicht ohnehin schon Bestandteil des Projektteams sind.

Dabei schauen wir uns in der Projektgruppe zunächst den Bedarf in den nächsten Jahren an. Diesen stellen wir im Verhältnis zur erwarteten Veränderung der Qualifikationsanforderungen. Um eine Einordnung des Personalbedarfs zu den Beschreibungen „unverändert", „leicht steigend" und „stark steigend" vornehmen zu können, empfehle ich einen Vergleichszeitraum, zum Beispiel fünf Jahre, anzuwenden. Im Kern beleuchten wir zunächst die Funktionen oder Funktionsgruppen, bei denen ein steigender Bedarf erwartet wird. Es empfiehlt sich aber durchaus eine Berücksichtigung derjenigen Funktionen, bei denen der Personalbedarf gleich hoch bleibt, jedoch eine einschneidende Veränderung im Hinblick auf die Qualifikationsanforderungen zu erwarten ist. Das Ergebnis könnte wie in Abb. 4.6 dargestellt aussehen.

Bei den Ergebnissen dieser Portfolioanalyse generieren Sie noch den angenehmen Nebeneffekt, wichtige Implikationen für die Personalentwicklung zu erhalten.

▶ **Praxistipp** Bei einigen Projekten lohnt es sich die Portfolioanalyse dahin gehend zu erweitern, eine Potenzialeinschätzung und den Entwicklungsbedarf für die aktuell in den Funktionen tätigen Mitarbeiter in die Betrachtung einzubeziehen. Die Ergebnisse geben Aufschluss über mögliche interne Kandidaten, die zur Deckung der Bedarfslücke beitragen können, und unterstützen die Erkenntnisse zu notwendigen Weiterbildungsmaßnahmen.

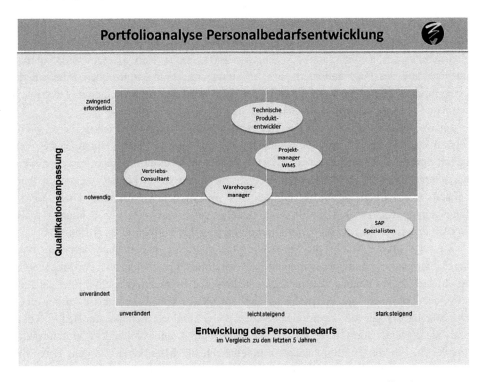

Abb. 4.6 Portfolioanalyse Personalbedarfsentwicklung. (Quelle: Eigene Darstellung)

Der zweite Schritt der Portfolioanalyse beinhaltet die Betrachtung des Personalbedarfs im Verhältnis zur zukünftigen Verfügbarkeit am Arbeitsmarkt. Zum einen kommen dabei die Erfahrungen der Recruiter ins Spiel, zum anderen helfen Prognosen und Studien zur Verfügbarkeit von Arbeitskräften in bestimmten Sektoren oder Regionen, bei der Einschätzung. Bei dieser Portfoliobetrachtung sind Sie nun sehr nah an der Problematik des Engpassfaktors. Wie eine solche Einordnung und ein mögliches Ergebnis aussehen kann, verdeutlicht Abb. 4.7.

Selbstverständlich geht es in der Projektgruppe darum, die Ergebnisse kritisch zu reflektieren und intensiv zu diskutieren, um zu konsensfähigen Entscheidungen zu kommen. Manchmal sind aber vertiefende Analysen notwendig. Eine Schlüsselrolle spielen in dieser Phase des Prozesses der, beziehungsweise die Projektleiter im Rahmen einer moderierenden, zielorientierten Leitung des Employer-Branding-Projektes.

Denn im abschließenden Schritt geht es darum, zu einer Entscheidung hinsichtlich der tatsächlichen Engpassfunktionen zu gelangen, auf die man sich zukünftig in Richtung Mitarbeiterbindung und externer Gewinnung konzentrieren möchte. Hierbei unterstützt Sie die kritische Fragestellung, unter Einbeziehung der bisherigen Ergebnisse und Erkenntnisse:

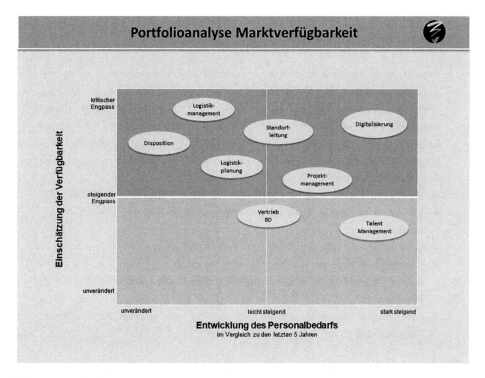

Abb. 4.7 Portfolioanalyse zur Verfügbarkeit von Funktionsgruppen am Arbeitsmarkt. (Quelle: Eigene Darstellung)

Welches sind die entscheidenden Engpassfunktionen, die unter Einbeziehung der strategischen Unternehmensentwicklung für die Zielerreichung des Unternehmens oder der entsprechenden Unternehmensbereiche, entscheidend sind, sowie mittel- und langfristig für das Unternehmen verfügbar gemacht werden müssen?

Nachdem ich Ihnen einen möglichen Weg aufgezeichnet habe, wie Sie Ihre Zielgruppen festlegen können, besteht die nächste Aufgabe darin, zu klären, mit welchen Identitätsmerkmalen, die in Abschn. 4.1.1 erarbeitet wurden, die Zielgruppen zu erreichen sein könnten.

Die Zielgruppe erreichen

Damit die Zielgruppe erreicht werden kann, ist der Rückgriff auf die EVP, Employer Value Proposition, notwendig. Wie ich bereits ausführlich in Abschn. 4.1.1 dargestellt habe, sind die Identitätsmerkmale der Anker, um Zielgruppen anzusprechen. Für die noch zu erarbeitende Positionierung der Arbeitgebermarke, sowie dem Kommunikationskonzept (vgl. hierzu Abschn. 4.2.1 und 4.2.2), ist der richtige Zeitpunkt gekommen, um entsprechende Weichenstellungen vorzunehmen. Die anstehende Aufgabe lautet also: Der Weg von der EVP zur zielgruppenorientierten Botschaft.

Bevor ich Ihnen meine präferierte Vorgehensweise an einem weiteren Beispiel vorstelle, möchte ich Ihnen noch einen Tipp mit auf den Weg geben.

▶ **Praxistipp** Nutzen Sie das Informationspotenzial, welches Ihnen im Unternehmen zur Verfügung steht. Beziehen Sie diejenigen Mitarbeiter aus Ihrer Zielgruppe ein, die in den letzten zwölf bis 18 Monaten in Ihrem Unternehmen begonnen haben. In einem kurzen Interview können Sie mit der Beantwortung folgender Themenfelder wichtige Hinweise für die Entscheidungskriterien bekommen, die für die Mitarbeiter wichtig waren, sich für Ihr Unternehmen zu entscheiden:
- Welchen Kriterien waren die Wichtigsten, um sich für uns zu entscheiden?
- Über welche Medien sind Sie erstmalig auf unser Unternehmen aufmerksam geworden?
- Über welche Kanäle haben Sie sich über unser Unternehmen informiert?
- Welche Faktoren waren für Sie entscheidend, um sich für die Übernahme Ihrer jetzigen Funktion und den damit verbundenen Aufgaben zu entscheiden?
- Aus welchen Gründen hätten Sie sich für ein anderes Unternehmen entschieden?

Zurück zur Aufgabenstellung. In der Projektgruppe greifen Sie die Ergebnisse zur Bestimmung der Präzisierung und Formulierung der Top-Identitätsmerkmale auf (vgl. Abschn. 4.1.1). In diesem Arbeitsschritt wurden die Top- 5-Identitätsmerkmale bestimmt. Diese fünf Merkmale nehmen Sie in einer grafischen Darstellung in der X-Achse auf. Diesen Merkmalen stellen Sie die Zielgruppenpräferenzen gegenüber. Die Präferenzen werden in den Kategorien „eher unwichtig", „wichtig" und „ausgeprägt wichtig" formuliert. Den definierten Zielgruppen werden anschließend die „vermuteten" Präferenzen für die Merkmale zugeordnet. In dem hier vorgestellten Beispiel in Abb. 4.8 hatte sich die Arbeitsgruppe dafür entschieden, die Zielgruppen nicht nach einzelnen Funktionen, sondern nach kompletten Funktionsbereichen festzulegen.

In der Praxis nimmt dieser Zuordnungsprozess einige Zeit in Anspruch. Er führt nicht selten zu intensiven Diskussionen. Dies liegt darin begründet, dass die Zuordnung tatsächlich weitestgehend auf Vermutungen beruht. Um die Vermutungswahrscheinlichkeit zu reduzieren, ist es von entscheidendem Vorteil, wenn folgende Grundlagen, die ich bereits zuvor erwähnt habe, als Basis für die Entscheidung vorliegen:

1. Einbeziehung und Befragung der zuletzt neu gewonnen Mitarbeiter
2. Untersuchungen zur eigenen Arbeitgeberattraktivität
3. Studien zu Entscheidungskriterien bestimmter Zielgruppen
4. Die Erfahrung der eigenen Recruiter ausreichend berücksichtigen

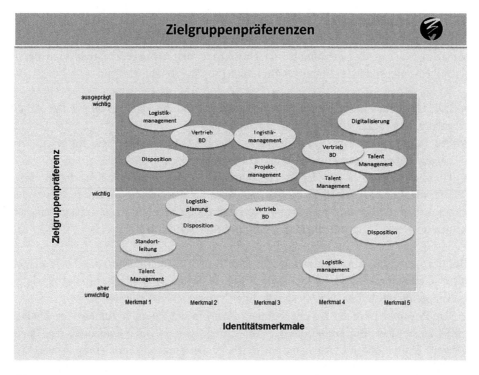

Abb. 4.8 Präferenzen der Zielgruppen für bestimmte Identitätsmerkmale. (Quelle: Eigene Darstellung)

Fazit

Die Zielgruppen zu bestimmen, ist ein spannender, aber zudem sehr arbeitsintensiver Prozess, begleitet von vielen Diskussionen und Rückmeldungen seitens der Mitarbeiter. Die dargestellte Vorgehensweise ist ein bewährter Weg, der aber in seiner Ausprägung von der individuellen Unternehmenssituation und den Rahmenbedingungen abhängt.

Für den Erfolg des Employer-Branding-Projektes und damit auch der Arbeitgebermarke ist die Konkretisierung der Zielgruppen ein entscheidender Faktor. Immer wieder beobachte ich, wie Employer-Branding-Maßnahmen verpuffen, weil sie nicht zielgruppenspezifisch angelegt sind.

Zum Abschluss noch ein weiterer Hinweis. Zum jetzigen Projektzeitpunkt empfehle ich, den aktuell erarbeiteten Projektstatus in eine Präsentation zusammenzufassen, um die Ergebnisse der Unternehmensleitung oder einem eventuell eingerichteten Lenkungsausschuss, vorzustellen.

Dies hat den Vorteil, dass Sie vor der Gestaltung und Umsetzung ein Feedback, sowie wichtige Impulse aus den Ergebnissen der Analyse bekommen. Zielrichtung ist, das weitere „Go" der Unternehmensleitung zu erhalten. Zum anderen kann die Projektgruppe einen mentalen Strich unter den Resultaten ihrer Arbeit ziehen. Dies sorgt für ein erstes Durchatmen und neuen Motivationsschub für die nächsten Aufgabenstellungen.

4.2   Gestaltung und Umsetzung

Vor dem Start in die Gestaltung und Umsetzung der Arbeitgebermarke, sind bereits wichtige Meilensteine im Employer-Branding-Projekt erreicht worden:

- Die Top-5-Identitätsmerkmale als Arbeitgeber sind für die Gestaltung der Arbeitgebermarke identifiziert und charakterisiert.
- Die Richtung der Arbeitgebermarke ist durch entsprechende Ziele festgelegt, aufbauend auf der Unternehmens- und Markenstrategie.
- Die Zielgruppen, die mit der Arbeitgebermarke erreicht werden sollen, stehen ebenso fest, wie die Merkmale und Kriterien, mit denen Sie die Zielgruppen ansprechen wollen.
- Sie haben die Unternehmensleitung von den ersten Ergebnissen überzeugt und können mit deren Unterstützung den Schritt der Konkretisierung angehen.

Bei der Gestaltung und Umsetzung der Marke geht es nun darum, die Analyseergebnisse so einzusetzen, dass die Marke inhaltlich, bild- und symbolhaft gestaltet, sowie mit Leben gefüllt wird, dass diese Bestandteil der Unternehmenskultur wird.

Die Positionierung der Arbeitgebermarke wird in der Literatur zumeist der Analysephase zugeordnet. Ein Grund dafür ist sicherlich, dass es keine eindeutige und durchgehende Definition gibt, was unter einer Arbeitgebermarkenpositionierung zu verstehen ist. Wie aus den vorhergehenden Kapiteln und den bis jetzt erarbeiteten Ergebnissen erkennbar wird, können die Analyseergebnisse genutzt werden, um damit auch erste Positionierungen, zum Beispiel in Richtung der Zielgruppen, vorzunehmen. In der Praxis habe ich die Erfahrung gemacht, dass die Positionierung der Arbeitgebermarke als Bestandteil einer Marketing- und Kommunikationspositionierung von den Projektteams akzeptiert wird und damit zielgerichtet umgesetzt werden kann. Zum anderen folgt diese Vorgehensweise eher dem klassischen Markenansatz, der für mich den roten Faden durch den gesamten Entwicklungsprozess der Arbeitgebermarke darstellt. Auf die Konkretisierung dieses Positionierungsansatzes gehe ich in Abschn. 4.2.1 ein.

Sobald die Inhalte der Positionierung geklärt sind, wende ich mich, der aus meiner Sicht entscheidenden und wegweisenden Phase im gesamten Employer-Branding-Projekt zu. Hierfür steht die Frage im Zentrum: Wie sage ich es meiner Zielgruppe, oder wie sehen die passenden Kommunikationsinstrumente aus? Dabei fokussiert sich diese Fragestellung sowohl in die interne Richtung, also mit Bezug auf die eigenen Mitarbeiter, als auch in Richtung der externen Interessenten, beziehungsweise der Zielgruppen. Der Beantwortung dieser Fragestellungen gehe ich in den Abschn. 4.2.3 und 4.2.4 nach.

Da ich gerade die „richtige" Kommunikation als Schlüsselfaktor für eine erfolgreiche Arbeitgebermarke erachte, möchte ich dies durch eine Studie verdeutlichen, auf die ich bereits zuvor in Abschn. 4.1.1 eingegangen bin. Die LinkedIn-Studie „Inside the Mind of Today's Candidate" kommt zu dem Kernergebnis, dass die Mehrzahl der Unternehmen potenzielle Mitarbeiter falsch anspricht (Paulewitt 2017). 74 % der deutschen Befragten wünschen sich bei der Ansprache durch ein Unternehmen detailliertere Informationen über die Unternehmenskultur, 38 % halten Einblicke in die Unternehmenskultur für ein Muss.

Um sich der Gestaltung und Umsetzung einer Arbeitgebermarke weiter konzeptionell zu nähern, halte ich es für notwendig, auch diejenigen Einflussfaktoren in die Betrachtung einzubeziehen, die sich dem unmittelbaren Einfluss des Unternehmens entziehen. Dazu gehört nicht nur die Betrachtung der Arbeitsmarktressourcen, mögliche konjunkturelle Entwicklungen, sondern namentlich

- das Image der Logistik allgemein und
- die Wettbewerbssituation um die gleichen Zielgruppen.

Beide Aspekte sollten bei jedem Schritt der Gestaltung und Kommunikation hinterfragt und entsprechend berücksichtigt werden.

4.2.1 Positionierung Ihrer Arbeitgebermarke

Die Wahrnehmung der Arbeitgebermarke funktioniert nicht ohne eindeutige Positionierung. Wenn Sie die Positionierung nicht zweifelsfrei definieren, dann bleibt das gesamte Employer-Branding-Projekt unvollkommen. In der Konsequenz bedeutet die Vernachlässigung einer klaren Positionierungsstrategie nämlich, Ihre Arbeitgebermarke ist interpretierbar. Damit verpuffen die Investitionen ins Recruiting oder in Talent-Management-Programme. In letzter Konsequenz bedeutet dies, nicht nur Geld zu verlieren, sondern auch wichtige Zeit bei der Positionierung gegenüber den Wettbewerbern, um die besten verfügbaren Kräfte am Arbeitsmarkt, zu verlieren. (vgl. Kriegler 2015, S. 165).

▶ **Definitionsempfehlung zur Arbeitgeberpositionierung** Mit der Positionierung der Arbeitgebermarke sorgen Sie für Transparenz hinsichtlich der Identität und der Werte des Unternehmens. Damit verbunden ist ein Angebot und Nutzenversprechen für Mitarbeiter und externe Interessenten. Über die Kommunikation bekommen die Identität und Werte ein authentisches, erlebbares Gesicht.

Nachfolgend verwende ich die Positionierung der Arbeitgebermarke vorwiegend als Grundlage für eine unternehmensübergreifende, und darüber hinaus zielgruppenspezifische Marketing- und Kommunikationsstrategie. Die erfolgreiche Positionierung der Arbeitgebermarke gelingt jedoch nur über emotionale Botschaften, die authentische Beiträge zu folgenden Inhalten liefert:

- Unternehmenswerten
- Unternehmenszielen
- Unternehmensidentität
- Unternehmenskultur

Der Zusammenhang der Begriffe ist aus der Abb. 4.9 ersichtlich.

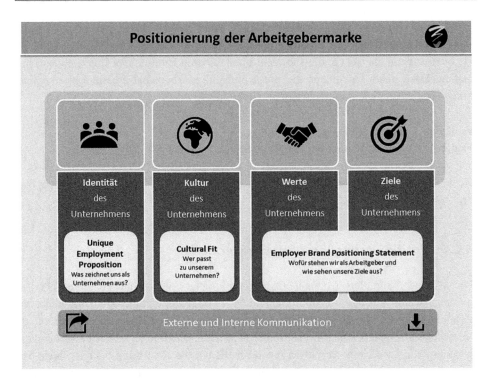

Abb. 4.9 Positionierung der Arbeitgebermarke. (Quelle: Eigene Darstellung)

Auf die einzelnen Begriffe bin ich bereits bei der Begriffserläuterung zum Employer Branding in Abschn. 2.1.1 eingegangen. Schauen wir uns die einzelnen Bausteine der Arbeitgebermarken Positionierung an.

Unique Employment Proposition

Mit der Unique Employment Proposition, auch kurz UEP genannt, verdeutlichen Sie, was Ihr Unternehmen als Arbeitgeber auszeichnet. Grundlage hierzu bilden die erarbeiteten Identitätsmerkmale, die das Profil der Arbeitgebermarkenpositionierung schärft. Diese Schärfung kann sowohl die übergeordnete Arbeitgeberbotschaft, als auch die zielgruppenspezifischen Botschaften beinhalten.

Die UEP richtet sich im Schwerpunkt an die Zielgruppen außerhalb des Unternehmens, mit dem Ziel, die unverwechselbare Differenzierung als Arbeitgeber gegenüber anderen Arbeitgebern zu kommunizieren. Somit spielt die bereits erwähnte Wettbewerbssituation bei Zielgruppen, die bereits im Logistikumfeld tätig sind, ebenso eine wichtige Rolle, wie das Image der Logistik bei Zielgruppen außerhalb der Logistik.

Cultural Fit

Ein entscheidender Faktor für erfolgreiche Rekrutierungen, beziehungsweise der Integration von extern eingestellten Kandidaten, spielt die Passung der eigenen Persönlichkeit und Erwartungshaltung in Bezug auf die Unternehmens- und Führungskultur. Selbstredend besteht das Ziel eine möglichst große Übereinstimmung zu finden. Diese Übereinstimmung wird als Cultural Fit bezeichnet. Bei einer hohen Übereinstimmung sorgt der Cultural Fit für eine ausgeprägte Arbeitgeberattraktivität, wie ich bereits in Abschn. 2.1.2 dargestellt hatte. Der Cultural Fit trägt, wie zahlreiche Studien bereits dargelegt haben, wesentlich dazu bei, die Mitarbeiterbindung zu erhöhen und damit die Fluktuationskosten zu verringern.

Wie bei der UEP liegt der Fokus beim Cultural Fit auf der externen Kommunikation. Gleichfalls wird eine Differenzierung zu anderen Arbeitgebern über die Botschaft zum Cultural Fit angestrebt.

Employer-Brand-Positioning-Statement

Mit dem Employer-Brand-Positioning-Statement wird die Frage nach den gelebten Werten im Unternehmen, aber genauso gut die strategische Zielrichtung des Unternehmens, beantwortet. Es umfasst alle Profil gebenden, bereits definierten, Identitätsmerkmale, die in eine emotionale, symbolische Wort-Bild-Botschaft einfließen. Diese Botschaft hat eine Identifikationsfunktion für die eigenen Mitarbeiter und Führungskräfte.

Interne und externe Botschaften zur Positionierung festlegen

Die Erarbeitung der Positionierung sollte in der Projektgruppe erfolgen. Manchmal beobachte ich jedoch, wie schwer sich die Teilnehmer mit dieser Aufgabe tun. Dies liegt nach meiner Wahrnehmung darin begründet, dass man gedanklich zu stark mit dem eigenen Unternehmen verbunden ist, oder zu sehr auf die Positionierungsfloskeln der Wettbewerber fixiert ist.

Beispiel aus der Praxis

In der Praxis greife ich mit den Mitgliedern des Projektteams alle bisherigen Ergebnisse auf, um damit eine Zuordnung der Identitätsmerkmale und Zielgruppen zu den jeweiligen Bausteinen der Positionierung zu erstellen. Dabei kommt es darauf an, inwieweit es gelingt die Identitätsmerkmale und damit verbundenen Nutzenelemente übergreifend, also aus den einzelnen Puzzleteilen, so zusammenzusetzen, dass übergeordnete Themenkomplexe herausgearbeitet werden. Diese Themenkomplexe müssen sowohl die internen Mitarbeiter, als auch die externen Zielgruppen abdecken.

Anschließend konzipieren wir die interne Botschaft im Rahmen des Employer-Brand-Positioning-Statements. Bei der Formulierung kommt es zu durchaus guten Ergebnissen. Schwer fällt nach meiner Erfahrung Differenzierungsbotschaften zu formulieren. Dies ist jedoch nicht weiter tragisch. Ich versuche dann eine Art Briefing für die externen Werbe- und Kommunikationsspezialisten mit der Projektgruppe zu erstellen, falls die externe Agentur nicht schon zu diesem Zeitpunkt eingebunden ist (siehe hierzu Abschn. 4.2.4). Wie weit Sie mit der Vorgabe oder einer konkreten Formulierung von Botschaften kommen, hängt ganz wesentlich von der Zusammensetzung Ihrer Projektgruppe ab (vgl. hierzu Abschn. 2.2).

Gerade in der Logistik stelle ich immer wieder fest, dass Botschaften Begriffe enthalten, die eine hohe Abnutzbarkeit und wenig Differenzierbarkeit beinhalten. Auf die damit verbundenen Risiken und Stolperfallen habe ich bereits in Abschn. 2.3 hingewiesen. Nicht das logistikspezifische Wording sollte im Vordergrund stehen, sondern die Kultur und Identität als Arbeitgeber. Wichtig ist, diese über symbolische Bilder und Worte zu transportieren. Eine Leitidee oder ein Motivsatz können mitunter schon ausreichend sein.
Zusammenfassend können die Erkenntnisse bei der Positionierung der Arbeitgebermarke in folgendem Fazit zusammengefasst werden.

Fazit

Auch wenn es gerade in der Logistik schwer fällt, Differenzierungen und Nutzenaspekte aufgrund vergleichbarer Produkte, Prozesse und Strukturen zu definieren, umso mehr kommt es darauf an, die Stärke und Attraktivität der Arbeitgebermarke so zu positionieren, dass sie über authentische, aber unverwechselbare Botschaften und Symbole kommuniziert wird.

Nachdem die Positionierung erfolgt ist, stellt sich die Frage, wo die Arbeitgebermarke am besten vermarktet, beziehungsweise kommuniziert werden sollte. Generell kommen dafür die üblichen Medienkanäle infrage:

- Print
- Online
- Intern
- Extern

Dazu ist es unumgänglich ein Kommunikationskonzept zu erstellen. Wie dieses aussehen kann und worauf es ankommt, stelle ich Ihnen im nächsten Kapitel vor.

4.2.2   Das Kommunikationskonzept für Ihre Arbeitgebermarke

In diesem Kapitel geht es darum, wie die Positionierung der Arbeitgebermarke kommuniziert werden kann. Die Inhalte sind bereits weitestgehend durch die vorherigen Schritte vorbereitet worden. Nun geht es um die zielgerichtete Kommunikation der Arbeitgebermarke. Im Mittelpunkt steht die Fragestellung, mit welchen Kommunikationsmitteln sind die Zielgruppen für die Rekrutierung erreichbar, aber auch die aktuellen Mitarbeiter zur Identifikation mit dem Unternehmen zu bewegen.

Gefragt sind Kommunikationskonzepte, die es schaffen, eine Vorstellung in den Köpfen von externen Interessenten zu generieren. Das Vorstellungsbild sollte die Unternehmenskultur und die Identitätsmerkmale als Arbeitgeber widerspiegeln, mit dem Ziel dem Arbeitgeberimage eine prägende Wirkung zu verleihen.

Um dieses Ziel zu erreichen, ist ein Kommunikationskonzept notwendig. Das Konzept zeigt den Weg zu den Maßnahmen, für eine erfolgreiche Kommunikation. Damit die Kommunikation erfolgreich ist, sollten die Botschaften folgende Voraussetzungen erfüllen.

Weniger ist mehr Sie ahnen schon, worum es geht. Konzentrieren Sie sich auf die wesentlichen Botschaften. Hierzu empfehle ich, sich auf bis zu vier Botschaften zu beschränken. Werden zu viele Botschaften eingesetzt, laufen Sie Gefahr die Eindringlichkeit der Botschaft zu verlieren. Zudem fällt den meisten Interessenten die eindeutige Zuordnung zu einem Unternehmen und die Differenzierung schwer. Vermeiden Sie vor allen Dingen viel Text mit einer krampfhaft wirkenden Argumentationskette.

Kleider machen Marken Abgeleitet aus „Kleider machen Leute" verwende ich diesen Begriff gerne, um zu verdeutlichen, dass die Botschaften immer wieder neu und abwechslungsreich im neuen Gewand erscheinen müssen. Die Botschaft sollte unverwechselbar sein, ihr Aussehen jedoch variantenreich. Dies bedeutet, mal unterschiedliche Bilder, mal Videos mit Mitarbeitern, mal Erfolgsgeschichten mit Kunden, mal Storys zu sozialen Projekten oder Sportereignissen, zu verwenden. Das Spielfeld, auf dem Sie sich bewegen dürfen, ist groß.

Aus einem Guss Genauso wie das Corporate Design in allen Medien gleichbleibend verwendet wird, müssen die Botschaften in allen Medien und Kanälen das gleiche Wording, die gleiche Bildsprache und die gleiche Symbolik beinhalten. Konsistenz im Erscheinungsbild ist das A und O erfolgreicher Marken.

Die Elemente und die Wirkungsweise eines Kommunikationskonzeptes habe ich in Abb. 4.10 zusammengefasst.

Wie bereits erwähnt ist die Positionierung der Arbeitgebermarke der Ausgangspunkt für das Kommunikationskonzept. Die bei der Positionierung erarbeiteten Ergebnisse fließen in die Entwicklung der Botschaften ein. Es sind im Wesentlichen zwei Botschaften zu unterscheiden.

Die Zielgruppen Botschaft

Wie der Begriff schon impliziert, geht es bei den Zielgruppen Botschaften um die Kommunikation mit den in Abschn. 4.1.3 definierten Zielgruppen. Basis für die zu entwickelnden Botschaften bilden die bisherigen Ergebnisse aus

1. den Identitätsmerkmalen der Arbeitgebermarke,
2. der Zielgruppendefinition,
3. der Positionierung der Arbeitgebermarke.

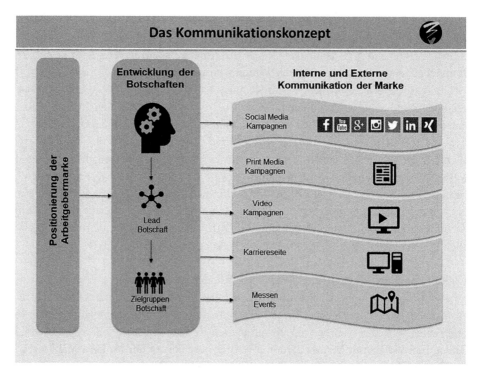

Abb. 4.10 Das Kommunikationskonzept. (Quelle: Eigene Darstellung)

Welche Ergebnisse nun besonders gut für den weiteren Weg zur Konkretisierung der Zielgruppen Botschaft passen, lässt sich nicht generell sagen. Es hängt im Wesentlichen von der Qualität der bisher erarbeiteten Ergebnisse und deren weiterer Verwertbarkeit ab.

Insofern möchte ich Ihnen den Weg an einem Beispiel beschreiben, den ich in mit der Projektgruppe beschreite. Ich nenne diesen Weg der weiteren Konkretisierung, „Präzisierung der Ideen zur Markenkommunikation".

Hierfür greife ich wieder auf die ersten Ergebnisse zur Nutzengenerierung und den Ideen für Botschaften zu den Top-5-Identitätsmerkmalen, beziehungsweise Leistungsmerkmalen, zurück (Abb. 4.4). Die Merkmale wurden nach den vermuteten Präferenzen den Zielgruppen zugeordnet (vgl. Abb. 4.8). Die Synthese aus beiden Ergebnissen mündet in die Konkretisierung der Botschaften für jede definierte Zielgruppe. Zur Verdeutlichung finden Sie in Abb. 4.11 eine Übersicht, die ich im Rahmen eines Projektes verwendet habe.

Die Projektgruppe hatte sich dafür entschieden, jeder Zielgruppe maximal vier Identitätsmerkmale zuzuordnen. Für jedes zugeordnete Identitätsmerkmal wurden die Charakteristika einer möglichen Botschaft erarbeitet. Daraus entwickelte sich die Botschaft für jede Zielgruppe. Um der Marketingagentur, respektive seinem Kreativteam, einen möglichst breiten Input anzubieten, entschied sich die Gruppe zwei Botschaften für jede Zielgruppe festzulegen.

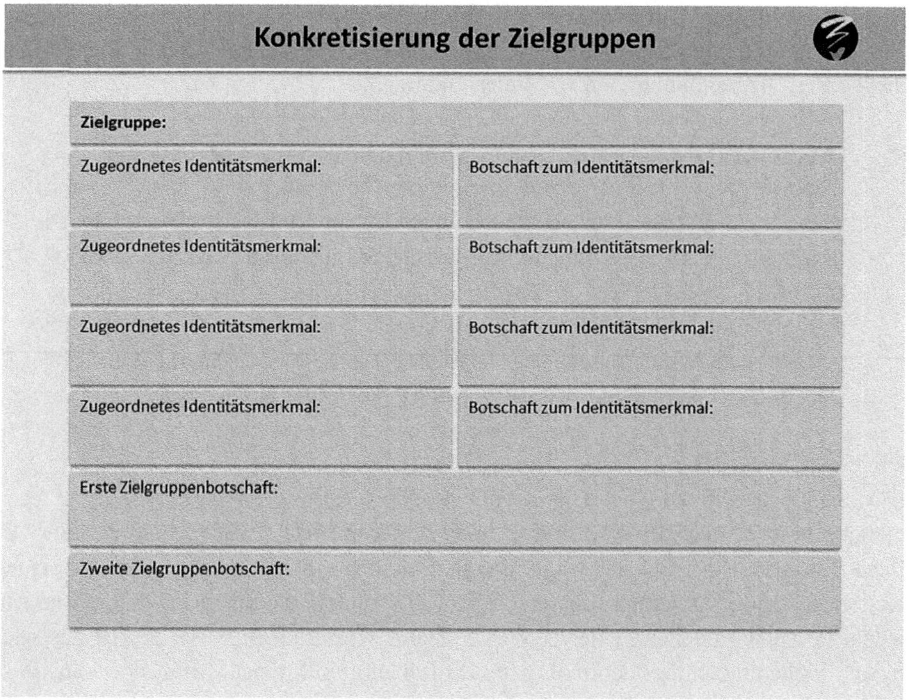

Abb. 4.11 Konkretisierung der Zielgruppen. (Quelle: Eigene Darstellung)

Hierzu möchte ich, wie schon in Abschn. 4.1.1 den Hinweis geben, dass es nicht darum geht eine fertige Marketingbotschaft auf Papier zu bringen. Die Aufgabe der Projektgruppe besteht darin, mit Worten (Adjektiven), in Bildern und/oder Symbolen eine Botschaft zu kreieren, die eine Basis für eine professionelle Agentur bietet, um daraus vermarktbare Botschaften zu entwickeln. Je besser das Briefing der Agentur, je weniger Missverständnisse entstehen, umso größer ist die Wahrscheinlichkeit, dass treffsichere und überzeugende Botschaften ins Leben gerufen werden (siehe hierzu Abschn. 4.2.4).

Auf ein spezifisches Problemfeld möchte ich an dieser Stelle noch aufmerksam machen. Diese Problematik tritt fast regelmäßig im aktuell beschriebenen Projektstadium auf, wenn sich unter den Zielgruppen „nichtakademische" Funktionen befinden.

Das Problem besteht in der Schwierigkeit, sich in die Gedankenwelt nicht-akademischer Zielgruppen hineinversetzen zu können. Akademisch ausgebildete Projekt-mitglieder, mit weniger Berufserfahrung, oder zeitlich geringem Abstand zum Studium, tun sich häufig schwer aus den Klischeebotschaften, wie zum Beispiel „Karriere", „Gestaltungsmöglichkeiten" oder „Herausforderungen" herauszukommen. Es ist eine große Herausforderung sich bei der Zuordnung und Formulierung von Botschaften in die Gedankenwelt von Berufsgruppen wie Kraftfahrern, Staplerfahrern, Lagermitarbeitern oder Auszubildenden zur Fachkraft für Logistikwirtschaft, hineinzuversetzen (Konjovic 2017). Der empfohlene Lösungsansatz zu diesem Problem lautet, wie so häufig, beziehen Sie die Betroffenen mit ein, um von Ihnen zu lernen.

▶   **Praxistipp** Denken Sie bei Ihrem Kommunikationskonzept und den Botschaften daran, dass Sie nicht nur Akademiker erreichen wollen. Dies gilt auch für Zielgruppen, die Sie aus einem regionalen Umfeld langfristig für sich gewinnen wollen. Regionalität ist gerade bei nichtakademischen Arbeitskräften ein wichtiger Faktor. Denken Sie an Funktionen im Lager, in der Kommissionierung, der Disposition und Buchhaltung. Hinter diesen Funktionen verbergen sich klassischerweise Personen, die nicht deutschlandweit mobil sind, und erst recht keine internationalen Herausforderungen suchen.

Die Lead-Botschaft

Die Lead-Botschaft wird als Claim oder Slogan bezeichnet. Ähnlich wie eine Dachmarke ist die Lead-Botschaft die alles umspannende Arbeitgeberbotschaft. Die Lead-Botschaft ist die Kernaussage, die sich auf jeder Stellenanzeige, auf der eigenen Karriereseite, der Unternehmensseite bei XING und LinkedIn, bei jedem Tweet, bei jedem Post und zudem in jeder E-Mail Signatur wiederfinden muss. Sie ist das wichtigste Wiedererkennungsmerkmal und wird häufig mit einem Bild oder als Wort-Bild-Marke kombiniert. Erst mit einer wirkungsvollen Lead-Botschaft können Sie sicherstellen, ein wiedererkennbares Markenbild im Gedächtnis der Interessenten und Ihrer Zielgruppen zu platzieren.

Bei der Entwicklung der Lead-Botschaft empfehle ich eine enge Einbindung und Abstimmung mit dem Marketing, respektive der PR- und Öffentlichkeitsarbeit im Unternehmen. Viele Unternehmen verwenden bereits einen Slogan oder eine Wort-Bild-Marke. In vielen Fällen kann diese Botschaft zusätzlich zur Lead-Botschaft für die Arbeitgebermarke transformiert werden.

Beispiel aus der Praxis

Kommen wir zurück zu einem Beispiel aus der Praxis. Hier stand die Projektgruppe vor der Situation, dass es keinen übergeordneten Slogan im Unternehmen gab. Es existierte zwar in der Vergangenheit eine Botschaft, die aber mit der angestrebten, zukünftigen strategischen Ausrichtung des Unternehmens nicht in Einklang zu bringen war.

Somit entwickelten wir in der Projektgruppe Ideen für eine Lead-Botschaft der Arbeitgebermarke. Im ersten Schritt wurden die in den Zielgruppen Botschaften erarbeiteten Ergebnisse analysiert und die wiederkehrenden Begriffe und Adjektive zusammengeführt. Im nächsten Schritt verglich man das Ergebnis noch einmal mit den in Abb. 4.8 erarbeiteten Präferenzen und leitete daraus die größten Übereinstimmungen ab. Daraus entstand ein Cluster von Begriffen, die eine solide Basis für die spätere Kreativarbeit der eingebundenen Agentur bildeten. Die Agentur gestaltete eine Lead-Botschaft, die so gut im Unternehmen angenommen wurde, dass sie später zum Unternehmens Slogan in Form einer Wort-Bild und darüber hinaus zur Wort-Video Marke wurde.

Kommen wir zurück zur Grafik Abb. 4.10. und den weiteren Maßnahmen. Die erarbeiteten Botschaften münden in eine interne und externe Kommunikation. Wie schon erwähnt, müssen diese Botschaften im Sinne der Konsistenz in allen Kommunikationsmedien gleichermaßen berücksichtigt werden, unabhängig davon, ob es sich um klassische Print- oder Online-Medien handelt. Vielfach ist eine entsprechende Kombination nicht nur sinnvoll, sondern auch notwendig. Denken Sie nur an klassische Messe Events oder Messen für Schulabgänger und Hochschulabsolventen. Bei solchen Veranstaltungen geht es darum, die richtige Ansprache per Online-Kanäle auszuwählen. Andererseits sollten Sie im Rahmen der Veranstaltung den Interessierten und Gesprächspartnern etwas Haptisches in die Hand geben können. Die Likes im Social-Media-Kanal entsprechen der Anzahl der gesammelten Broschüren und Unterlagen bei Messeveranstaltungen.

Dreh- und Angelpunkt der externen Kommunikation für eine effektive Employer-Branding-Strategie, zur nachhaltigen Positionierung der Arbeitgebermarke, sind im digitalen Zeitalter

1. das Internet, respektive die eigene Karrierewebseite (siehe Abschn. 6.1.1) oder der Karriere-Blog (siehe Abschn. 6.1.2),
2. eine relevante Fokussierung auf diejenigen Kanäle, in denen die Zielgruppen unterwegs sind.

Den Fokus der Betrachtung lege ich in diesem Buch auf den Handlungsoptionen im Social-Media-Management. Hierauf werde ich in den Kap. 5 und 6 noch ausführlicher eingehen.

Fazit

Die Entwicklung des Kommunikationskonzeptes im Hinblick auf die Konkretisierung möglicher Botschaften, ist eine der großen Herausforderung für die Employer-Branding-Projektgruppe. Es ist nicht ungewöhnlich, dass das Team an seine Grenzen stößt, oder zu diesem Zeitpunkt Unterstützung durch eine Media-Agentur hilfreich sein kann.

Im Hinblick auf die externe Kommunikation bleibt festzuhalten: Entscheidend ist der Content der Botschaften, nicht die Anzahl der Kommunikationskanäle, in denen der Inhalt dargestellt wird. Zu Beginn muss im Fokus stehen, sich auf die wirklich relevanten Kanäle zu fokussieren. Wichtig sind in erster Linie diejenigen Kanäle, auf denen Sie mit hoher Wahrscheinlichkeit Ihre Zielgruppen erreichen können.

Bevor ich auf die Social-Media-Komponente eingehe, möchte ich noch konkreter auf die interne und externe Kommunikation eingehen.

4.2.3 Die interne Kommunikation Ihrer Arbeitgebermarke

Auch wenn der Schwerpunkt dieses Buches auf die Steigerung des Arbeitgeberimages, durch eine attraktive Arbeitgebermarke bei externen Zielgruppen, ausgerichtet ist, so ist mir gleichermaßen wichtig darauf hinzuweisen, die interne Kommunikation nicht zu vernachlässigen.

Wenn es Ihnen nicht gelingt, Ihre Arbeitgebermarke im Rahmen des Employer-Branding-Prozesses erfolgreich im Unternehmen zu implementieren, gefährden Sie unter Umständen den gesamten Employer-Branding-Prozess. Ohne eine gezielte Identifikation und eine damit angestrebte langfristige Bindung der Mitarbeiter wird Ihre Arbeitgebermarke nicht erfolgreich nach außen dringen. Diese eigentlich nachvollziehbare Erkenntnis ist jedoch noch relativ neu. Erst seit 2010 ist erkennbar, dass Unternehmen die Arbeitgebermarkenbildung für die eigenen Mitarbeiter für sich erkannt haben (Kriegler 2015, S. 210). Andererseits muss ich aus eigener Praxiserfahrung feststellen, dass sich dieser Erkenntnisgewinn noch nicht im vollen Umfang für die logistikspezifischen Unternehmen oder logistischen Teilbereiche in Industrie- und Handelsunternehmen durchgesetzt hat. Die aktuelle Diskussion um das Thema des Fachkräftemangels in der Logistik trägt ein Übriges dazu bei, den Fokus fast ausschließlich auf die externen Kommunikationskanäle zu lenken.

▶ **Definition: Interne Arbeitgebermarkenkommunikation** Mit einer deutlich sichtbaren, engagierten internen Kommunikation erreichen Sie die Verankerung der Arbeitgebermarke im Unternehmen. Die interne Kommunikation ist der Nährboden, damit das noch zarte Pflänzchen Arbeitgebermarke wachsen kann und, mit Unterstützung der Mitarbeiter, Charisma und Präsenz über die Unternehmensgrenze hinaus erzielt.

Bleiben wir bei diesem bildlichen Beispiel einer Pflanze. Bereits zum jetzigen Zeitpunkt sind Sie in der Lage Ihrer Pflanze einen Namen zu geben, beziehungsweise mit einem Slogan oder Claim zu positionieren. Die zuvor (vgl. Abschn. 4.2.2) diskutierte Lead-Botschaft kommt jetzt ins Spiel. Die Lead-Botschaft übernimmt die Funktion eines Düngemittels für Ihre Pflanze Arbeitgebermarke. Bei allen Aktivitäten und Handlungsmöglichkeiten der Kommunikation steht die Lead-Botschaft im Mittelpunkt.

Ziel der internen Kommunikation der Arbeitgebermarke muss sein, durch das Verhalten von Führungskräften und Mitarbeitern, die Haltung und Einstellung der Mitarbeiter zur Arbeitgebermarke zu prägen. So haben Sie die Chance, Ihre Arbeitgebermarke zum Transporteur und Katalysator Ihrer Führungs- und Unternehmenskultur zu entwickeln.

Bevor wir uns mit der Frage auseinandersetzen, wer und mit welchen Handlungsfeldern für die interne Positionierung und Kommunikation der Arbeitgebermarke verantwortlich ist, möchte ich noch auf einen kritischen Faktor eingehen, dem ich in der Praxis immer mal wieder begegne. Vielfach gibt es die Erwartungshaltung, dass alle Mitarbeiter von der Gestaltung der „neuen" Arbeitgebermarke begeistert sein müssen.

Verabschieden Sie sich von dieser Erwartungshaltung. Wie bei vielen anderen personal-politischen Instrumenten, und seien sie aus Ihrer Sicht noch so sinnvoll und zielführend, wird es Ihnen nicht gelingen, alle Mitarbeiter zu gewinnen. Dieser Effekt ist vergleich-bar mit den klassischen Produktmarken. Nicht jeder hegt die gleiche Sympathie für eine bestimmte Marke. Im Hinblick auf die Kritiker und Zweifler ist es wichtig, dass die Arbeitgebermarke authentisch ist und glaubhaft gelebt wird (siehe Abschn. 2.3). Nur diese Aspekte werden mittelfristig überzeugen.

Wer ist verantwortlich für die interne Kommunikation der Arbeitgebermarke?
Die kurze Antwort lautet: Jeder! Jedoch kommt zwei Gruppen im Unternehmen eine besondere Bedeutung zu. Zum einen den Führungskräften, dabei im ganz besonderem Maße der Unternehmensleitung, zum anderen dem HR-Management.

HR-Management muss als Enabler, also Ermöglicher, agieren. Das HR-Management muss Instrumente entwickeln und einsetzen, mit denen es den Führungskräften gelingt die Arbeitgebermarke in ihren Organisationseinheiten zu verankern. Damit verbunden ist aber auch eine Art Kontrollfunktion, die das HR-Management übernimmt. Die Kontroll-funktion beinhaltet die Überwachung der internen Umsetzung der Kommunikation und Positionierung der Marke. Intern umgesetzt ist die Kommunikation und Positionierung dann, wenn die Werte, die mit der Arbeitgebermarke verknüpft sind, tatsächlich für die Mitarbeiter erlebbar werden. Das HR-Management muss sich selbst, beziehungsweise das Erreichen der in der Projektgruppe definierten Ziele, permanent überprüfen (siehe hierzu Abschn. 4.1.2). Alle Beteiligten des HR-Managements müssen aus konstruktiven Beiträgen, während der internen Implementierung, lernen und gegebenenfalls gegen-steuern.

Welche Ziele Sie sich für die interne Positionierung der Arbeitgebermarke setzen sollten? Es gibt drei substanzielle Ziele, die Sie erreichen sollten.

1. *Die klassische Information* über die Ergebnisse des Employer-Branding-Prozesses ist das Mindestmaß, beziehungsweise die Pflicht. Dies ist dann der Fall, wenn die Mit-arbeiter zuvor im Analyseprozess durch entsprechende Befragungen oder Interviews eingebunden wurden. Darüber hinaus dient es der Wertschätzung gegenüber den Mit-arbeitern. Peinlich und vollkommen unnötig, wäre zum Beispiel die Situation, dass die Mitarbeiter über Stellenanzeigen erfahren, dass sich das Markenbild vollkommen verändert hat.

2. *Diskussionen und kritische Betrachtungsweisen* gehören in der Implementierungs-phase dazu. Ich erlebe immer wieder, wie viel wertvolle Ergänzungen im Rahmen von Diskussionen oder einem ungezwungenen Austausch, zum Beispiel bei Einführungs-veranstaltungen, ans Licht kommen. Betrachten Sie diesen Aspekt nicht als Kritik an der Projektgruppe. Eine kritische, aber sachliche Auseinandersetzung, ist immer ein Indiz für eine existierende Identifikation. Die Anregungen können im weiteren Pro-zess sinnvoll aufgegriffen und weiterentwickelt werden.

3. ***Die Marke zum Leben erwecken*** stellt für mich die wichtigste Zielsetzung dar. Konkret bedeutet dies, die Mitarbeiter aktiv einzubeziehen und mögliche Instrumentarien so einzusetzen, dass der Mitarbeiter selbst zum Markenbotschafter wird. Somit kann die interne Kommunikation und Überzeugungsfähigkeit der Arbeitgebermarke den Mitarbeiter zum „Brückenbauer" in Richtung der externen Kommunikation befähigen. Ein gutes Beispiel hierfür sind Programme zur Bewerberempfehlung von externen Kandidaten, hinlänglich unter dem Begriff „Mitarbeiter werben Mitarbeiter" bekannt.

Beispiel aus der Praxis

Bei einem stark wachsenden IT-Unternehmen, welches Softwarelösungen für die Logistik entwickelt, gab es einen entsprechend hohen Rekrutierungsbedarf an IT-Spezialisten. Diese Klientel gehörte zu einer der definierten Zielgruppen. Die Mitarbeiter wurden im Rahmen von Veranstaltungen nicht nur über die neue Arbeitgebermarkengestaltung informiert, sondern auch in der Vermittlung der Werte und der Zielgruppen Botschaften geschult. Somit wurden die Mitarbeiter befähigt als Botschafter für vakante Positionen zu agieren. In den folgenden beiden Jahren gelang es 40 % der vakanten IT-Positionen durch Mitarbeiterempfehlungen zu besetzen. Die Mitarbeiter erhielten Rekrutierungsprämien, die das Unternehmen durch entsprechende Kosteneinsparungen im Recruiting mehr als kompensierte. Ein wesentlicher weiterer Effekt: Die Mitarbeiter hatten gelernt Ihre Arbeitgebermarke zu leben. Ein unschätzbarer Beitrag zur Steigerung des Markenwertes.

Wie sehen die Handlungsfelder für das HR-Management aus?
Damit die Verankerung der Arbeitgebermarke in der Organisation gelingt und diese für die Mitarbeiter erlebbar und nachvollziehbar wird, stehen dem HR-Management eine ganze Palette von Handlungsfeldern zur Verfügung. Welche am besten geeignet sind, hängt von der individuellen Ausgangssituation, aber auch von den personellen Ressourcen im HR-Management ab. Insofern kann ich Ihnen keine fertige Liste der Maßnahmen vorstellen. Ich möchte jedoch auf die wesentlichen Elemente eingehen, die Sie bei der internen Implementierung Ihrer Arbeitgebermarke mit Leben füllen sollten.

1. ***Entwicklung und Umsetzung eines Implementierungsprogramms***
   Das Implementierungsprogramm der Arbeitgebermarke gehört zu den Schlüsselfaktoren bei der internen Positionierung. Das Implementierungsprogramm sollte zum einen der Vorstellung der Arbeitgebermarke dienen, zum anderen aber auch noch einmal den beschrittenen Weg zur Markengestaltung verdeutlichen. Die Mitarbeiter sollen erfahren, wie die Projektgruppe zu ihrem Ergebnis gekommen ist, beziehungsweise welche Schlussfolgerungen sie aus der Analyse gezogen hat. Somit wird die Tür zu kritischer Reflexion geöffnet. Für die Gestaltung eines Implementierungsprogramms gibt es vielfältige Möglichkeiten. Sie sollten immer die

gelebte Kommunikationskultur in der Organisation berücksichtigen. Die Größe und Organisationsstruktur des Unternehmens spielt eine wichtige Rolle beim Roll-out der Marke und den damit verbundenen Kommunikationswegen. Es ist ein Unterschied, ob Sie eine Arbeitgebermarke in einem Unternehmen mit 500 Mitarbeitern an zwei Standorten einführen, oder in einem Konzernunternehmen mit 10.000 Mitarbeitern mit einer Dachmarken-Strategie in mehreren Landesorganisationen. Beachten Sie in jedem Fall mit der Implementierung nicht nur sachliche Informationen zu transportieren, sondern auch Emotionalität im Sinne von Erlebbarkeit zu vermitteln.

▶   **Praxistipp**
An dieser Stelle möchte ich Sie noch vor einem grundlegenden Fehler bewahren. Dieser Fehler ist hinlänglich bekannt aus der Einführung und Kommunikation von strategischen Ausrichtungen, die die Unternehmensleitung beschlossen hat. Bei der internen Kommunikation sind häufig zwei Tendenzen zu erkennen. Zu wenig Information, meistens aus der Befürchtung von Widerspruch heraus, oder zu viel des guten, durch überladene „Show"-Veranstaltungen.

Die interne Kommunikation, ohne unmittelbare Beteiligung und Auseinandersetzung mit den Mitarbeitern, mittels Broschüren, Newslettern, Rundschreiben der Unternehmensleitung, Artikeln in Mitarbeiterzeitschriften oder dem Anbringen von Plakaten vor der Kantine sollten eigentlich der Vergangenheit angehören.

Die interne Kommunikation im Rahmen von groß angelegten Show- und Event-Veranstaltungen mit einmaliger Begeisterung und einem Markenfeuerwerk sind ebenso wenig sinnvoll. Eine solche Vorgehensweise hat weder Substanz, noch liefert sie eine langfristige Durchdringung der Organisation.

Beiden Varianten fehlt der direkte Dialog mit den Mitarbeitern. Die ausgewogene Berücksichtigung aller Wege im Rahmen eines Kommunikationskonzeptes ist die Lösung.

2. *Arbeitgebermarken Handbuch*
Nach der Informationsphase benötigen die Mitarbeiter, insbesondere die Führungskräfte eine Guideline für die Anwendung der Arbeitgebermarke und den Möglichkeiten zur weiteren Gestaltung. Wie dieses Handbuch zu verwenden ist, sollte den Führungskräften in speziell hierfür ausgerichteten Workshops vermittelt werden.

3. *Die Anpassung der HR-Geschäftsprozesse*
Im optimalen Fall hat die HR-Organisation Ihre Geschäftsprozesse definiert und dokumentiert. Vorbildlicher Weise sind zumindest einige der Geschäftsprozesse bereits digital implementiert. Wo auch immer Sie bei der Gestaltung Ihrer Geschäftsprozesse stehen, die Arbeitgebermarke sollte sich in allen Prozessen der strategischen und operativen Personalarbeit widerspiegeln. Inhalt und Professionalisierungsgrad stellen sich in jedem Unternehmen anders dar. Die Kommunikation der Arbeitgebermarke sollte aber zumindest in den folgenden Geschäftsprozessen hinterlegt sein:

– *Eintritt und Integration neuer Mitarbeiter*
  Ich empfehle im Rahmen der Umsetzung beim Onboarding-Prozess ein sogenanntes Markeneintrittsinterview als Standard einzusetzen. Zum einen haben Sie die Chance Erkenntnisse darüber zu gewinnen, warum sich der Mitarbeiter für Ihr Unternehmen, beziehungsweise die vakante Position entschieden hat. Zum anderen dienen die gewonnenen Rückschlüsse zur Überprüfung der Wirksamkeit bisheriger Maßnahmen im Employer-Branding-Prozess.

– *Analyse und Dokumentation der Austrittsgründe*
  Genauso wie bei den Markeneintrittsinterviews sollte das Austrittsgespräch für das HR-Management zum Standard werden, speziell wenn sich der Mitarbeiter entschieden hat, das Unternehmen zu verlassen. Konsequenterweise bedeutet eine solche Entscheidung, ein anderes Unternehmen, beziehungsweise eine andere Aufgabe bietet für den Mitarbeiter einen vermeintlich höheren Nutzen.

– *Personalentwicklung*
  Die Personalentwicklung, egal ob fachliche, intern organisierte Weiterbildungsmaßnahmen oder Personalentwicklungsprogramme im Rahmen einer Talent-Management-Systematik sind häufig schon Bestandteil der Identitäts- oder Leistungsmerkmale eines Arbeitgebers. Darüber hinaus bieten sie eine ideale Plattform zur internen Vermittlung der Arbeitgebermarke. Aus meiner Praxis möchte ich Ihnen dies wieder anhand eines Beispiels verdeutlichen.

Beispiel aus der Praxis

Bei einem Online-Handelsunternehmen mit dem Schwerpunkt Supply-Chain-Management kam die Arbeitsgruppe zu dem Ergebnis, nicht nur bei der Einführung der Marke im Rahmen einer Road-Show in den Logistikzentren die Inhalte und Werte der Arbeitgebermarke zu vermitteln, sondern zusätzlich bei jedem internen Seminar. Der Seminarraum wurde immer mit einem Banner ausgestattet, welches die Seminarteilnehmer plakativ mit der Lead-Botschaft durch das gesamte Seminar begleitete. Zudem begann jedes Seminar mit einem 30 bis 45-minütigen Vortrag zur Arbeitgebermarke und den neuesten Ergebnissen. Dabei wurden neue Ideen gesammelt, die direkt an den HR-Bereich weitergeleitet wurden.

4. ***Training des Recruiting-Bereiches***
   Die Kommunikation und Vermittlung der Arbeitgebermarke, insbesondere im Hinblick auf die Identitätsmerkmale als Arbeitgeber, sowie die Information und Botschaften in Richtung der definierten Zielgruppen, muss den Recruitern, besser noch jedem Mitarbeiter, der mit Bewerbern oder externen Interessenten in Kontakt kommt, in Fleisch und Blut übergehen. Die Vermittlung der Marken DNA muss beherrscht werden. Hierzu sind entsprechende „Vertriebsschulungen" zur Arbeitgebermarke, unter dem Aspekt, wie verkaufe ich mein Unternehmen als attraktiven Arbeitgeber, unumgänglich.

4.2.4 Die externe Kommunikation Ihrer Arbeitgebermarke

Der Ursprung der externen Kommunikation für Arbeitgebermarken lässt sich im Begriff des Personalmarketings finden. Das Personalmarketing ist, organisatorisch betrachtet, bei vielen Unternehmen der Vorläufer des heutigen Employer Branding. Aktuell finden sich diese oder ähnlich gelagerte Funktionen in zahlreichen Personalbereichen.

Der Begriff Personalmarketing steht jedoch nicht im Einklang zu dem, was unter der externen Kommunikation einer Arbeitgebermarke verstanden werden sollte. Der Begriff wird streng genommen völlig falsch verwendet. Welches Unternehmen will denn schon sein Personal vermarkten, außer den Unternehmen der Arbeitnehmerüberlassung. Im Grunde genommen hätte der richtige Begriff schon eher Arbeitgebermarketing lauten müssen, um seiner tatsächlichen Intention gerecht zu werden.

In meiner beruflichen HR-Laufbahn bin ich in den 80er Jahren dem Personalmarketing erstmals begegnet. Damals war ich als Personalreferent bei einem Technologieunternehmen beschäftigt. Ich erinnere mich, dass wir damals einen sehr hohen Personalbedarf an Ingenieuren aller Couleur hatten. Neben der klassischen Suche per Stellenanzeige in den überregionalen Printmedien, gab es kaum organisierte Kontaktmöglichkeiten zu externen Interessenten. Schon damals war es schwierig, ausreichend gute Kandidaten und auch Hochschulabsolventen zu finden. So begann ich damals mit den ersten Veranstaltungen und Hochschultagen an der RWTH Aachen, der TU München und der Universität Karlsruhe. Einher ging dieser Prozess mit der Gründung der bonding-studenteninitiative e. V. an der RWTH Aachen im Jahr 1988. Damit begann für mich die Geschichte des heute noch häufig verwendeten Begriffs Hochschulmarketing. Damit stoßen wir wieder auf einen Begriff, der doppeldeutig verwendet wird. Unter Hochschulmarketing versteht man die Marketingaktivitäten der Hochschulen, bei dem es um Denkansätze zur Positionierung von Hochschulen auf dem Markt für Studieninteressenten geht.

Bevor ich weiter auf die Entwicklungen zum Personalmarketing eingehe, möchte ich Ihnen noch eine Definition zur externen Kommunikation mit auf den Weg geben.

▶ **Definition: Externe Arbeitgebermarkenkommunikation** Die externe Kommunikation der Arbeitgebermarke verfolgt das Ziel, mittels Lead- und Zielgruppenbotschaft die Arbeitgebermarke bekannt zu machen, beziehungsweise das Arbeitgeberimage zu steigern. Auf der Grundlage eines Kreativkonzeptes, in Verbindung mit einer Medienplanung, werden Marketingkampagnen umgesetzt, die den direkten Austausch mit Interessenten und potenziellen Bewerbern beinhalten.

Es geht um die Platzierung von Botschaften, aber auch um konkrete Inhalte, und nicht in erster Linie um Werbung, das unterscheidet die externe Kommunikation der Arbeitgebermarke von der typischen Produktplatzierung. Die Deutsche Bahn beispielsweise verfolgt das Ziel über ihre Social-Media-Karriereportale Bewerber aktiv bei der Berufswahl und in der Bewerbungsphase zu unterstützen. Ein weiteres Ziel ist, die definierten

Zielgruppen mit relevanten Content zum Unternehmen, zu Jobs oder Veranstaltungen zu versorgen (Wagner 2018).

Schauen wir uns die weitere historische Entwicklung des Personalmarketings an. Im nächsten Schritt gewannen die klassischen Personalanzeigen, als sogenannte Imageanzeigen, häufig mit einer Zielgruppenorientierung verbunden, an Bedeutung. Personalanzeigen waren ein Ankerpunkt der externen Kommunikation, mit dem es gelingen sollte, ein konsistentes Erscheinungsbild als Arbeitgeber abzugeben. In dieser Zeit waren die Personalmarketingagenturen die zentralen Ansprechpartner für die HR-Bereiche. Mit dem Wandel vom Personalmarketing hin zum Employer Branding, entdeckten die klassischen Werbeagenturen den Markt des Employer Branding für sich. So entwickelten sich ganze Kampagnen, bei denen es nicht mehr nur um die klassische Stellenbesetzung, sondern um die Imageentwicklung ging. Mit der Erfahrung der Agenturen in Richtung Werbung und Marketingkommunikation wuchs das Personalmarketing aus den Kinderschuhen heraus und wurde zum Kommunikationsbestandteil innerhalb des Employer Branding.

Bedingt durch den Fachkräftemangel bekam die Markenkommunikation als Arbeitgebermarke in den letzten Jahren eine eigenständige Dynamik. Diese Entwicklung ist jedoch bei den mittelständischen Unternehmen, gerade in der Logistik, noch nicht angekommen. Somit besteht hier nicht nur ein Nachholbedarf. In erster Linie hat gerade der Mittelstand ein hervorragendes Potenzial, gerade mit Nutzung der Social-Media-Kanäle, sich zu positionieren und als Arbeitgeber, über die regionalen Grenzen hinaus, bekannter zu machen.

Die Frage nach der kreativen Gestaltung und Umsetzung mit einer Agentur
Spätestens zum jetzigen Projektzeitpunkt, wenn es um die kreative Gestaltung bei der externen Kommunikation geht, kommt in vielen Projekten die Frage nach der externen Unterstützung durch eine Werbeagentur auf den Tisch. Wenn Sie im Unternehmen nicht bereits mit einer Werbeagentur zusammenarbeiten, oder eine Agentur suchen, die in der Umsetzung von Arbeitgebermarkenpositionierungen Erfahrung hat, bieten sich vier mögliche Varianten zur Lösung an.

1. *Screening des Agenturmarktes*
   Sie suchen im Markt nach Marketing- und Werbeagenturen, die Ihre Kriterien erfüllen und laden diese zu einer Präsentation ein. Die Suche und Auswahl sollte immer in Zusammenarbeit mit dem Bereich PR und Öffentlichkeitsarbeit oder dem Marketing erfolgen.
2. *Der Agenturpitch*
   Hinter dem Agenturpitch verbirgt sich nichts anderes als die Konkretisierung und Weiterentwicklung des zuvor dargestellten Screenings. Sie erstellen einen Anforderungskatalog für eine Ausschreibung, der alle bisher erarbeiteten Ergebnisse aus Ihrem Employer-Branding-Projekt beinhaltet und definieren, was Sie konkret erwarten. Sie definieren die Schritte, Meilensteine und Terminhorizonte.

Die Ausschreibung stellen Sie den ausgewählten Agenturen zur Verfügung. Diese erstellen ein erstes Kreativkonzept sowie ein grobes Angebot. Die vermeintlich passenden Agenturen werden zur Präsentation und weiteren Konkretisierung eingeladen.

3. *Das All-In-Konzept*
Dieses Konzept beinhaltet einen Trend, den ich in der Praxis verstärkt wahrnehme. Die HR-Bereiche möchten bereits zum Start des Employer-Branding-Projektes, sowohl das Projektmanagement, als auch die kreative Seite mit an Bord haben. Konkret heißt dies, Sie suchen einen Partner, der den Employer-Branding-Prozess bis zur konkreten Entwicklung und Implementierung eines Kreativkonzeptes begleitet, also die Beratungs- und Agenturdienstleistung aus einer Hand.

Das All-In-Konzept setzt sich immer mehr durch, denn es bietet eine Reihe von Vorteilen:

- Es ist kein langwieriges Briefing der Agentur notwendig, da diese von Beginn an über den Employer-Branding-Prozess informiert, beziehungsweise spätestens ab der Positionierung der Arbeitgebermarke aktiv involviert ist.
- Die Agentur nimmt die tatsächliche DNA des Unternehmens von Beginn an auf, dadurch hat sie ein schnelleres Verständnis der Kultur. So entstehen frühzeitig Ideen in Richtung Erscheinungsbild und Kommunikation, sowie mögliche Weichenstellungen, die bei der Arbeit in der Projektgruppe hilfreich sind.
- Die Agentur kann mit dem textlichen und Marketingbackground sehr gut die Projektgruppe bei der Entwicklung der Botschaften unterstützen. Die Agentur ist in der Lage, im Einklang mit dem Berater, den Prozess so zu moderieren, dass es die Lösung des Unternehmens ist und nicht das Konzept eines Dritten.
- Durch die Vermeidung von intensiven Briefings, aufwendigen Ausschreibungsverfahren und der Vermeidung doppelter Verfahren bietet das All-In-Konzept erhebliche Kostenvorteile.

Mit dem All-In-Konzept habe ich so gute Erfahrungen gemacht, dass ein erweitertes Employer-Branding-Konzept entwickelt werden konnte. Gemeinsam mit einer befreundeten Marketingagentur verbinden wir Beratung, Projektmanagement, Kreativkonzept und Umsetzung zu einem Employer-Branding-Prozess aus einem Guss.

Unabhängig davon, welche Variante für Ihr Unternehmen nun die passende Option ist, stehen die nächsten Schritte der kommunikativen Umsetzung an.

Die Entwicklung eines Kreativkonzeptes
Beim Kreativkonzept geht es im Kern um die Konkretisierung der bisherigen Ergebnisse, die die Projektgruppe erarbeitet hat. Wenn Sie sich nicht für das All-In-Konzept entschieden haben, dann empfehle ich Ihnen das Kreativkonzept gemeinsam mit der Agentur in spezifischen Workshops zu erarbeiten. So halten Sie die Motivation der Projektgruppe aufrecht

und stellen sicher, dass bisherige Ergebnisse nicht fehlinterpretiert werden können. Ich rate generell davon ab, die Ergebnisse einer Agentur zur Verfügung zu stellen, um dann nach einiger Zeit Vorschläge vorgestellt zu bekommen, die Ihren Erwartungen nicht entspricht. Bei solchen Konstellationen habe ich in der Vergangenheit schon zu häufig in schwer enttäuschte Gesichter schauen müssen. Spätestens jetzt kommt die bessere Kosteneffizienz des All-In-Konzeptes zum Tragen.

Die Anforderungen an ein Kreativkonzept hängen sehr stark von den individuellen Rahmenbedingungen und Voraussetzungen im Unternehmen ab. Aus diesem Grund gibt es aus meiner Sicht keine generellen Ratschläge, wie ein „optimales" Kreativkonzept aussehen könnte. Im Wesentlichen kann man festhalten, dass ein Kreativkonzept folgende Inhalte und Vorgaben erfüllen sollte:

- Die Umsetzung der Lead-Botschaft und die zielgruppenorientierten Botschaften in Wort und Bild.
- Mit Bild ist eine Motivserie gemeint. Bei personenorientierten Motiven empfehle ich regelmäßig die eigenen Mitarbeiter einzubeziehen, um authentisch und glaubwürdig zu wirken. Die Zeiten von Models neigen sich bei der Arbeitgebermarkenbildung dem Ende zu.
- Die Corporate-Design-Vorgaben zur Unternehmensmarke und den Produktmarken müssen berücksichtigt werden, wie zum Beispiel Farben und Schrifttypen.
- Das Wording der Botschaften sollte der tatsächlichen „Umgangssprache" im Unternehmen entsprechen, Stichwort Authentizität.

Wichtig ist, sich über symbolische Werte zu positionieren. Wie schon mehrfach erwähnt, muss die Wertedefinition so dargestellt werden, dass nicht das logistikspezifische Wording im Vordergrund steht, sondern die Kultur des Unternehmens transportiert wird. Eine Leitidee oder ein Motivsatz ist hierzu vollkommen ausreichend, wenn er über alle Medien, insbesondere Social Media, Broschüren und Unternehmenspräsentationen durchgängig kommuniziert wird. Damit sind wir wieder beim Thema Konsistenz. Die Konsistenz ist für alle externen Kommunikationskanäle unabdingbare Voraussetzung für die Wiedererkennbarkeit und Glaubwürdigkeit.

Damit sind wir bei der nächsten Thematik angekommen, der Medienpräsenz.

Der Mediaplan

Nachdem im Kreativkonzept der Inhalt der Botschaften geklärt wird, geht es bei der Mediaplanung darum, wo und mit wem kommuniziert werden soll. Ein Blick zurück in das Kommunikationskonzept (vgl. Abschn. 4.2.2) ist dabei hilfreich. In Abb. 4.10 wurden die Schwerpunkte der Kommunikationskanäle und Varianten bereits dargestellt. Die Medienkanäle müssen jetzt konkretisiert und mit Leben gefüllt werden. Mit Leben füllen bedeutet, die Frage zu beantworten, mit welchen Maßnahmen die definierten Zielgruppen, mit möglichst geringen Streuverlusten, in den jeweils relevanten Medien erreicht werden können. Um diese Frage zu beantworten, ist eine sehr präzise Vorarbeit zu leisten. Diese sollten Sie den Experten überlassen, sprich der eigenen PR-Abteilung und der beauftragten Agentur. Diese erarbeiten entsprechende Vorschläge, die in der Projektgruppe diskutiert und beschlossen werden. Dabei geht es im jetzigen Stadium noch nicht darum, einen detaillierten Mediaplan zu erarbeiten, sondern die Richtung und den Zeithorizont festzulegen.

Wie eine solche Mediaplanung mithilfe eines vereinfachten, bildlichen Rasters aussehen kann, veranschaulicht Abb. 4.12. Sie erkennen anhand der eingefügten Pfeile, dass sich eine ganze Reihe von Interdependenzen ergeben. Diese müssen später, genauso wie die einzelnen Social-Media-Kanäle, im Detail geplant werden.

Fazit

Die Gestaltung und Umsetzung der externen Kommunikation gehört zur Schlüsseldisziplin auf dem Weg zu einer attraktiven Arbeitgebermarke. Hier entscheidet sich, ob und wie Sie Ihre Zielgruppen erreichen. Hier legen Sie das Fundament für den Erreichungsgrad der strategischen Ziele, häufig für den Erfolg des gesamten Employer-Branding-Projektes.

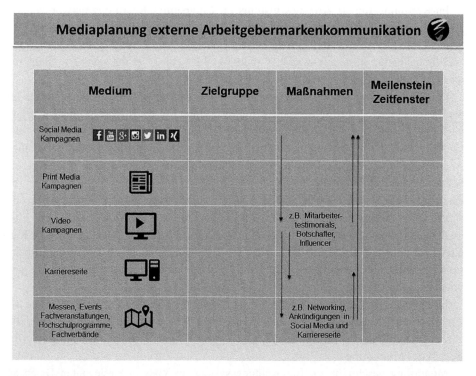

Abb. 4.12 Mediaplanung externe Kommunikation der Arbeitgebermarke. (Quelle: Eigene Darstellung)

Die Entwicklung der externen Kommunikation ist gerade für die Employer-Branding-Projektgruppe eine spannende und lehrreiche Phase. Ein Erfolgserlebnis hängt jedoch sehr stark von der Zusammenarbeit zwischen der Projektgruppe, der eingebundenen Agentur sowie der eigenen PR- und Marketingabteilung ab. Ohne diese spezifischen fachlichen Kenntnisse und Erfahrungen geht es aber nicht. Gerade bei der Analyse der richtigen Medien und Kanäle ist fachspezifisches Know-how unabdingbar. Bei der Gestaltung sind kreative Fähigkeiten und eine Empathie für die Unternehmenskultur gefragt.

4.3   Monitoring der Arbeitgebermarke

Dieses Kapitel beschäftigt sich mit einem der schwierigsten Themen im Rahmen eines jeden Employer-Branding-Projekts, der Messung der Zielerreichung mit konkreten Kennzahlen, beziehungsweise KPI's (Key Performance Indicators). Jeder braucht es, jeder hält es für notwendig, kaum jemanden gelingt in der Praxis eine durchgängige Umsetzung.

Im Recruiting Report 2016 des Instituts for Competitive Recruiting antworteten 271 Teilnehmer einer Befragung auf die Frage „Für wie wichtig halten Sie in Ihrem Unternehmen, dass die Aktivitäten im Recruiting und Employer Branding datenbasiert statt nach Bauchgefühl gesteuert werden?" mehr als 90 %, dass die datenbasierte Steuerung wichtig (53 %) oder sehr wichtig (28 %) ist (Brackwede 2017).

Die Problematik bei der Erfolgsmessung einer Arbeitgebermarke beginnt bereits mit der Tatsache, dass es bis heute keine Employer Branding spezifischen Kennzahlen gibt, die sich durchgesetzt haben. Die besondere Herausforderung liegt darin, dass es eine Vielzahl von Kennziffern gibt, die sich eher auf das Handlungsfeld Recruiting beziehen. Auch wenn diese Kennzahlen ein hinreichender Indikator sein können, um eventuelle Schlussfolgerungen für den Erfolg der Arbeitgebermarke zuzulassen, so werden bei einem solchen Ansatz die Faktoren der Mitarbeiterbindung nicht ausreichend berücksichtigt. Wenn Ihre Zielsetzung jedoch vornehmlich darin begründet liegt, mit einer erhöhten Arbeitgeberattraktivität konkrete Vakanzen zu besetzen, oder interessante Kandidaten kennenzulernen, dann sind Sie mit diesen Kennzahlen gut versorgt. Ohnehin stelle ich in meinen Beratungsprojekten vermehrt fest, dass es den Unternehmen im Kern um einer Steigerung des Recruiting-Erfolges geht.

Im Grunde genommen geht es darum, ein Controlling-System für die Einführung und Umsetzung der Arbeitgebermarke zu implementieren, respektive die Erfolgsmessung des gesamten Employer-Branding-Projektes zu dokumentieren. Ich bevorzuge hierfür den Begriff des Monitorings.

Monitoring beschreibt ein Beobachtungssystem, welches alle relevanten Daten auf einen Blick, zum Beispiel in Form eines Cockpits oder Dashboards, zur Verfügung stellt. In einem Cockpit werden die Ziele, Aktivitäten und Maßnahmen zur Erreichung der Employer-Branding-Ziele dargestellt. Anhand dazugehöriger Kennzahlen werden die Zielkennzahlen und die aktuellen Ist-Kennzahlen gegenübergestellt, und der Zielerreichungsgrad, zum Beispiel in Form eines Ampelsystems, wird zusätzlich grafisch angezeigt. Wie bei jedem Controlling-Prozess spielt die wiederholte, regelmäßige Durchführung eine zentrale Rolle, um anhand von Ergebnisvergleichen Schlussfolgerungen ziehen zu können. Die mit dem Monitoring verbundene Aufgabe besteht also darin, bei beobachteten Abweichungen gegensteuern zu können.

Bevor Sie sich damit auseinandersetzen, welche Kennzahlen für Ihr Employer-Branding-Projekt zielführend sind, muss im ersten Schritt klar definiert sein, welche strategischen und operativen Ziele Sie mit Ihrer Arbeitgebermarke erreichen wollen. Hierzu bin ich schon ausführlich in Abschn. 4.1.2 eingegangen. In diesem Kapitel habe ich Ihnen bereits einen Weg und ein Beispiel aufgezeigt, wie Sie mögliche Ziele mit entsprechenden Kennzahlen festlegen können.

Die nächste Aufgabe besteht nun nicht darin, sich Gedanken darüber zu machen, was denn alles mit den vorhandenen HR-Systemen gemessen werden kann, sondern festzulegen, welche Kennziffern tatsächlich relevant sind. Relevant sind diejenigen Kennziffern, mit denen Sie möglichst zuverlässig den Erreichungsgrad der definierten Ziele bestimmen können. Ich empfehle die Daten und daraus zu entwickelnden Kennzahlen im Vorfeld auf folgende Kriterien zu überprüfen:

1. Welche Daten stehen gesichert und regelmäßig zur Verfügung?
2. Ist die regelmäßige Datengüte gesichert?
3. Existiert ein fester Ansprechpartner, der die Daten zuverlässig zur Verfügung stellen kann?
4. Existieren regelmäßige Untersuchungen oder Befragungen, deren Ergebnisse genutzt werden können?
5. Welche technischen Voraussetzungen bestehen, oder müssen geschaffen werden, um ein Monitoring in Form eines Cockpits zu entwickeln, sprich wie kommen die Daten in das Cockpit?
6. Sind die Daten und Kennziffern klar definiert, um eine Vergleichbarkeit sicherzustellen und Fehlinterpretationen zu vermeiden?

Von den Zielen zu den Kennzahlen – mit welchen Daten können die Erfolgsfaktoren gemessen werden?
Für eine Gemeinschaftsstudie von defacto und der Otto-Friedrich-Universität Bamberg wurden 160 ausgewählte Personalleiter und HR-Manager aus mittelständischen und größeren Unternehmen zum Thema Kennzahlen beim Employer Branding befragt (PR Report 2013). 77 % der befragten Unternehmen haben bereits Employer-Branding-Maßnahmen durchgeführt. Ein Ergebnis der Studie besagt; drei von vier HR-Manager betrachten die Erfolgsmessung anhand von Kennzahlen als „wichtig" oder „sehr wichtig". Ein Drittel nutzt aktiv einzelne Kennzahlen für die Erfolgskontrolle und Steuerung von durchgeführten Aktivitäten zum Employer Branding. Dabei sind qualitative Kriterien im Fokus der Befragten. Kennzahlen wie das „Feedback von Mitarbeitern und

Bewerbern" sowie das „Image" des Unternehmens sind für die HR-Manager am wichtigsten. Von geringerer Relevanz sind dagegen auf Social Media bezogene Kennzahlen, beispielsweise die „Anzahl der Fans auf Facebook", „Share of Buzz zur Arbeitgebermarke im Social Web" oder die „Anzahl der Follower auf Twitter". Tatsächlich genutzt werden drei quantitative Kennzahlen am häufigsten: die Höhe der Personalfluktuation (59 %), die Kanäle, über die Bewerber auf eine Stelle aufmerksam wurden (57 %) und die Anzahl der Bewerbungen pro Stelle (54 %).

Diese Studie verdeutlicht, ähnlich wie die zuvor erwähnten Ergebnisse des ICR, dass eine deutliche Diskrepanz zwischen den als wichtig erachteten Kennzahlen und den tatsächlich genutzten Kennzahlen existiert.

Deutlich wird an dieser Stelle, dass es offensichtlich einen Wunsch nach Differenzierung gibt, nach den

- quantitativen Zielgrößen und den
- qualitativen Zielgrößen.

Die DEBA (Deutsche Employer Branding Akademie) hat einen sogenannten Faktorenkreis entwickelt, bei dem es um die Messung von qualitativen Faktoren geht. Der Faktorenkreis beinhaltet neun Faktoren, die sowohl eine Erfolgsmessung intern (Mitarbeiterbindung, Identifikationsgrad, Akzeptanz bei den Mitarbeitern und Implementierungserfolg), als auch extern (Wahrnehmung und Konsistenz der Botschaften, Differenzierungsgrad und Glaubwürdigkeit) berücksichtigt (Kriegler 2015, S. 342 ff.). Mit der Erhebung dieser qualitativen Daten sind jedoch erhebliche Aufwendungen, gerade im Hinblick auf Mitarbeiterbefragungen, notwendig.

So richtig und sinnvoll gerade die qualitativen Zielgrößen sind, so schwierig sind sie in der Praxis durchgängig umsetzbar und vor allen Dingen handhabbar. Bei Konzernen und großen Unternehmen sind solch aufwendige Prozesse zur Datenerhebung noch realisierbar und von den Kosten her zu vertreten. Bei mittelständischen und kleinen Unternehmen sind umfangreiche Erhebungen nur schwer denkbar. In vielen Fällen scheitert es bei der Realisierung schon an den notwendigen Ressourcen, sowohl personell, als auch technisch. Selbst bei Konzernen ist zu beobachten, dass eine konzernweite Realisierung häufig nicht durchgängig umgesetzt wird. Wenn es um eine weltweite Arbeitgebermarke geht, lässt sich die Datenerhebung nicht in allen Landesorganisationen umsetzen. Viele Unternehmen beschränken sich dann auf die Erfolgsmessung in Deutschland. Manchmal legen die großen Unternehmen ihren Kernfokus in besonderem Maße auf Arbeitgeberimage-Rankings, wie zum Beispiel Great Place to Work oder das trendence-Ranking, weil diese besonders öffentlichkeitswirksam sind. So betont die Deutsche Bahn in zahlreichen Veröffentlichungen immer wieder, dass sie im trendence-Ranking von Platz 26 (2012) auf Platz 16 (2016) gestiegen ist (Wagner und Goodwin 2017).

Der Bundesverband Employer Branding, HR-Marketing, Recruiting e. V. (Queb e. V.) hat einen Controlling-Standard für die kennzahlenbasierte Steuerung von HR-Marketing und Recruiting entwickelt. Der Controlling-Standard besteht aus 20 eindeutig definierten

Kennzahlen, die für zuverlässige Entscheidungen im Employer Branding sorgen sollen. Zudem sollen die Kennzahlen für ein aussagefähiges Benchmarking sorgen (Queb 2013).

Eine ganze Reihe, der vom Queb e. V. erarbeiteten Kennzahlen finden sich in einer Veröffentlichung der Fachzeitschrift Personalwirtschaft wieder, auch wenn der Fokus einer Expertenbefragung aus Wissenschaft, Beratung und HR-Praxis auf Recruiting Controlling lag. Dieser Aspekt belegt aber erneut, wie eng die Themen Erfolgsmessung im Employer Branding und Recruiting-Erfolg beieinanderliegen. Das beste Kosten-Nutzen-Verhältnis bieten nach Meinung der Experten die Kennziffern Cost-per-Hire (Kosten pro Einstellung) und Time-to-Fill (Durchschnittliche Dauer des Besetzungsprozesses). Aus eigener Beobachtung kann ich bestätigen, dass diese beiden Kennziffern auch in der Logistik eine hohe Priorität genießen. Allerdings kommt es hier auf die konkrete Definition an, die in der Employer-Branding-Projektgruppe geklärt werden muss. Solche Definitionen können durchaus unterschiedlich ausfallen, je nachdem wie aufwendig die Datenerhebung ist.

Die Tab. 4.1 soll Ihnen einen kurzen Überblick über diejenigen Kennziffern geben, die in Projekten am häufigsten verwendet werden. Darin finden Sie eine ganze Reihe von Kennzahlen, die von der Queb empfohlen werden.

Kommen wir zurück zum Monitoring, respektive der Darstellung von Zielen und Kennziffern in einem Cockpit. Persönlich empfehle ich als Cockpit oder Dashboard auf eine Employer-Branding-Scorecard zurückzugreifen. Die Scorecard lässt sich relativ mühelos mit den definierten Zielen und den entsprechenden Kennziffern erstellen. Darüber hinaus erlaubt eine Ampelfunktion einen sehr schnellen Überblick zum aktuellen Erreichungsgrad der jeweiligen Ziele und Maßnahmen.

Sofern Sie mit der Balanced Scorecard, aus der ich die Employer-Branding-Scorecard ableite, nicht vertraut sind, noch ein paar Hintergrundinformationen dazu. Robert S. Kaplan und David P. Norton gelten als Erfinder der Balanced Scorecard: Sie schlugen Anfang der 1990er Jahre an der Harvard-Universität vor, ein System an Einzelkennzahlen zu entwickeln, das Input-, Prozess- und Output-Daten verbindet und regelmäßiges Monitoring ermöglicht. Balanced Scorecards werden heute großflächig und vielfältig in Unternehmen als Frühwarnsysteme der Erfolgsmessung eingesetzt. Im Rahmen von Employer-Branding-Projekten hält die Scorecard immer mehr Einzug.

Die letztendliche Gestaltung der Employer-Branding-Scorecard hängt von den übergreifenden und speziellen Zielen ab, die Sie mit der Erfolgsmessung der Arbeitgebermarke verbinden. Dennoch möchte ich Ihnen ein paar Empfehlungen mit auf den Weg geben, wenn Sie mit der Scorecard arbeiten wollen:

1. Wählen Sie als Perspektivfelder folgende Gruppen: Stakeholder, Mitarbeiter, Bewerber (Kandidaten, Interessenten, Zielgruppen) und Wettbewerber.
2. Die strategischen Themen leiten Sie aus den definierten Zielen ab, die Sie mit Ihrer Arbeitgebermarke erreichen wollen. Prüfen Sie dabei, inwieweit die erarbeiteten Identitätsmerkmale ausreichend berücksichtigt sind, um die Positionierung der Marke sicherzustellen.

Tab. 4.1 Beispiel-Kennzahlen zur Employer-Branding-Erfolgsmessung. (Quelle: Eigene Darstellung)

Applications-per-Vacany	Bewerberanzahl pro vakante Position
Candidate-Conversion-Rate	Anteil der Kandidaten über verschiedene (Social-Media) Kanäle
Channel-Effectiveness	Anzahl qualifizierter (passender) Kandidaten über verschiedene (Social-Media) Kanäle
Quality-of-Hire	Leistung/Beurteilung eingestellter Kandidaten nach einem definierten Zeitraum
Candidate-per-Offer-Acceptance	Verhältnis Vertragsangebote Kandidaten, zu unterzeichneten Verträgen oder Kandidaten, die tatsächlich beginnen (Absprungrate)
Career-Site-Visits	Anzahl Besucher der Karriereseite
Number-of-Unsolicited	Anzahl der Initiativbewerbungen
Time-to-Fill	Dauer der Besetzung vakanter Position von der Stellenausschreibung bis zur Vertragsunter-zeichnung
Differentiation	Wahrnehmung der Differenzierung der Arbeitgebermarke vom Wettbewerb (Befragung)
Internal-Acceptance	Wird die Arbeitgebermarke von den Mitarbeitern angenommen (Befragung), manchmal Grade-of-Identity genannt
Cost-per-Application	Kosten pro Bewerbung
Cost-per-Hire	Kosten pro Stellenbesetzung

[Häufig verwendete Kennzahlen zur Employer Branding Erfolgsmessung]

3. Die Aktionsziele und Aktionen leiten Sie aus dem Kommunikationskonzept ab.
4. Ordnen Sie jedem strategischen Thema und möglichst jedem Aktionsziel eine Kennzahl zu. Dabei legen Sie fest, wie das Messverfahren aussehen soll. Achten Sie darauf, dass die Kennzahl interpretationsfrei und „lieferbar" ist. Im Zweifel verzichten Sie auf eine Kennziffer für ein Aktionsziel.

Fazit

Das Monitoring der Arbeitgebermarke ist immer verbunden mit der Fragestellung, inwieweit es überhaupt möglich ist, den Erfolg von Employer Branding messbar zu machen. Dass eine solche Vorgehensweise notwendig und sinnvoll ist, steht in der Zwischenzeit außer Frage. Dennoch stößt man in der Praxis immer wieder an die Grenzen des Machbaren. Deshalb sollten sich Unternehmen auf die Kennzahlen konzentrieren, die relevant, aussagekräftig, klar definiert, jederzeit verfügbar, und in einem Monitoring-Prozess technisch leicht integrierbar sind. Es gilt: Pragmatismus vor KPI-Verliebtheit.

4.4 Reflexion – Ihre erste Aufgabe

Sie haben bis hierhin eine ganze Reihe von Informationen auf dem Weg zu Ihrer Arbeitgebermarke sammeln können. Ich hoffe, dass Sie bis hierhin bereits viele Anregungen aufnehmen konnten, und sich nun mit viel Inspiration auf Ihren Weg zur attraktiven Arbeitgebermarke begeben.

An dieser Stelle möchte ich Sie ermutigen, die gewonnenen Erkenntnisse aus diesem Buch praxisnah für sich selbst zu reflektieren. Dabei haben Sie die Chance eine kleine Wettbewerbsanalyse durchzuführen. Schauen Sie sich doch einmal die Stellen- oder Imageanzeigen sowie die damit verbundenen Karrierewebseiten von anderen Unternehmen an. Dabei empfehle ich Ihnen zunächst offen an das Thema heran zu gehen. Das heißt, legen Sie den Fokus im ersten Schritt nicht nur auf die vermeintlichen Wettbewerber, sondern auf Anzeigen und Karriereseiten, die Ihnen spontan gut gefallen. Vermeiden Sie bei Ihrer Analyse zwei extreme, aber durchaus typische Verhaltenstendenzen, beziehungsweise Reaktionen, die ich in der Praxis immer wieder beobachte. Eine Spontanreaktion geht in die Richtung „Das sieht bei uns aber besser aus". Die andere Richtung lautet „Das ist viel zu progressiv, das können wir bei uns gar nicht durchsetzen".

Gehen Sie anhand der folgenden Fragestellungen an die Aufgabe heran:

- Werden die Arbeitgebermerkmale erkennbar?
- Handelt es sich eher um Basis-, Leistungs- oder Begeisterungsmerkmale (Kano-Modell vgl. Abschn. 4.1.1)?
- Erkennen Sie die Identität der Arbeitgebermarke?
- Welche Zielgruppen werden angesprochen, erkennen Sie spezifische Identitätsmerkmale, mit denen die Zielgruppen erreicht werden sollen?
- Werden regionale oder überregionale Zielgruppen angesprochen?
- Sind Testimonials von Mitarbeitern vorhanden (Wort, Bild, Video) und wie echt wirken diese auf Sie persönlich?
- Ist eine Lead-Botschaft und/oder eine Zielgruppenbotschaft erkennbar?
- Passen Wort-Bild-Kombinationen zusammen?
- Wirken Text und abgebildete Personen authentisch?
- Sind das Erscheinungsbild und die Botschaften durchgehend gleich?

Zur Unterstützung Ihrer eigenen kritischen Reflexion möchte ich Ihnen noch ein paar Beispiele an die Hand geben, um zu verdeutlichen wie Sie mit den genannten Fragen arbeiten können.

Bleiben wir doch gleich in der Logistik und werfen einen Blick auf die Employer-Branding-Aktivitäten der RHENUS LOGISTICS. Besonders hervorzuheben, weil in der Offenheit sehr ungewöhnlich, aber aus meiner Sicht sehr positiv ist die Webseite www.rhenus-values.com. Hier stellt das Unternehmen RHENUS den Entwicklungsprozess seiner Unternehmenswerte vor. Dabei gelingt es vorbildlich, unter Einbeziehung von Videos, anschaulichen Fotos und entsprechenden Erläuterungen, die Werte- und

Unternehmenskultur darzustellen. Die Werte-Kampagne des Unternehmens galt, so ist aus den Erläuterungen zu erkennen, den eigenen Mitarbeitern eine Unternehmensidentität zu verschaffen. Jeder einzelne Mitarbeiter/in soll sich angesprochen fühlen, abgeholt werden und sich selbst wiedererkennen. Die Lead-Botschaft „Together with Passion" und die fünf erarbeiteten Unternehmenswerte werden sehr gut vermittelt. Ein gut erkennbarer Link zur Karriereseite des Unternehmens würde das sehr gute Bild komplett machen.

Schauen wir uns unter www.de.rhenus.com/karriere/unsere-arbeitswelt/ die Karriereseite an, so landet man direkt bei der eröffnenden Wort-Bild-Kombination bei der bekannten und typischen Logistiksprache. Vom Aufbau her ist die Karriereseite gut gegliedert. Sie liefert Informationen zum Unternehmen, spricht Zielgruppen an. Wer sich für vakante Positionen im Unternehmen interessiert, findet gleich eine Übersicht, beziehungsweise ein Auswahlmenü. Welche Informationen bekommt man auf der Unternehmensseite zu den Werten und der Unternehmenskultur? Mehr dazu gibt eine separate Unterseite „Unsere Kultur" preis. Wer sich vorher die zuvor genannte Werteseite angesehen hat, wird nun überrascht sein, dass diese Werte nicht mehr auftauchen. Die Lead-Botschaft „Together with Passion" findet sich jetzt nicht mehr wieder. Sie taucht in Kombination mit dem Unternehmenslogo jedoch bei den Stellenanzeigen auf. Stattdessen wird die Kultur in wechselnden Bildern mit Aussagen wie „200.000 L Öl pro Jahr lagern und verteilen" oder „Eine Industrieanlage bis nach Russland transportieren" oder „Bis zu 4000 Tonnen Ladeleistung pro Stunde" oder „Über 170 Standorte mit perfekter Verkehrskoordination" unterlegt. Im weiteren Text finden sich dann Botschaften, die eine Unternehmenskultur und den Wertekanon des Unternehmens beschreiben. Aussagen wie, wir verstehen uns als Impulsgeber, Mutmacher, Türenöffner und Wegbegleiter oder was zählt, ist der Mensch mit seinen individuellen Fähigkeiten, seiner Persönlichkeit und seinem Entwicklungspotenzial, wären als zentrale Botschaften besser geeignet.

In der Summe ein, aus meiner Sicht, recht gelungener Employer-Branding-Ansatz mit entsprechendem Entwicklungspotenzial. Testimonials, News und Events haben im Rahmen einer sehr ansprechenden Gestaltung Eingang gefunden. Wie bei vielen Logistikdienstleistern ist der Hang zum logistikspezifischen Wording immer noch zu dominant, ein wenig mehr Emotionalität und Authentizität wären hilfreich. Dazu könnten beispielsweise Videos beitragen. Die externe Kommunikation weist zudem ein deutliches Verbesserungspotenzial in Richtung Konsistenz auf.

Im nächsten Beispiel lassen Sie uns einen Blick in die Handelslogistik, genauer gesagt auf die H&M Logistik werfen. Im Januar 2018 schaltete das Unternehmen eine Stellenanzeige bei StepStone. Das Unternehmen sucht Department Manager Logistik (m/w) für das neue Logistikzentrum in Hamburg-Allermöhe. Stellenanzeigen sind eine prominente Fläche zur Darstellung der Arbeitgebermarke und seiner Attraktivitätsfaktoren, respektive Identitätsmerkmale. Reflektieren Sie für sich den Einleitungstext der Stellenanzeige:

„**Offene Türen,** flache Hierarchien, **direkte Kommunikation** und gesunder Menschenverstand: wir folgen in unserer Arbeit eher gemeinsamen Werten als theoretischen Handbüchern.

Zu unseren Grundsätzen gehören das **Vertrauen** in den Menschen, **Teamwork,** hohes Tempo und **ständige Verbesserungen.** Unser Anspruch ist, unternehmerisches Denken und **Nachhaltigkeit** in unserem täglichen Handeln zu vereinen. Wir teilen große Ambitionen und die Überzeugung, dass nichts unmöglich ist.

Du willst etwas bewegen?

Für unser Logistikzentrum in **Hamburg-Allermöhe** suchen wir dich als **Department Manager Logistik (m/w).**

Nachhaltiges Handeln spielt in der zukunftsträchtigen **Wachstumsbranche** Logistik eine große Rolle. Die Komplexität und Internationalität der H&M Logistik bieten dir **individuelle Karriere- und vielfältige Entwicklungsmöglichkeiten** innerhalb des Konzerns und machen uns zu einem attraktiven Arbeitgeber."

Die hier fett gedruckten Wörter sind in der Stellenanzeige in roter Schrift dargestellt. Dadurch fallen diese Wörter sofort auf. Sie sollen offensichtlich die Kultur und Werte im Hinblick auf Führung und Zusammenarbeit verdeutlichen. Dieser Ansatz ist nach meiner Einschätzung gut gelungen. Der Interessent wird mit Du angesprochen. Diese Anrede ist in der Markenbotschaft für zu gewinnende Kandidaten durchaus üblich geworden. Die persönliche Ansprache passt jedoch zur schwedischen Kultur und erinnert ein wenig an das IKEA Wording. Der Einleitungstext ist in allen Anzeigen gleich, also hier ist Konsistenz gegeben.

Dennoch fallen zwei Aspekte als verbesserungswürdig auf. Nach der Nennung der Position verfällt man, typischerweise für die Branche, ein wenig in das Logistik- und Allgemeinplatzvokabular (nachhaltig, zukunftsträchtig, Wachstumsbranche, Komplexität). Die Schlussfolgerung, dass man ein attraktiver Arbeitgeber ist, halte ich für ein wenig heikel. Sollte man diese Einschätzung nicht dem interessierten Leser selbst überlassen? Zudem findet sich in der Anzeige kein Link oder Hinweis auf die Karriereseite des Unternehmens. Ebenso wenig findet sich dort eine Angabe zu einer Kontaktperson. Der Kontakt gelingt nur über die maschinelle Bewerbung mittels Anmeldung mit Benutzername und Passwort.

Zudem verleiten die angesprochenen individuellen Karriere- und vielfältigen Entwicklungsmöglichkeiten dazu, mehr zum Unternehmen H&M Logistik zu erfahren. Beim Googlen von H&M Logistik bekommt man dann primär Ergebnisse von verschiedenen Portalen zu Vakanzen bei H&M angezeigt. Am rechten Rand des Bildschirms findet man die beworbene Seite der H&M Muttergesellschaft. Mit einem Klick ist man im Online-Shop gelandet. Hinweise zum Unternehmen oder Karrieremöglichkeiten finden sich nicht auf Anhieb. So kann man den Eindruck gewinnen vom potenziellen Bewerber zum Konsumenten zu werden; vom Du, zum „vielen Dank für Ihren Einkauf"-Kontakt. Dies hat wenig mit Konsistenz zu tun. Es ist aber ein typisches Beispiel dafür, wie viel Verbesserungspotenzial in der richtigen Kombination der Medienkanäle steckt.

Die Helm AG als Beispiel für Regionalität

Aller guten Dinge sind drei. Deshalb möchte ich Ihnen noch ein weiteres Beispiel aus dem Segment Chemiehandel und Logistik vorstellen. Dabei möchte ich Ihren Fokus auf das Thema Regionalität in Kombination mit einer Imageanzeige für die Zielgruppe der Auszubildenden lenken. Eine Anzeige der Helm AG, die am 29. Dezember 2017 im Hamburger Abendblatt erschienen ist, verkörpert aus meiner Sicht eine gelungene Arbeitgeberpräsentation (siehe Abb. 4.13).

Abb. 4.13 Personal Imageanzeige der Helm AG. (Quelle: Helm AG)

Die Regionalität mit Bezug zur Hamburger Unternehmenskultur, dem typischen han-
seatischen Kaufmannsverständnis, wird deutlich hervorgehoben. Der Hamburger Hafen
mit seinem bekannten Zweitnamen „Tor zur Welt" wird als Assoziation zur weltweiten
Entwicklungsmöglichkeit plakativ dargestellt. Ein Mitarbeiter Testimonial wird eingesetzt, auch wenn offen bleibt, ob es sich auf dem Foto um die „echte" Ivonne Loßin

und um eine Auszubildende handelt. Zudem wird ein Ansprechpartner mit Kontakt-daten genannt, was heute im Rahmen der digitalisierten Bewerbungsprozesse nicht mehr selbstverständlich scheint. Für die Digital Natives der heutigen jugendlichen Generation und Zielgruppe führt ein integrierter Barcode direkt auf die Karriereseite. Beim Start der Karriereseite kommt die starke Identifikation mit dem Standort Hamburg zum Tragen. Zudem erfährt man mit einem weiteren Klick mehr zu den Arbeitgebervorteilen und wird direkt vom Vorstandsvorsitzenden begrüßt.

Der Helm AG gelingt es mit der Gestaltung der Imageanzeige, eine Verlinkung zur Karriereseite herzustellen. Darstellung und Wording weisen die notwendige Konsistenz auf. Was eventuell fehlt, ist die durchgängige Lead-Botschaft. Dieses vermeintliche Manko wird jedoch durch die zu Beginn der Karriereseite wiederkehrenden, zahlreichen Mitarbeiter Testimonials ausgeglichen. Hier könnte man durch Mitarbeitervideos noch ein wenig mehr Authentizität vermitteln.

Literatur

Becker, J. (2005). Einzel-, Familien- und Dachmarken als grundlegende Handlungsoptionen. In F.-R. Esch (Hrsg.), *Moderne Markenführung* (4. Aufl., S. 381–402). Wiesbaden: Gabler.

Brackwede, W. (2017). Recruiting-Erfolge messen und managen. In R. Dannhäuser (Hrsg.), *Praxishandbuch social media recruiting* (3. Aufl., S. 470). Wiesbaden: Springer Gabler.

Esch, F.-R. (2011). *Strategie und Technik der Markenführung* (7. Aufl.). München: Vahlen.

Kapferer, J.-N. (2004). *Strategic brand management: Creating and sustaining brand equity long term* (3. Aufl.). London: Kogan Page.

Konjovic, G. (2017). Weg vom Akademiker-Geschwafel! In *Employer Branding, Personalwirtschaft Sonderheft*. Köln: Wolters Kluwer.

Kriegler, W. R. (2015). *Praxishandbuch employer branding* (2. Aufl.). Freiburg: Haufe-Lexware.

Meffert, H., Burmann, C., & Kirchgeorg, M. (2008). *Marketing – Grundlagen marktorientierter Unternehmensführung, Konzepte – Instrumente – Praxisbeispiele* (10. Aufl.). Wiesbaden: Gabler.

Paulewitt, S. (2017). In Human Resources Manager, Quadriga Media GmbH Berlin, Stichwort: Work-Life-Balance. https://www.humanresourcesmanager.de/news/unternehmen-setzen-im-re-cruiting-nicht-auf-die-richtigen-inhalte.html. Zugegriffen: 22. Dez. 2017.

PR Report, Johann Oberauer GmbH. (2013). Firmen messen Employer Branding meist an der Fluktuation. http://www.prreport.de/singlenews/uid-7614/firmen-messen-employer-branding-meist-an-der-fluktuation/. Zugegriffen: 25. Jan. 2018.

Queb, Bundesverband Employer Branding, Personalmarketing, Recruiting e. V. (2013). Personalmarketing Controlling. http://www.queb.org/personalmarketing-controlling/. Zugegriffen: 15. Jan. 2018.

Rhenus Logistics, & Karriere Seite. (2018). https://www.de.rhenus.com/karriere/unsere-arbeits-welt/. Zugegriffen: 22. Jan. 2018.

Rhenus Logistics, & Rhenus Values. (2018). https://www.rhenus-values.com/. Zugegriffen: 24. Jan. 2018.

StepStone. (2018). Stellenanzeige Hennes & Mauritz Logistik – Department Manager Logistik. https://www.stepstone.de/stellenangebote–Department-Manager-Logistik-m-w-Hamburg-H-M-HENNES-MAURITZ-LOGISTIK–4744329-inline.html?suid=0a0a37d5-6fb5-4659-ac83-524db722a80c&rltr=2_2_25_crl_m_0_0&cs=true. Zugegriffen: 23. Jan. 2018.

Trost, A. (2013). Employer Branding. In A. Trost (Hrsg.), *2013, Employer Branding* (2. Aufl., S. 20). Köln: Wolters Kluwer.

Wagner, K. (2018). Mit Virtual Reality, Snapchat und Hologrammen: Talent Acquisition bei der Deutschen Bahn. In E. Baran (Hrsg.), *Employer Branding*. Wiesbaden: Gabler.

Wagner, K., & Goodwin, S. (2017). Ehrlich macht begehrlich. In *Employer Branding, Personalwirtschaft Special 08 2017* (S. 13). Köln: Wolters Kluwer.

Weitzel, T., Laumer, S., Maier, C., Oehlkorn, C., Wirth, J., & Weinert, C. (2017). Employer Branding und Personalmarketing; Recruiting Trends: Studie des Centre of Human Resources Information Systems der Otto-Friedrich-Universität Bamberg. Eschborn: Monster Worldwide Deutschland GmbH.

Wikipedia. (2017). „Stichwort Kano Modell". https://de.wikipedia.org/wiki/Kano-Modell. Zugegriffen: 17. Dez. 2017.

Employer Branding und Social-Media-Marketing

5

Zusammenfassung

In diesem Kapitel beschäftigen wir uns damit, wie mit Social Media eine attraktive Arbeitgebermarke entwickelt und vermarktet werden kann. Sie lernen, was Social-Media-Marketing bedeutet und was Social-Media-Marketing leisten kann, um eine attraktive Arbeitgebermarke in den Netzwerken zu etablieren. Sie werden erkennen, wo die Grenzen von Social-Media-Marketing liegen und mit welchen Rahmenbedingungen Sie leben müssen. Sie erfahren zudem, wie Sie mittels Storytelling Ihre Arbeitgebermarke inhaltlich mit Leben füllen und authentisch an Ihre Zielgruppe vermitteln. Um Employer Branding und Social Media erfolgreich zu verknüpfen, ist eine Social-Media-Marketing-Strategie notwendig. Was Sie bei dieser Strategie beachten sollten, erfahren Sie ebenfalls in diesem Kapitel.

Vergleichbar mit dem Begriff Employer Branding kursieren eine ganze Reihe von Begrifflichkeiten um das Thema Social-Media-Marketing, sodass eine Abgrenzung notwendig ist, um zu verdeutlichen, um was es in diesem Kapitel, und zusätzlich in Kap. 6, tatsächlich geht.

Im Kern behandelt dieses Thema die Rahmenbedingungen für die Vermarktung der Arbeitgebermarke in den sozialen Medien, um die geplanten externen Kommunikationsziele mit der definierten Zielgruppe zu erreichen. Es geht also nicht in erster Linie um Themen wie „Social Recruiting", „Social Media Recruiting" oder gar „Active Sourcing", um nur einige Begriffe zu nennen.

Es geht also nicht darum, lediglich einen Job auf einer Seite, egal ob auf einer klassischen Stellenbörse, in XING, Facebook oder über Twitter zu platzieren. Es geht vielmehr darum, in Verbindung mit vakanten Positionen, aber auch unter Einbindung der Mitarbeiter, die Werte und Aktivitäten des Unternehmens sichtbar zu machen, Inhalt zu liefern und ansprechbar zu sein. Im Mittelpunkt der Betrachtung und der Möglichkeiten,

© Springer Fachmedien Wiesbaden GmbH, ein Teil von Springer Nature 2018
C. Runkel, *Employer Branding für die Logistik*,
https://doi.org/10.1007/978-3-658-22642-8_5

die Social-Media-Marketing bietet, steht nicht unmittelbar die Ansprache von Kandidaten. Wesentlich für langfristige Erfolge ist der Austausch mit einer Community, die Gewinnung von „Fans" und „Followern" der Arbeitgebermarke.

Um diesen Aspekt zu verdeutlichen, benutze ich gerne folgendes Bild:

Beim Recruiting geht es, gerade in Zeiten eines Fachkräftemangels, darum, einen Brandherd, damit sind die offenen Vakanzen gemeint, zu löschen.

Beim Employer Branding, insbesondere der externen Kommunikation der Arbeitgebermarke steht die Vermeidung des Brandherdes im Fokus. Employer Branding hat also eine vorbeugende Funktion.

Social-Media-Marketing stellt für mich einen Enabler für eine erfolgreiche Arbeitgebermarke dar. Deshalb verwende ich den Slogan „Employer Brand – Powered by Social Media (Networking)".

Social-Media-Anwendungen sind für das Employer Branding in zweifacher Hinsicht bedeutsam. Einerseits können Unternehmen Social Media aktiv nutzen, um in direkte Interaktion mit potenziellen Arbeitnehmern zu treten. Andererseits werden solche Anwendungen von Interessenten und potenziellen Bewerbern zunehmend genutzt, um möglichst unabhängige Informationen über einen potenziellen Arbeitgeber zu erhalten. Soziale Netzwerke eignen sich sehr gut zum Auf- und Ausbau der Arbeitgebermarke. Auf Jobbörsen kann über Zusatzprodukte ein guter Beitrag zum Employer Brand erreicht werden.

Ein Blick auf die seit 2012 jährlich stattfindende Untersuchung zu den Recruiting-Trends und Top-Themen des HR-Managements, an dem jährlich zwischen 500 bis 900 Personen teilnehmen, verdeutlicht die Position, die Social-Media-Marketing bereits eingenommen hat.

Die Befragung in 2017 (siehe Abb. 5.1) unterstreicht, dass das Recruiting von Berufserfahrenen bei den Top-Themen der HR-Manager ganz weit oben steht. An zweiter Stelle folgt das Thema Employer Branding, beziehungsweise die Verbesserung des Arbeitgeberimages. Dabei spielt die Professionalisierung des Recruitments eine weitere wichtige Rolle. Leider wird aus den Ergebnissen nicht deutlich, was unter dem Professionalisierungsbegriff konkret zu verstehen ist. Ebenfalls weit oben in der Bewertung ist das Social-Media-Recruiting angesiedelt.

Das Ergebnis dieser Untersuchung verdeutlicht, wie eng die vier Top-Themen miteinander verknüpft sind und unterstreichen mein persönliches Credo: Kein Recruiting ohne Branding.

Grundsätzlich muss aber die Frage erlaubt sein, inwieweit das HR-Management in der Lage ist, auf die selbst als wichtig erachteten Themen Antworten zu finden. Inwieweit wird das Potenzial das Social-Media-Marketing, bei Nutzung einer zielgruppenspezifischen Strategie, tatsächlich erkannt und genutzt. Dies führt mich wieder zu dem Aspekt der Professionalisierung des Recruitments, das neben der gezielten Nutzung von Social-Media-Marketing die Einbindung von Möglichkeiten zur Digitalisierung beinhaltet. Dies ist natürlich eine Frage der Kenntnisse und Kompetenzen. Eine mögliche Antwort auf diese Fragestellungen bietet die Studie „Recruiting 4.0: Unternehmenserfolg

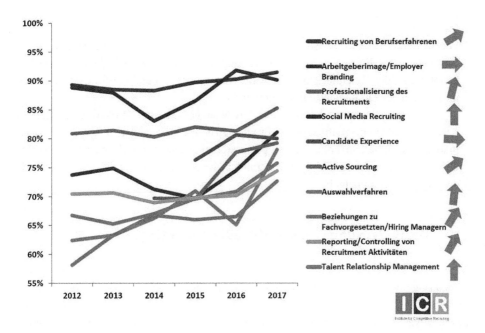

Abb. 5.1   ICR Recruitment Trends 2018: Entwicklung der Top-Themen. (Quelle: ICR Quo Vadis Recruitment Erhebungen 2012–2017)

durch digitale Personalgewinnung". Diese beschäftigt sich speziell mit der Situation in kleinen und mittleren Unternehmen. An der Befragung nahmen 101 Geschäftsführer und HR-Verantwortliche kleiner und mittelständischer Unternehmen teil. Zusätzlich fanden vier Experteninterviews statt. Durchgeführt hat die Befragung das Marktforschungsinstitut Innofact im Auftrag von Xing E-Recruiting und in Kooperation mit dem Lehrstuhl für allgemeine Betriebswirtschaftslehre, Personalmanagement und Führung der Universität Mannheim (Haufe Online Redaktion 2017). Geht es um die Digitalisierung des HR-Bereichs, glauben 58 %, dass sie weiter fortgeschritten sind als ihr Wettbewerb. 40 % sehen sich als durchschnittlich an und drei Prozent als unterdurchschnittlich. Dies Ergebnis macht deutlich, dass es offensichtlich noch einen erheblichen Nachholbedarf gibt, was den Umgang mit digitalen Themen anbetrifft. Zu den digitalen Themen gehören auch die digitalen Plattformen, der technischen Basis für Social-Media-Marketing.

Social-Media-Marketing wird für das HR-Management zu einer zentralen Kompetenz, die abgedeckt werden muss. Konkret bedeutet dies aus meiner Sicht, in jeder HR-Organisation muss ein Brand Manager für die Arbeitgebermarke vorhanden sein, der in der Lage ist, die Marke mittels Social-Media-Marketing-Strategie zu positionieren und zu kommunizieren. Hierfür ist ein enges Zusammenspiel mit den Unternehmensbereichen Public Relations und Marketing unabdingbar.

Fazit

Social-Media-Marketing ist für die Kommunikation der Arbeitgebermarke, als Bestandteil des Employer-Branding-Prozesses, unverzichtbar. Die konsequente Verknüpfung beider Facetten ist für die Professionalisierung des Recruitments, erst recht im Zeichen der Digitalisierung, unverzichtbar.

In der Praxis bedeutet dies, dass das HR-Management zum Marketingmanager und obersten Markenbotschafter für das Produkt Arbeitgebermarke wird. Die Arbeitgebermarke muss in den sozialen Medien professionell und authentisch präsentiert werden. Dabei muss eine persönliche Note gefunden werden, die es erlaubt, auf die Sprache der Zielgruppen einzugehen.

5.1   Die Bedeutung von Social-Media-Marketing

Bis vor etwa zwölf Jahren wurde das Worldwide Web von den Menschen weitestgehend als neuartige Informationsquelle genutzt. Anfang bis Mitte der 2000er Jahre kamen die ersten Plattformen auf den Markt, die für eine Vernetzung von Personen standen, sowohl privat als auch beruflich. Vorreiter damals wie heute sind in diesem Zusammenhang Facebook (2004), LinkedIn (2003), XING (2003). Der Fokus der Nutzer bekam eine neue Dimension, der persönliche Austausch und gegenseitige Empfehlungen standen zunehmend im Mittelpunkt des Interesses. Daran anschließend entwickelten sich die sogenannten Content Sites. Diese griffen fachliche Themen und spezifische Fragestellungen auf. Zudem konnten sich die fachlich interessierten User untereinander austauschen, sodass es sich um eine auf Fachebene fokussierte Weiterentwicklung der personenbezogenen Netzwerke handelte.

Daraus ergab sich in einem ersten Schritt das Ziel, den Austausch der User untereinander zu verbessern und zu intensivieren, was als Social-Media-Optimization bezeichnet wurde. Als es im nächsten Schritt darum ging, Anwender direkt zu erreichen und dabei indirekt ein Produkt oder eine Dienstleistung ins Gespräch zu bringen, ohne dabei direkt zu werben, entstand das Social-Media-Marketing. Damit konkretisierte sich die Zielrichtung über die Netzwerke den Bekanntheitsgrad zu steigern und sich mit Interessierten sowie Gleichgesinnten aktiv auszutauschen.

Eine einheitliche Definition zum Begriff Social-Media-Marketing gibt es bis heute nicht. Praktische und theoretische Aufklärungsarbeit leistet hierzu der Bundesverband Digitale Wirtschaft e. V., der Social Media (Marketing) wie folgt definiert.

▶ **Definition Social-Media-Marketing** Social Media beinhaltet eine große Bandbreite digitaler Medien und Technologien, die den Nutzern die Möglichkeit eröffnen, mediale Inhalte zu erstellen und zu verbreiten, sowie sich zu den Inhalten auszutauschen. Bei Milliarden von Nutzern, ist die Präsenz in sozialen Medien für Unternehmen und Institutionen selbstverständlich geworden. Die Gestaltung der Kommunikation umfasst Marken- oder Unternehmensauftritte und inhaltliche Beiträge, Reichweitenoptimierungen durch virale Verbreitung der Inhalte und bezahlte („gesponserte") Werbung auf Social-Media-Plattformen.

Die Ziele, die Unternehmen mit Social-Media-Marketing erreichen können, sind vielfältig. Strategische Ziele können die Gewinnung oder Bindung von Kunden oder Mitarbeitern sein. Mit Social-Media-Aktivitäten sind Unternehmen in der Lage, eine Verbesserung von Prozessen zu erzielen, aber auch die Akzeptanz in der Öffentlichkeit zu erhöhen. Social Media ist heute keine Einzeldisziplin mehr, sondern eine Kompetenz, die abteilungsübergreifend im unternehmerischen Handeln verankert sein muss. (Bundesverband Digitale Wirtschaft e. V. 2018)

Social-Media-Marketing ist ein Bestandteil des Digital-Marketings und umfasst die strategische Planung und operative Nutzung sozialer Medien, um Marketing-Ziele zu erreichen. Zum Social-Media-Marketing gehören vier Kerndisziplinen (Kossol 2017).

Social-Media-Advertising Social-Media-Advertising nutzt konkrete Werbeformate, die von den unterschiedlichen Kanälen und Plattformen angeboten werden, um mittels bezahlter („gesponserter") Ausspielung von Werbemitteln ausgewählte Zielgruppen zu erreichen. Zudem stehen spezifische Key Performance Indicators im Blickpunkt, um den Erreichungsgrad von definierten Zielen der Social-Media-Strategie zu überprüfen.

Social-Media-Relations Mit den Social-Media-Relations sind diejenigen Kommunikationsaktivitäten gemeint, die auf Beratung, Service und die Verbundenheit zu einer Marke abzielen. Für die Kommunikation der Arbeitgebermarke beinhaltet dies den Beziehungsaufbau und die Kontaktpflege zu den im Rahmen des Employer-Branding-Prozesses definierten Zielgruppen (siehe Abschn. 4.1.3). Hinzu kommen die Aktivitäten auf den eigenen Plattformen, wie der Unternehmenswebseite, der Karriereseite, dem Unternehmensblog, aber auch auf den fremden Social-Media-Plattformen.

Social-Media-Content Als Social-Media-Content werden die Inhalte verstanden, die aus einer Gemeinschaft heraus entstehen oder nach den Bedürfnissen der Gemeinschaft heraus kreiert werden. Die platzierten Botschaften legen einen besonderen Fokus auf Identität, Gemeinschaft und Dialog. Dies ist der wesentliche Unterschied zu rein werblichen Inhalten. Durch eine möglichst ausgeprägte Authentizität wird zudem eine hohe Akzeptanz bei den Nutzern erzielt.

Social Collaboration Social-Media-Marketing umfasst zunehmend den unternehmensinternen Blickwinkel. Dieser findet Berücksichtigung durch den Begriff der Social Collaboration. Social Collaboration beinhaltet alle Angebote und Kommunikationsmittel, um den innerbetrieblichen Austausch, beziehungsweise die Zusammenarbeit von Gruppen in einem professionellen Umfeld zu vereinfachen.

Somit geht es beim Social-Media-Marketing im Wesentlichen darum, einer oder mehrerer Communities anzugehören, die der eigenen Interessenlage oder der meiner

Zielgruppe entspricht. Die konkrete Aufgabe besteht damit darin zu analysieren, was die Mitglieder in den Gruppen bewegt, welche Themen sie aktuell diskutieren, um mit eigenen Beiträgen und Platzierungen auf sich aufmerksam zu machen. Dies ist der notwendige Einstieg, der es ermöglicht in den direkten Austausch mit der Zielgruppe zu gelangen. Typische Communities für die Logistik finden sich beispielsweise in den spezifischen Gruppen auf XING oder LinkedIn sowie zum Teil auf Facebook. Hier ist sehr gut zu erkennen, welche logistischen Themen aktuell im Mittelpunkt des Interesses stehen und diskutiert werden, oder in welchen Bereichen nach Lösungen und Unterstützung gesucht wird. Durch kompetenzbasierte Beiträge kann der Einstieg zur Aufmerksamkeit und zur Steigerung des Bekanntheitsgrades erlangt werden.

Social-Media-Marketing-Plattformen unterscheiden sich von anderen Kommunikationskanälen dadurch, dass sie eine einfache und schnelle *Many-to-Many-Kommunikation* ermöglichen, in dem sich mehrere Nutzer öffentlich oder im selbst bestimmten Rahmen der Öffentlichkeit, mit anderen Personen austauschen. Dies ist eine der wesentlichen Veränderungen, die eine zielgruppenorientierte Social-Media-Marketing-Kommunikation mit sich bringt. Das Pendant dazu bildet die *One-to-One-Kommunikation,* zum Beispiel per Telefon, oder die *One-to-Many-Kommunikation,* mit der zum Beispiel über die Radiowerbung, die Kommunikation über die eigene Webseite, der Karriereseite oder dem klassischen Newsletter-Marketing, mit einer großen Zielgruppe kommuniziert wird (Holmes 2016, S. 14).

Social-Media-Marketing ist kein Mitmach-Instrument. Starten Sie kein Social-Media-Marketing, und dies gilt auch für die Intention, die Sie mit der Kommunikation Ihrer Arbeitgebermarke verfolgen in einer Social-Media-Plattform, um einfach nur dabei zu sein. Dies wird zu keinem Erfolg führen. Es ist eine klare strategische Überlegung aus unternehmerischen Gesichtspunkten notwendig. Diese bildet die Grundlage für eine Nutzung von Netzwerken. Dabei muss eine zielgerichtete, sinnvolle Komposition aus den strategischen Zielen der Arbeitgebermarke (siehe Abschn. 4.1.2) und den Zielen der Social-Media-Strategie (siehe Abschn. 5.4) arrangiert werden.

Die Social-Media-Kanäle haben im Laufe ihrer Entwicklung zu einer Veränderung des Kommunikationsstils zwischen Unternehmen, Mitarbeitern und externen Interessenten, die zu Bewerbern werden können, beigetragen. Alle Beteiligten können im Rahmen der erläuterten Many-to-Many-Kommunikation aktiv eingreifen. Die Kommunikation per Social Media ist somit heute durch folgende Elemente geprägt (Holmes 2016, S. 21):

Dialog Ein echter Austausch erlaubt es den Unternehmen schnell und einfach Rückmeldungen von konkreten Interessenten, beziehungsweise potenziellen Kandidaten zu sammeln. Somit kann eine intensivere Nähe zu Kandidaten aufgebaut werden; Arbeitgeber können sich persönlich präsentieren (ein Gesicht steht dahinter), die Kommunikation wird unkomplizierter und direkter.

Möglicher Kontrollverlust Ein Grund, warum Unternehmen immer noch Vorbehalte gegenüber den Social-Media-Kanälen hegen, liegt in der Befürchtung eines möglichen

Kontrollverlustes begründet. Botschaften und Nachrichten können Unternehmen nicht mehr so steuern und kontrollieren wie zum Beispiel bei einer Pressemitteilung oder einem Newsletter. Interessenten oder mit negativen Erfahrungen belastete Personen können sich untereinander austauschen, sich eine Meinung bilden, die kundgetan werden kann und dabei eventuell den Finger in die Unternehmenswunde legen können. Bestes Beispiel hierfür ist die Bewertungsplattform kununu. Gerade größere Unternehmen, mit entsprechend ausgebildeten PR-Mitarbeitern, haben gelernt damit umzugehen, seit kununu ein Bestandteil von XING wurde und in das Modul der Unternehmensseiten integriert ist (siehe Abschn. 6.3.4). Wichtig ist, authentisch zu agieren und sich nicht mit geschliffenen Aussagen, die den Charakter einer Pressemitteilung haben, zu rechtfertigen.

Höhere Dynamik Die Aktivitäten in den Social-Media-Kanälen bedürfen einer permanenten Aufmerksamkeit, die zu fast täglich neuen Mitteilungen führen sollte. Die Social-Media-Kommunikation hat eine eigene Schnelllebigkeit mit ausgeprägter Dynamik entwickelt. Durch die Möglichkeit leicht und schnell auf den Plattformen zu interagieren, verbreiten sich Nachrichten schneller und mit einer neuen Dynamik (Stichwort viral), als in den konventionellen Medien.

Die geschilderten Veränderungen bieten den HR-Bereichen neue Chancen, die im Rahmen von Social-Media-Marketing strategisch genutzt werden sollten. Auf der anderen Seite darf nicht unterschätzt werden, dass die sozialen Medien zu einer geänderten Erwartungshaltung bei potenziellen Interessenten und Kandidaten führen. Diese erwarten eine Präsenz und eine wiederkennbare Sichtbarkeit von Unternehmen genauso, wie anspruchsvollen und unterhaltsamen (Stichwort Videos und Livestreams) Content. Wer nicht wahrgenommen wird, sich an den Aktivitäten seiner Zielgruppen-Community nicht beteiligt, existiert nicht, oder gilt als old-fashioned. Die Öffnung nach außen hin wird von Nutzern als Indikator dahin gehend interpretiert, wie offen ein Unternehmen in der internen Kommunikation ist. Dies betrifft gerade die jüngere Generation der Digital Natives, also derjenigen, die mit der Nutzung digitaler Medien groß geworden und mit deren Nutzung bestens vertraut sind. Sie erwarten eine andere, direkte und teamorientierte Kommunikation. Dies bedeutet aber im Umkehrschluss, dass gerade kleine und mittelständische Unternehmen sich dieser neuen Erwartungshaltung anpassen, und sich öffnen müssen. Ein weiter wie bisher wäre fatal, insbesondere im Hinblick auf die Nachwuchsgewinnung.

Wesentliche Ziele des Social-Media-Marketing
Im Hinblick auf Employer Branding, respektive der Kommunikation der Arbeitgebermarke, stehen mit Unterstützung von Social-Media-Marketing folgende Ziele im Fokus:

1. Mehr Besucher auf die eigene Web- oder Karriereseite lotsen. Hierfür werden auch andere Social-Media-Netzwerke genutzt. Die eigene Karriereseite sollte immer das Herz des Social-Media-Kreislaufs sein oder der Anker, der eine feste Anlaufstelle am gleichen Ort, mit hoher Wiedererkennbarkeit, sicherstellt (siehe Abschn. 6.1.1)

2. Bekanntheitsgrad steigern
3. Markenbindung erhöhen
4. Einstellungen und Haltungen zum Unternehmen ändern. Dies ist ein Aspekt, der gerade für die Logistik eine wichtige Rolle spielt, speziell im Hinblick auf den Wettbewerb um die besten Köpfe mit anderen, als hoch attraktiv bewerteten Branchen (siehe Kap. 1). Wie man aus einem vermeintlich unattraktiven und nicht immer ungefährlichen Tätigkeitsumfeld eine gezielte Aufmerksamkeit und Attraktivität erzielen kann, hat die Bundeswehr mit ihren Social-Media-Kampagnen unter Beweis gestellt. Die Bundeswehr gilt aktuell als einer der erfolgreichsten Recruiting-Organisationen. Mit der Kampagne „Die Rekruten" ist mittels Storytelling (siehe Abschn. 5.3) eine zielgruppenbasierte Community in den sozialen Medien platziert worden, über die auch Fernsehkanäle berichten.

Social-Media-Marketing ist trotz der vielfältigen Chancen zur erweiterten Kommunikation mit den definierten Zielgruppen dennoch keine Kommunikationswelt der unbegrenzten Möglichkeiten. Bei der Bewertung und Auswahl der zur Arbeitgebermarke passenden Netzwerke und Foren müssen die Grenzen berücksichtigt werden. Diese betrachten wir im nächsten Kapitel.

5.2   Rahmenbedingungen für Social-Media-Marketing

Social-Media-Marketing kann der Kommunikation der Arbeitgebermarke im Rahmen des Employer-Branding-Prozesses nicht nur Mehrwert verschaffen, sondern zum elementaren Faktor der Wettbewerbsdifferenzierung werden. Dennoch sind dem Social-Media-Marketing, wie ich es gerne nenne, Leistungsgrenzen gesetzt. Die Leistungsgrenzen beschränken sich jedoch eher auf Rahmenbedingungen, die im Kern bei möglichen Ressourcen-, Organisations-, oder Know-how-Problematiken liegen. Die Leistungsgrenzen hervorrufenden Rahmenbedingungen sind aus meiner Erfahrung in jedem Unternehmen sehr unterschiedlich. Die Gründe hierfür sind nicht selten tief in der Unternehmensgeschichte verwurzelt, die die aktuelle Unternehmenskultur prägt. Social Media ist gerade für kleine und mittelständische Unternehmen, in denen schon das klassische Marketing und die Public-Relations-Arbeit nicht besonders ausgeprägt sind, ein großer Sprung in eine neue Welt. Viele Unternehmen haben schlichtweg Angst davor sich angreifbar zu machen. Durch die Medien werden immer wieder die sogenannten Shitstorm-Wellen bekannt, mit denen Unternehmen sich konfrontiert sehen. Dies schreckt viele Unternehmen ab, sich in den Social-Media-Kanälen zu engagieren.

Auch wenn es eine Vielzahl von Rahmenbedingungen und internen Beschränkungen gibt, möchte ich auf die Wichtigsten kurz eingehen.

Social Media ist kein Sales Channel

Da der Nutzer, beziehungsweise die Mitglieder der Community, in der Sie mit Ihrer Arbeitgebermarke unterwegs sind, im Mittelpunkt steht, ist einfache „Produktwerbung" verpönt. Sicherlich können Sie auf XING oder LinkedIn in den logistikspezifischen Gruppen auch auf Ihre vakanten Positionen aufmerksam machen (siehe Abschn. 6.3.4). Hierfür sind die entsprechenden Foren in den Gruppen explizit ins Leben gerufen worden. Die Rekrutierung steht jedoch nicht im Mittelpunkt der Betrachtung. Es geht um die Kommunikation Ihrer Arbeitgebermarke, Sie wollen die Attraktivität Ihrer Marke und damit das Image verbessern. Leider rückt dieser wichtige Aspekt, im Rahmen des operativen Rekrutierungsdrucks, immer wieder in den Hintergrund. Behalten Sie im Auge, dass nicht die vakante Position Ihr Produkt ist, sondern Ihre Arbeitgebermarke.

Wenn Sie die vakanten Positionen in den Mittelpunkt Ihrer Posts und Mitteilungen stellen wollen, dann sollten Sie zumindest eine gute Vorarbeit sicherstellen. Sorgen Sie für einen funktionierenden Link auf Ihre Web- oder Karriereseite, die Interessierten die Möglichkeit gibt, Ihr Unternehmen wiederzuerkennen, spannenden Content zu lesen, mehr über Ihre Unternehmenskultur zu erfahren (siehe Abschn. 6.1.1).

Social Media ist keine Quick Success Story

Dieser Aspekt steht im Einklang mit dem Employer Branding. Wer davon ausgeht, die Anzahl der Bewerbungen innerhalb von zwölf Monaten gravierend erhöhen zu können, und auch noch erwartet die Qualität der Bewerbungen deutlich steigern zu können, der wird enttäuscht werden. Da Social-Media-Marketing nicht den „Verkauf" von vakanten Positionen beinhaltet, sondern der Austausch mit am Unternehmen Interessierten im Fokus steht, muss zunächst einmal eine Vertrauensbasis aufgebaut werden. Ähnlich wie beim Social-Media-Produktmarketing stellen sich die Erfolge bei richtig spannenden Kampagnen erst nach ca. einem Jahr ein. Wenn Sie in nur einem Kanal präsent sind oder in Social-Media-Kanälen, in denen Ihre Zielgruppe nicht unterwegs ist, wird Ihr Erfolg nur sehr eingeschränkt bleiben. Sie sollten in mehreren, relevanten Kanälen auffindbar und wiedererkennbar sein. Social Media wird als indirektes Kommunikations-Tool bezeichnet, denn es geht im ersten Schritt darum eine Unternehmensreputation aufzubauen, um dann, wenn ein Interessent zum Beispiel über einen beruflichen Wechsel nachdenkt, in positiver Erinnerung zu gelangen und präsent zu sein. Ihre Social-Media-Aktivitäten werden erst langfristig zum erwarteten Mehrwert führen (Holmes 2016, S. 28).

Gehen Sie davon aus, dass Sie ungefähr drei Monate als Beobachtungs- und Orientierungsphase einplanen müssen. Anschließend sammeln Sie noch einmal mehrere Monate Erfahrung, welche Botschaften und Geschichten bei Ihrer Zielgruppe zu einer positiven Resonanz führen. Zu diesen Erkenntnissen werden Sie jedoch nur gelangen, wenn Sie regelmäßig, das heißt mindestens zweimal pro Woche Neuigkeiten mit Relevanz für Ihre Community bereithalten, oder andere Beiträge kommentieren. Damit Sie dies gewährleisten können, benötigen Sie ausreichend Ressourcen, womit wir beim nächsten Aspekt angelangt sind.

Social Media erfordert Ressourcen – Content und Contact eine effektive Organisation
Um eine ausgedehnte Reichweite, zahlreiche Follower, Vertrauen in die Arbeitgebermarke und eine feste Positionierung in den gewählten Plattformen und Communitys
zu erzielen, benötigen Sie Zeit. Diese Zeit bindet Manpower. Zudem braucht es Ideen,
welchen Inhalt, welche Geschichten und welchen Nachrichten für die Zielgruppe interessant, aber vor allen Dingen relevant sind. Was Sie dazu wissen sollten, die Relevanz
bestimmen nicht Sie, sondern der Algorithmus der jeweiligen Plattform entscheidet über
die Relevanz, also den Qualitätsfaktor, Ihres Beitrages. Insofern ist nicht nur die reine
Manpower der Engpassfaktor, sondern auch das Know-how rund um die gesamte Social-
Media-Thematik. Da in vielen HR-Bereichen weder die notwendigen Ressourcen, noch
das notwendige Know-how für Social-Media-Marketing vorhanden ist, neigen die verantwortlichen HR-Manager dazu, die Thematik aus der Hand zu geben. Sie überlassen
dieses Feld dann gerne den PR und Marketingabteilungen. Einen solchen Weg halte ich
für grundlegend falsch, denn HR ist und bleibt für eine attraktive Arbeitgebermarke und
erfolgreiches Recruiting verantwortlich. Diese Verantwortung sollte nicht weg delegiert
werden.

Um dieser Problematik effektiv zu begegnen, empfehle ich den bereits beim
Employer-Branding-Projekt beschrittenen Weg einer professionellen Organisati-
ons- und Prozessgestaltung (siehe Abschn. 2.2) konsequent fortzusetzen. Die enge
Kooperation zwischen HR-Management und PR oder Marketing, je nach Zuständig-
keit im Unternehmen, ist die Basis für erfolgreiches Social-Media-Marketing. Die
Medien- und Öffentlichkeitsarbeit erfahrenen Fachexperten unterstützen das HR-
Management beim Wording von Nachrichten oder Botschaften, bei der Entwicklung und
Gestaltung spannender Geschichten vom Unternehmen. Die Regieanweisungen müs-
sen aber weiterhin vom verantwortlichen HR-Management kommen. Sollten dann noch
Ressourcenprobleme bestehen, so können Sie natürlich auf externe Agenturen zurück-
greifen. Idealerweise kann die bereits im Employer-Branding-Prozess eingebundene
Agentur (siehe Abschn. 4.2.4) die Aufgaben von der Gestaltung des Contents bis zur Ver-
öffentlichung von Artikeln übernehmen.

Abschließend möchte ich Ihnen noch meine Empfehlung für die HR-Management-
Praxis mit auf den Weg geben. Etablieren Sie die Position, oder zumindest den Verantwortungsbereich, eines „Candidate-Relation-Managers". Der Funktionsinhaber
dieser Position sollte eine Ausbildung in Richtung Social Media absolviert haben, sowie
Erfahrung aus dem HR Management, idealerweise im Recruiting, mitbringen. Die verantwortliche Person sollte sich als Bindeglied zu PR und Marketing verstehen. Zudem ist
sie verantwortlich für die Gestaltung der Social-Media-Prozesse, entwickelt Redaktions-
pläne und bildet, je nach Plattform, das Gesicht, beziehungsweise ist Ansprechpartner
der Social-Media-Community.

5.3   Storytelling – mit Ihrer Arbeitgebermarke Geschichte schreiben

Beginnen möchte ich dieses Kapitel mit einem kleinen Ausflug in die Antike, genauer gesagt ins 5. Jahrhundert vor Christus. Ein Mann kam zum damaligen Philosophen Sokrates. Er war ganz aufgeregt, weil er ihm eine neue, spannende Geschichte erzählen wollte. Doch bevor er die Chance hatte seine Geschichte los zu werden, fragte Sokrates den Mann, inwiefern seine Geschichte durch die drei Siebe passe,

1. Das Sieb der Wahrheit – ist die Geschichte wirklich wahr?
2. Das Sieb der Güte – ist die Geschichte wirklich gut?
3. Das Sieb der Notwendigkeit – ist die Geschichte wichtig?

Danach schwieg der Mann und ging davon.

Mit dem Storytelling-Format haben Sie die Gelegenheit mit Ihrer Arbeitgebermarke Geschichte(n) zu schreiben. Geschichten, die uns positiv inspirieren, können die persönliche Einstellung und spätere Handlungen positiv beeinflussen und verändern. Genau dies ist das Ziel von Storytelling in Bezug auf Kunden, Mitarbeiter und Außenstehende.

Storytelling kann sowohl als erzählbare, schriftlich formulierte Geschichte erfolgen, als auch im Videoformat. Die Videoformate setzen sich im Social-Media-Marketing immer mehr durch. Hierfür gibt es im Wesentlichen zwei Gründe. Zum einen können Geschichten im bewegten Bild emotionaler transportiert werden, zum anderen forcieren die Anbieter der Social-Media-Plattformen wie Facebook und Instagram aus strategischen Aspekten Videoformate, um die Vorreiterrolle von YouTube anzugreifen. Demzufolge wird das Storytelling-Format derzeit immer stärker zum Kern der Social-Media-Kommunikation und zieht sich wie ein roter Faden durch alle Kanäle. Im Besonderen für die unternehmensspezifischen Corporate-Plattformen (siehe Abschn. 6.1) wird Storytelling zu einem Schlüsselelement.

Im Endeffekt müssen Sie sich darüber im Klaren werden, was Sie mit Ihren Geschichten erreichen wollen. Diese Frage sollten Sie durch den sorgfältig durchgeführten Employer-Branding-Prozess und den Ergebnissen aus Kap. 4 ausreichend beantworten können.

Nachfolgend werde ich Ihnen erläutern, was hinter dem Begriff Storytelling steht, warum Geschichten so gut ankommen und immer beliebter werden. Außerdem erfahren Sie, was Sie für eine gute Geschichte benötigen, beziehungsweise, wie Sie die Brücke zu Ihrer Arbeitgebermarke bauen.

Grundsätze des Storytellings

Social Media ist bereits heute durch eine Vielzahl an Botschaften und Informationen von verschiedenen Seiten geprägt. Die große unternehmerische Herausforderung besteht darin, sich wie ein Fels zu platzieren und von Wettbewerbern dergestalt abzuheben, und seine Zielgruppe nicht nur zu erreichen, sondern eine Orientierung zu geben. Eine weitere Herausforderung ist dem Aspekt geschuldet, dass im Vergleich zur Vergangenheit, Markentreue erheblich nachgelassen hat. Klassische Werbebotschaften verlieren immer mehr an Bedeutung und Wirkung. Somit sind gut erzählte Geschichten, mit einem spannenden Content, ein Medium mit gutem Wirkungsgrad. Sie haben die Chance Aufmerksamkeit zu erlangen und nicht nur Botschaften an Ihre Zielgruppe zu senden. Auf der anderen Seite muss aber damit gerechnet werden, dass die Storys kritisch hinterfragt werden und mit entsprechenden Kommentaren begleitet werden. Das gilt dann, wenn eine Organisation ohnehin mit einer gewissen Prominenz versehen ist.

Unser Gehirn liebt Geschichten

Im Vergleich zu aufgelisteten Daten und Fakten sprechen Storys wesentlich mehr Teilbereiche unseres Gehirns an. Das führt dazu, dass Geschichten wesentlich besser im Erinnerungsvermögen und bei der Wiedererkennung haften bleiben, als das geschriebene Wort, genauer gesagt um das 22-Fache. Was ist der Hintergrund dafür? Bei einer klassischen PowerPoint-Präsentation, wie wir sie kennen, wird im Schwerpunkt das Sprachzentrum im Gehirn aktiviert. Damit sind wir in der Lage, Wörter und Texte zu verstehen. Bei einer Geschichte werden jedoch diejenigen Segmente im Gehirn aktiviert, die für ein tatsächliches Erleben notwendig sind. Wenn beispielsweise über Bewegung und körperliche Beanspruchung berichtet wird, dann kommt der motorische Kortex im Gehirn in Bewegung (Rupp 2016, S. 22). Es erfolgt sozusagen eine unmittelbare Verbindung zwischen der Story und dem Gehirn. Auslöser hierfür sind Spiegelneuronen, die ausgesendet werden, wenn wir einer bestimmten Handlung zusehen. Konkret macht das Gehirn eine bestimmte Bewegung mit, auch wenn sich der Körper oder Körperteile nicht direkt bewegen. Diesen Vorgang bezeichnet man als neuronale Kopplung (Patel 2011).

Geschichten sind der Treibstoff für unser Interesse

Geschichten sind wie der Auslöser bei einer Fotokamera. Sie sorgen dafür, dass das Gehirn den Impuls aufnimmt und beginnt das Wahrgenommene zu verarbeiten. Dabei unterscheiden sich Storys in einem wesentlichen Punkt von klassischen Business-Präsentationen. Sie sind in der Lage, eine Spannung zu erzeugen, die in unserem Gehirn auf eine besondere Art und Weise verarbeitet wird. Mit spannenden Geschichten schüttet unser Gehirn das Stresshormon Cortisol aus, wenn eine Geschichte ihrem Höhepunkt entgegengeht. Cortisol hilft in Stress- oder Krisensituationen ruhig zu bleiben und sich besser zu konzentrieren (Rupp 2016, S. 24).

Somit ist es möglich, mit guten Geschichten die Aufmerksamkeit über einen längeren Zeitraum hinweg zu halten. Dazu braucht es spannende Charaktere, die sogenannten Helden und entsprechende Spannungsbögen. So kann es zum Beispiel gelingen ganze Story-Serien zu kreieren, die über einen längeren Zeitraum einen Wiedererkennungswert erzeugen und eine Marke einprägsam machen. Als stellvertretendes Beispiel möchte ich auf den „Technik-Nick" aufmerksam machen, den „Held" der Geschichten aus der Saturn Werbung.

Spannung kann jedoch nur dann erzeugt werden, wenn im Storytelling-Format die Bedürfnisse der Zielgruppe erkannt und verstanden werden. Bezogen auf die Arbeitgebermarke bedeutet dies, dass wir die Bedürfnisse potenzieller Kandidaten, sowohl was den Content, als auch die Ansprache anbetrifft, kennen sollten. Konkreter ausgedrückt bedeutet diese Herausforderung, Sie sollten in der Lage sein, sich in die Gefühle, Wünsche und das Erlebnisdenken der Zielgruppe hineinzuversetzen. Dieses Hineindenken ist wiederum die notwendige Grundlage, um über die Storys eine Art Grundvertrauen bei der Zielgruppe zu erlangen. So werden von der Zielgruppe die tatsächlichen Botschaften als glaubwürdig und authentisch eingestuft.

Mithilfe von Geschichten ist es also möglich eine emotionale Bindung zwischen der Zielgruppe und dem Unternehmen herzustellen. Dazu ist aber eine spezielle Empathie und Sozialkompetenz im Unternehmen notwendig, die möglichst im HR-Bereich angesiedelt sein sollte.

Was macht eine gute Geschichte aus
Interessante und spannende Geschichten aus Ihrem Unternehmen zu erzählen, ist gar nicht so schwer, wie Sie vielleicht vermuten. Über was sollen wir denn berichten oder eine Geschichte erzählen, ist eine der Fragen, die ich immer gestellt bekomme. In der Phase der Ideenfindung zeigt sich dann recht schnell, dass es eine ganze Reihe von Ansätzen gibt, die in Geschichten verpackt werden können. Die Umsetzung in ein professionelles Video ist dann die Arbeit Ihrer Agentur. Eine gute Geschichte benötigt im Wesentlichen die folgenden fünf Elemente. Wenn Sie diese Elemente sorgfältig, zum Beispiel im Brainstorming oder anderer Kreativtechniken, analysieren, haben Sie schnell das Fundament für mehrere Storys gefunden.

Marke Jede Geschichte braucht zunächst einen guten Grund erzählt zu werden. Die guten Gründe liegen zum Beispiel im Erfolg Ihres Unternehmens. Sie haben interessante Identitätsmerkmale zu bieten, die Ihre Arbeitgebermarke prägen. Verpacken Sie Fakten, Werte, die Unternehmens- und Führungskultur, die Attraktivitätsfaktoren als Arbeitgeber in eine Geschichte.

Held Jede gute Story, die emotional ihre Empfänger erreicht, braucht einen Helden. Nun stellen Sie sich bestimmt die Frage, wer denn der Held in Ihren Geschichten sein kann. Hier kommen Ihre Mitarbeiter ins Spiel. In Kap. 4 habe ich bereits mehrfach auf die mögliche Rolle Ihrer Mitarbeiter bei der Entwicklung, aber insbesondere im Hinblick auf die Kommunikation der Arbeitgebermarke aufmerksam gemacht. Machen Sie Ihre Mitarbeiter zu den Helden Ihrer Storys. Ihre Mitarbeiter sind bestens dafür geeignet, ein authentisches und attraktives Bild von Ihrem Unternehmen als Arbeitgeber zu zeichnen. Ihre Mitarbeiter sind zudem in der Lage, einem Interessenten oder Kandidaten auf Augenhöhe zu begegnen. Zudem sind gerade die jüngeren Mitarbeiter nicht nur mit den Social-Media-Kanälen vertraut, sondern lassen sich zudem sehr gut dafür gewinnen, sozusagen hochoffiziell über ihren Arbeitsalltag zu berichten. Untersuchungen haben ergeben, dass ohnehin fast 50 % aller Mitarbeiter ab und zu Nachrichten, Bilder oder Videos aus ihrem Arbeitsalltag auf Social Media posten. Nutzen Sie dieses Potenzial in Verbindung mit dem Bewertungsportal kununu. So haben Sie die Gelegenheit ein Gegengewicht zu den, meist ehemaligen, Mitarbeitern, die über negative Erfahrungen berichten, zu zementieren.

Den Fokus möglicher Helden für Ihre Geschichten aus dem Unternehmen sollten Sie nicht zu eng knüpfen. Gerade bei kleineren oder mittelständischen Unternehmen eignet sich auch der Unternehmensgründer oder die Geschäftsführung für die Heldenrolle. Diese verkörpert in besonderem Maße das Unternehmen. Eine persönliche Ansprache, gerade im Hinblick auf potenzielle Kandidaten, hat bei Interessenten einen sehr hohen Stellenwert und kommt gut an. So schaffen Sie schnell Vertrauen und signalisieren eine enge Kommunikation zwischen Management und Mitarbeitern. Ein international bekannter Vorreiter in dieser Richtung war Apple Chef Steve Jobs. Deutsche Firmenlenker haben sich durch ihre Präsenz und ihre Geschichten einen Namen gemacht. Wolfgang Grupp von Trigema stand für Arbeitsplätze in Deutschland, als Bekleidung bereits vorwiegend in Billiglohnländern produziert wurde. Klaus Hipp war der Vordenker für gesunde Babynahrung aus biologischem Anbau, als die grüne Lebensmittelwelle noch weit entfernt war.

Bei viel zu wenigen Karrierewebseiten findet man heute eine persönliche Begrüßung durch einen Geschäftsführer oder Vorstand. Hier wird aus meiner Sicht noch viel Potenzial in Richtung Authentizität und Glaubwürdigkeit verschenkt.

Denken Sie einmal daran Ihre Kunden zu Helden zu machen. Lassen Sie doch mal Ihre Kunden darüber berichten, wie Sie es als Unternehmen geschafft haben, die Probleme bei Ihrem Kunden zu lösen. Gerade in der Logistik gibt es hierfür eine ganze Reihe von Ansätzen.

Vorreiter im B2C-Sektor ist Red Bull. Red Bull macht seine Kunden zu den Helden. In spannenden Geschichten mit emotionalen Bildern werden in Videos die Sport- und Freizeitaktivitäten der Kunden in Szene gesetzt. Die Webseite von Red Bull ist breit gefüllt mit solchen Storys. Informationen zum Produkt und der Unternehmensphilosophie spielen erst einmal eine untergeordnete Rolle.

Konflikt Jede gute Geschichte beinhaltet einen Konflikt. Entweder kann der Held Ihrer Geschichte diesen Konflikt lösen, oder er steckt selbst in einem Konflikt, der mithilfe des Unternehmens, seiner Eigenschaften oder Produkte gelöst werden kann. Zur Verdeutlichung solcher, möglicher Konflikte möchte ich wieder auf die zuvor genannten Helden Klaus Hipp und Wolfgang Grupp verweisen. Beide bieten mit Ihren Unternehmen die Lösung eines Konfliktes. Klaus Hipp bietet die Lösung für hohe Produktqualität durch ökologischen Anbau, die Eltern Sicherheit für ihr Kind vermittelt. Wolfgang Grupp bietet sichere Arbeitsplätze in Deutschland, trotz des Preisdrucks im Bekleidungssektor.

Konflikte sind der Kern, um in Ihren Geschichten Spannung aufzubauen, die mit der Lösung zum Happy End führen. Solche Spannungsbögen lassen sich durch Arbeitgebermerkmale aufbauen, die Konflikte lösen. Es gibt zum Beispiel sehr gute Geschichten, in denen zum Beispiel flexible Arbeitszeitmodelle Konflikte in der Kinderbetreuung, die Lösung für den Helden bedeuten. In Kombination mit den Arbeitgebermerkmalen und der erarbeiteten Employer Value Proposition ergeben sich viele Ansatzpunkte für spannende Geschichten, in denen Sie über die Konflikte Ihrer Helden berichten können.

Emotionen Die Emotionen werden durch die Persönlichkeit des Helden geweckt, der in einem Konflikt steht oder durch seinen Einsatz einen Konflikt lösen kann. Im bewegten Videoformat sind diese Emotionen besonders intensiv zu transportieren, durch die Kombination aus Spannungsbogen, der Wortwahl und Betonung, das Szenenbild sowie Mimik, Gestik und Ausstrahlung des Helden.

Viralität Besonders gute Geschichten erzielen, gerade über YouTube, eine sehr schnelle Verbreitung und Reichweite. Dies sollte ein Ziel Ihrer Geschichte sein, aber nicht im Mittelpunkt des Interesses stehen. Es geht nicht darum, der beste Jäger der Likes zu werden, sondern bei der Zielgruppe bekannt zu werden und langfristig in Erinnerung zu bleiben. Wiederkehrende Zuschauer sind mindestens genauso wichtig, wie eine hohe Anzahl von erstmaligen Betrachtern.

Storytelling für Ihre Arbeitgebermarke

Wie wir bereits aus den Kapiteln zur internen und externen Kommunikation (vgl. Abschn. 4.2.3, 4.2.4) gelernt haben, kommt es im Wesentlichen darauf an mit der Arbeitgebermarke die eigenen Mitarbeiter und die extern Interessierten so zu emotionalisieren, dass es gelingt, als attraktiver Arbeitgeber langfristig interessant und relevant zu bleiben.

Wenn wir den Fokus auf die externe Rekrutierung legen, geht es im Storytelling rund um die Arbeitgebermarke im Kern um die Aufmerksamkeit und Beteiligung unserer Zielgruppe. Dabei wollen wir nicht in erster Linie das Interesse derjenigen erlangen, die gerade aktiv auf der Suche nach einer neuen Herausforderung sind. Es geht um diejenigen Personen, die latent unruhig oder unzufrieden in ihrer derzeitigen Position sind. Verschiedene Studien kommen zu dem Ergebnis, dass es sich dabei, je nach Zielgruppe und Branche, um durchaus 50 bis 60 % aller Beschäftigten handeln kann. Gerade bei diesen Personen kommt es darauf an ihr Interesse zu wecken und nachhaltig in Erinnerung zu bleiben. Hierzu bietet das Storytelling-Format eine hervorragende Plattform. Dabei kommt es im ersten Schritt darauf an, die Personen eben nicht plump auf mögliche Vakanzen aufmerksam zu machen, denn sie suchen aktuell keinen neuen Job. Ziel muss es sein, sie auf unsere ausgewählten Social-Media-Kanäle zu lenken und dort dauerhaft zu binden. Deshalb ist es notwendig für die Arbeitgebermarke eine Story zu entwickeln, die im besten Fall einen Seriencharakter erreichen kann. Hierfür ist der Held ein guter Transporteur.

Dabei müssen die Storys dem Anspruch gerecht werden, Inhalte zu Werte und Unternehmenskultur zu transportieren. Das bedeutet, in den Storys muss deutlich werden, wie die Historie des Unternehmens aussieht. Welche Ziele hat das Unternehmen, welche Hürden müssen hierzu genommen werde, welche Rolle spielt es in seinem Branchenumfeld, wie wird es von Kunden und der Gesellschaft wahrgenommen. Diese Fragen betreffen nicht nur das Kundenumfeld, sondern müssen zusätzlich aktiver Bestandteil in der Kommunikation der Arbeitgebermarke beim Recruiting sein.

Beispiel Logistik

Mitunter beobachte ich immer wieder, dass es den größeren Unternehmen in der Logistik immer mehr gelingt Storytelling in Richtung Kunden zu betreiben. Der Sprung zum Storytelling in Richtung potenzieller Kandidaten gelingt jedoch noch nicht so recht, weil das Kundendenken im Fokus steht. Dabei ist der Spagat gar nicht so schwierig. Das HR-Management muss nur den notwendigen Perspektivwechsel realisieren und darauf reagieren. Der Perspektivwechsel besteht darin, zu erkennen, dass die Mitarbeiter und potenziellen Kandidaten ihre Kunden sind, sozusagen das Pendant zu den Kunden des Vertriebs.

Denken Sie durchaus einmal darüber nach Stellenausschreibungen im videobasierten Storytelling-Format ins Leben zu rufen. Sie haben damit nicht nur ein klares Differenzierungsmerkmal zu Ihren Wettbewerbern, sondern können eher unbekannte Funktionen sehr gut von den eigenen Mitarbeitern erklären lassen. Gerade für Logistikfunktionen oder bei Ausbildungsberufen ist dieses Format angebracht, da viele Personen keine rechte Vorstellung von den ausgeschriebenen Funktionen haben.

Wenn Sie Ihre Mitarbeiter aktiv als Sprachrohr nutzen, werden Sie schnell die positiven Auswirkungen registrieren. Sie werden erkennen, wie konkret, persönlich und emotional die Storys Ihrer Mitarbeiter ankommen. Damit haben Sie dann vieles von dem erreicht, was Storytelling erfolgreich macht.

Nun stellt sich in der Praxis immer wieder die Frage, wie finde ich denn jetzt nun im Unternehmen den interessanten Storyteller, also meinen Helden. Erste Ideen und Ansätze für Heldenrollen habe ich Ihnen bereits kurz vorgestellt. Der HR-Bereich sollte die interessanten Mitarbeiter kennen und diese für spannende Geschichten gewinnen. HR sollte die Karrieren kennen, die entweder intern oder extern absolviert wurden, oder Nachwuchskräfte einbeziehen, die derzeit im Rahmen von Personalentwicklungsprogrammen im Fokus stehen. Zudem gibt es in jedem Unternehmen „echte Typen", die gut ankommen. Übrigens gibt es die auch bei den Führungskräften. Binden Sie Ihre Führungskräfte durchaus aktiv ein. Sie sind ohnehin häufig die Markenbotschafter Ihres Unternehmens, insbesondere wenn es sich um vertriebsaffine Funktionen handelt.

Auf das Storytelling-Format und seine Möglichkeiten werde ich bei der Vorstellung der verschiedenen Social-Media-Kanäle immer mal wieder zurückkommen. Storytelling ist jedoch kein Selbstzweck, sondern ein Instrument, um Ihre Arbeitgebermarke mittels Social-Media-Marketing zu verkörpern und zu emotionalisieren. Der Erfolg einer guten Geschichte braucht jedoch eine strategische Gesamtausrichtung. Wie diese Social-Media-Strategie für Ihre Arbeitgebermarke aussehen kann, darauf gehe ich im nächsten Kapitel ein.

5.4   Die Social-Media-Strategie für Ihre Arbeitgebermarke

Nachdem ich bereits die strategische Bedeutung der Arbeitgebermarke in Kap. 3 und die Rolle der Markenstrategie in Abschn. 4.1.2 erläutert habe, geht es in diesem Kapitel um die strategischen Rahmenbedingungen, die für eine erfolgreiche Social-Media-Strategie im Rahmen der externen Arbeitgebermarken Kommunikation unerlässlich ist.

Warum eine eindeutige Social-Media-Strategie für die kommunikative Positionierung der Arbeitgebermarke so wichtig ist, möchte ich an einer typischen Fragestellung verdeutlichen, mit der ich in der Praxis immer wieder konfrontiert werde: „Wie sollen wir das Thema Social-Media-Marketing angehen, wir haben keine richtige Idee, wie der Weg aussehen könnte." Vielfach haben Unternehmen schon erste Erfahrungen gesammelt, eine Facebook-Unternehmensseite eingerichtet, oder eine Unternehmensseite auf XING generiert und diese mehr oder weniger sporadisch, ohne klar festgelegte Zuständigkeit, mit Inhalt gefüllt. So richtig ist jedoch für die Unternehmen nicht greifbar, ob sie auf dem passenden Weg sind, oder ob die Kommunikation erfolgreich ist. Manche Unternehmen geben sich im ersten Schritt schon mal mit vielen Likes oder Followern zufrieden. Andere Unternehmen ziehen sich erschrocken zurück, wenn es erstmals unerwartete oder unangenehme Reaktionen gibt, ohne dass ich damit den berüchtigten Shitstorm meine. Wiederum andere Unternehmen bestaunen einfach nur die Aktivitäten der großen Unternehmen oder direkten Wettbewerber und versuchen diese dann zu imitieren, was natürlich nicht funktionieren kann, weil die Authentizität fehlt.

Es kommt darauf an, den richtigen und individuellen Instrumentenkoffer für ein Social-Media-Marketing Ihrer Arbeitgebermarke zu entwickeln. Das Erfolgsgeheimnis oder die Lösungsformel für die Social-Media-Kommunikation Ihrer Arbeitgebermarke kann ich Ihnen an dieser Stelle nicht mit an die Hand geben, weil es diese schlichtweg nicht gibt. Genauso individuell wie Ihre Arbeitgebermarke, Ihre Attraktivitätsmerkmale und Ihre Unternehmenskultur muss die Kommunikation Ihre Arbeitgebermarke in den passenden Plattformen gestaltet werden. Dieser Weg ist zu Beginn, wie jeder neue Weg, steinig und schwer. Sie werden Ihre Erfahrungen sammeln und langsam ein Gefühl dafür entwickeln, was in welcher Plattform ankommt. Was ankommt, hängt im Wesentlichen von Ihrer Zielgruppe ab. Diese Zielgruppe haben Sie in Ihrem Employer-Branding-Projekt bereits definiert. In der Social-Media-Strategie steht die Zielgruppe insofern im Fokus, als es darum geht herauszufinden, wie das „Konsumentenverhalten" Ihrer Zielgruppe in den Social-Media-Kanälen aussieht, um die passende Ansprache herauszufinden und in Kontakt zu kommen.

Die Erarbeitung einer Social-Media-Strategie wird Ihnen dabei helfen, die Ziele Ihrer Social-Media-Marketing-Aktivitäten zielgerichtet zu verfolgen. Die möglichen Ziele habe ich bereits in Abschn. 5.1 dargestellt.

Das Fundament der Social-Media-Strategie

Jede Social-Media-Strategie baut auf einer individuellen Basis, oder besser gesagt auf einem Fundament auf, das sich aus den individuellen Gegebenheiten im Unternehmen ableitet.

Die Social-Media-Marketing-Strategie und die daraus abgeleiteten Advertising-Maßnahmen müssen mit den Unternehmenszielen im Einklang stehen. Nur so kann sichergestellt werden, dass die gewünschten Erfolge erzielt werden. Wie dies konkret aussieht, kann jedes Unternehmen nur für sich beantworten und die Erwartungshaltung mit konkreten Zielen entsprechend definieren. Hierfür sollten Sie zum jetzigen Zeitpunkt, was Ihre Arbeitgebermarke anbetrifft, bereits bestens aufgestellt sein. Im vorhergehenden Prozess zur Entwicklung der Arbeitgebermarke (siehe Kap. 4) haben Sie im Idealfall die Ziele der Arbeitgebermarke, sowie des gesamten Employer-Branding-Prozesses, aus den mittel- und langfristigen strategischen Unternehmenszielen abgeleitet und eine darauf ausgerichtete Positionierung der Markenidentität festgelegt.

Eine Social-Media-Strategie, beziehungsweise die operative Umsetzung erfordert für die meisten Unternehmen ein radikales Umdenken. Dies bedeutet gerade für kleine und mittelständische Unternehmen den sprichwörtlichen Sprung ins eiskalte Wasser. Die Angst davor sich zu offenbaren, die Philosophie preiszugeben, sich zu öffnen, verursacht zu Beginn ein ungutes Gefühl, welches von starker Verunsicherung begleitet wird. Social-Media-Marketing offenbart die Kultur des Umgangs miteinander, dieser wird mit der aktiven Teilnahme am Social-Media-Geschehen auf die Probe gestellt, insbesondere im Hinblick auf die Fragestellungen:

- Sind wir für eine dialogorientierte Unternehmenskultur richtig aufgestellt und glaubwürdig genug?
- Können wir mit einer Feedbackkultur, die sich als Reaktion aus den Beiträgen in den Social-Media-Plattformen offenbart, umgehen und wie binden wir unsere Mitarbeiter ein?

Für das operative Business sollte sichergestellt sein, dass sich die richtigen Mitarbeiter mit einem guten Verständnis für Social Media um das Thema kümmern, Abteilungen eng zusammenarbeiten, die Erfolgsmessung ganzheitlich durchgeführt wird (Ullrich 2017).

Social-Media-Marketing für Ihre Arbeitgebermarke funktioniert nur, wenn Sie bereit sind, sich den Unwägbarkeiten, der offenen Diskussion im Unternehmen zu stellen und intensiv damit auseinanderzusetzen. Auf diesem Fundament sollten Sie die Social-Media-Strategie für Ihre Arbeitgebermarke aufbauen, bevor Sie beginnen konkrete Maßnahmen zu organisieren.

Die Phasen der Social-Media-Marketing-Strategie

In der Praxis empfehle ich die Anwendung eines Phasenmodells, um eine Social-Media-Strategie zu definieren. In dieses Phasenmodell (siehe Abb. 5.2) sind langjährige Erfahrungen aus verschiedenen Ansätzen eingeflossen.

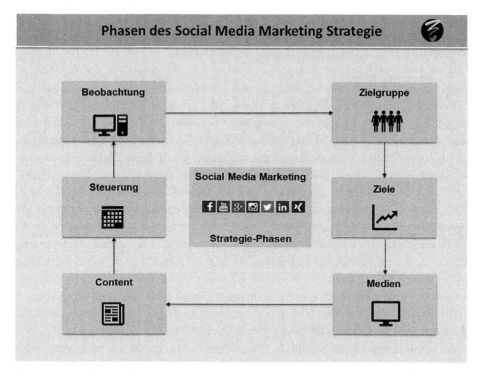

Abb. 5.2 Phasen der Social-Media-Marketing-Strategie. (Quelle: Eigene Darstellung)

Die erste Phase der Social-Media-Strategie beginnt zunächst mit einem eher passiven Ansatz, dem Lern-, beziehungsweise Beobachtungsprozess. Sie begeben sich zunächst in die Rolle des Beobachters und betrachten, wo sich Ihre Zielgruppe in den sozialen Medien aufhält und wie deren Aktivitäten aussehen. Genauso unternehmen Sie eine Beobachtung Ihrer unmittelbaren Wettbewerber oder derjenigen Unternehmen, deren Aktivitäten Sie für positiv bewerten. Im nächsten Schritt beschäftigen Sie sich intensiver mit Ihrer Zielgruppe und beginnen Ihre Ziele zu konkretisieren. Aus der ersten Beobachtungsphase leiten Sie Erkenntnisse ab, um festzulegen, welche Medien, sprich welche Plattformen für Sie wichtig sind. Anschließend legen Sie einen ersten Fahrplan fest, welchen Inhalt Sie veröffentlichen möchten, beziehungsweise welche Geschichten, in welchem Format für Sie relevant sind. Abschließend legen Sie die Organisation und Steuerung der Social-Media-Aktivitäten fest. Nach den ersten Erfahrungen sollte die dargestellte Vorgehensweise in einen sich permanent wiederholenden Prozess münden, um die Qualität und die Zielgenauigkeit der Kommunikation permanent zu erhöhen.

Nachfolgend vertiefe ich die einzelnen Phasen noch ein wenig, beziehungsweise verdeutliche die möglichen Besonderheiten in den einzelnen Phasen.

Beobachtung Für die Beobachtungsphase haben sich aus meiner Sicht zwei Ansätze als erfolgreich herausgestellt, je nachdem, wie intensiv Sie selbst oder Ihr Unternehmen bereits erste Social-Media-Erfahrungen gesammelt haben.

Sofern Sie vollkommen frisch und unbelastet in die Social-Media-Thematik einsteigen, empfiehlt sich die tatsächliche, eher passive Beobachtungsphase. Schauen Sie sich in den Social-Media-Plattformen um und beobachten Sie zunächst den „Markt", vergleichbar mit der Einführung eines neuen Produktes. Beobachten Sie zunächst einmal, ob oder mit welchen Aktivitäten Ihre direkten Wettbewerber Kommunikation hinsichtlich der Arbeitgebermarke betreiben, wie diese Social-Media-Recruiting nutzen und mit welchen Argumenten, Fakten oder möglicherweise Geschichten sie Kontakte knüpfen. Überprüfen Sie, in welchen Foren oder Gruppen (XING, LinkedIn, Facebook) Ihre Wettbewerber unterwegs sind. Bevorzugen diese eher den aktiven Weg mit zahlreichen eigenen Beiträgen oder kommentieren diese Ereignisse. Apropos Ereignisse, prüfen Sie, ob Ihre Wettbewerber Veranstaltungen für Interessierte und Kandidaten anbieten. Posten Sie die ersten Artikel, um zu überprüfen, wie die Reaktionen ausfallen, beziehungsweise wie viele Personen Sie erreichen können, respektive, ob Sie Ihre Zielgruppe erreichen. Greifen Sie durchaus unterschiedliche Themen auf, um erste Tendenzen ausfindig zu machen, was Ihre Zielgruppe interessieren könnte. Kalkulieren Sie für die Beobachtungsphase einen Zeitrahmen von ca. sechs Monaten ein.

In der überwiegenden Anzahl der Beratungsprojekte treffe ich jedoch auf Unternehmen, die bereits erste Erfahrungen im Social-Media-Umfeld gesammelt haben. Nachdem die Gestaltung des Arbeitgebermarkenprozesses abgeschlossen ist und wir uns der externen Kommunikation widmen, können diese ersten Erfahrungen aufgegriffen und in die Strategie integriert werden. In diesen Fällen nutzen wir die Methode des Social-Media-Audits. Die Fragestellungen und Analysen gehen in die gleiche Richtung, beziehungsweise decken die gleichen Themen ab, die ich zuvor erwähnt hatte, also Wettbewerbsbeobachtung und Zielgruppenfokussierung. Die wesentliche Erweiterung in einem Audit ist darin begründet, dass Sie zum einen auf Erfahrungen zurückgreifen und diese analysieren, sowie zum anderen das Beobachtungs- und Analysefeld breiter wird. Die Evaluation der Ergebnisse erstreckt sich im Audit zusätzlich auf Kunden und Stakeholder, Sie analysieren das Stimmungsbild Ihrer Marke im Netz, und dies sowohl aus der Sicht des Produkt- oder Dienstleistungsanbieters, als auch aus der Sicht des Arbeitgebers. Sie untersuchen alle Themenfelder, die im Zusammenhang mit Ihrer Marke genannt werden. Ein Audit bietet zudem eine gute Gelegenheit, die Voraussetzungen für die zukünftigen Social-Media-Aktivitäten zu evaluieren und die Akzeptanz zu steigern. Bereits an dieser Stelle empfiehlt es sich die Mitarbeiter einzubinden und nach ihren Erfahrungen und Anregungen im Hinblick auf Social-Media-Marketing zu befragen. So haben Sie die Gelegenheit Mitarbeiter für die ersten Mitarbeiterstorys zu gewinnen, und wissen wer dem Thema generell aufgeschlossen gegenübersteht (Grabs et al. 2017, S. 101).

Ein grundlegender Aspekt des Audits ist der Evaluierung der Zielgruppe gewidmet. Diesen Aspekt schauen wir uns genauer an.

Zielgruppe Ein Kernelement des Employer-Branding-Projektes besteht darin, die Zielgruppen, die Sie mit Ihrer Arbeitgebermarke erreichen wollen, zu definieren (siehe Abschn. 4.1.3). Zudem haben Sie sich bereits Gedanken darübergemacht, mit welchen Botschaften Sie Ihre Zielgruppe von den Vorteilen Ihrer Arbeitgebermarke überzeugen wollen (siehe Abschn. 4.2.4). In dieser Phase der Social-Media-Strategie dreht sich nun alles um die folgenden Fragen:

1. In welchen Social-Media-Plattformen sind Ihre Zielgruppen unterwegs?
2. Welche Tools nutzen Ihre Zielgruppen?
3. Gibt es unterschiedliche Plattformen, je nach Zielgruppe?
4. Gibt es Unterschiede bei den potenziellen Nachwuchskräften, beziehungsweise Kandidaten, und den etablierten Fach- und Führungskräften?
5. Benutzt die Zielgruppe der Digital-Natives, die Sie zur Entwicklung der Digitalisierungsprojekte im Unternehmen benötigen, andere Plattformen als die klassischen IT-Spezialisten?
6. Welche Themeninhalte interessieren Ihre Zielgruppen?
7. Wie sehen die soziodemografischen Daten Ihrer Zielgruppen in den verschiedenen Plattformen tatsächlich aus?

Dies ist nur ein kleiner Auszug an Fragen, der deutlich macht, worum es bei der Analyse Ihrer Zielgruppen bei der Social-Media-Strategie geht. Daraus lassen sich im Großen und Ganzen zwei Aufgabenfelder ableiten:

Themenanalyse Bei der Analyse der Themen geht es darum herauszufinden, mit welchen Inhalten sich Ihre Zielgruppe in den unterschiedlichen Plattformen auseinandersetzt. So ist es für Sie von Interesse zu erfahren, ob zum Beispiel eher Karrierefragen für Ihre Zielgruppe relevant sind, oder die technologischen Entwicklungen in Ihrem Unternehmen, oder der Branche insgesamt. Diskutiert Ihre Zielgruppe zum Beispiel über die Auswirkungen von Logistik 4.0 oder die Digitalisierung der Supply Chain mit den möglichen Auswirkungen auf die zukünftige Gestaltung der Arbeitsplätze. Ist die Stimmung eher positiv, oder gibt es bei bestimmten Personenkreisen eher Skepsis oder sogar Befürchtungen. Ein anderer wichtiger Aspekt ist beispielsweise die Analyse, inwieweit Bewerber oder ehemalige Mitarbeiter über Ihr Unternehmen sprechen. Hierbei sind nicht nur die Einträge in kununu ein zentraler Indikator. Nutzen Sie beispielsweise die #Hashtag Möglichkeiten in den verschiedenen Plattformen oder suchen Sie nach bestimmten Schlagworten, wie zum Beispiel Produkte Ihres Unternehmens. Sie werden sehen, wie viele interessante Hinweise Sie bekommen werden, was Ihre Zielgruppe bewegt oder wie Ihr Unternehmen wahrgenommen wird. Sollten Sie wenig finden und die Ergebnisse eher spärlich ausfallen, so haben Sie daraus eine wichtige Erkenntnis gewonnen: Sie verfügen über eine notwendige Basis, um den Bekanntheitsgrad als attraktiver Arbeitgeber zu steigern und können „unvorbelastet" in die Positionierung Ihrer Arbeitgebermarke einsteigen.

Stimmungsanalyse Aus der Themenanalyse können Sie ableiten, wie die Stimmungslage und Tonalität zu bestimmten Themen oder zu bestimmten Berufsfeldern in der Logistik ist. Beobachten Sie beispielsweise einmal die Reaktionen und Kommentare zu bestimmten Themen oder auf Tätigkeitsfeldern in der Logistik, wie bei Berufskraftfahrern oder gewerblichen Funktionen in der Logistik. Dabei erhalten Sie wesentliche Impulse, was Ihre Zielgruppe bewegt. Zudem gewinnen Sie relativ schnell neue Ideen, mit welchen Botschaften oder mit welchen guten Geschichten (siehe Abschn. 5.3) Sie die Stimmungslage Ihrer Zielgruppe treffen. So haben Sie die Gelegenheit aus kritischen Stimmen zukünftig sogar Interessenten oder Bewerber zu machen. Halten Sie sich immer wieder vor Augen, dass Social-Media-Marketing ein Kommunikationstool ist, vergessen Sie nicht sich selbst aktiv einzubringen.

Zur Analyse und Evaluierung gibt es im Grunde genommen zwei Herangehensweisen, die Externe mit der Analyse der relevanten Social-Media-Plattformen und die Interne, unter Nutzung der im Unternehmen zur Verfügung stehenden Informationsquellen.

1. Die soziotechnischen Daten.
   Bei der Auswahl der richtigen Plattformen für das Social-Media-Advertising spielen Marktforschung und „Smart Data" eine wichtige Rolle. So können Unternehmen z. B. mit Social-Media-Monitoring herausfinden, in welchen Netzwerken sich ihre Zielgruppen bewegen, was sie beschäftigt und welche Sprache sie sprechen. Damit lassen sich im Sinne des Data-Driven-Marketings nicht nur die richtigen Orte und Zeitpunkte für die Maßnahmen bestimmen, sondern zusätzlich Botschaften personalisieren. Social Media werden hier nicht im engeren Plattform-Sinne gesehen, sondern können darüber hinaus Foren, Blogs und Bewertungsportale wichtige Anlaufpunkte für Zielgruppen sein. Werden diese Analysen mit Erkenntnissen aus der klassischen Marktforschung kombiniert, entstehen gute Datengrundlagen für strategische Entscheidungen (Ullrich 2017, S. 7).
2. Analyse der Daten zum Social-Media-Verhalten der eigenen Mitarbeiter.
   Wenn Sie bei Ihrem Employer-Branding-Projekt bereits frühzeitig an die Thematik externe Kommunikation per Social Media denken, so empfehle ich bereits in diesem frühen Stadium die Mitarbeiterbefragungen, um einen weiteren Aspekt zu erweitern. Wenn Sie Ihre Zielgruppen definiert haben, so binden Sie Ihre Mitarbeiter, die den Zielgruppen zuzurechnen sind, ein. Befragen Sie die Mitarbeiter nach ihren eigenen Aktivitäten in Social Media, nach ihren Interessen und welche Vorschläge sie für die Aktivitäten Ihres Unternehmens haben. Aus der eigenen Erfahrung heraus bin ich mir sicher, Sie werden eine ganze Reihe interessanter Erkenntnisse gewinnen.
3. Bewerbungsdaten auswerten.
   Die Auswertung von Bewerbungsdaten, aber auch ein eigenes Themenfeld bei Bewerberinterviews, bieten eine gute Basis, um mehr über das Social Media Ihrer Bewerber zu erfahren. Zum einen können Sie im automatisierten Bewerbungsprozess

hinterfragen, ob und in welchen Social-Media-Kanälen der Bewerber schon einmal auf Ihr Unternehmen aufmerksam geworden ist. So haben Sie die Chance Informationen, auch von denjenigen Bewerbern zu erhalten, die vielleicht nicht in die engere Wahl kommen.

Beispiel aus der Praxis

Ein mittelständisches Unternehmen aus der Verpackungslogistik ist seit einem Jahr in den Social-Media-Kanälen XING, LinkedIn, Facebook und Instagram mit eigenen Unternehmensseiten präsent. Die Darstellung der Unternehmenswerte und die Vermarktung der Arbeitgebereigenschaften sollten im ersten Schritt dazu dienen, bei den definierten Zielgruppen Aufmerksamkeit zu erzielen, um den Bekanntheitsgrad als attraktiver Arbeitgeber zu steigern. Alle zwei Monate veröffentlichte man 1–2 neue Videos im Storytelling-Modus, mit dem Ziel, über die Social-Media-Plattformen auf die neue Karriereseite zu leiten. Die Aufmerksamkeit wurde so nach ca. acht Monaten deutlich gesteigert, die Bewerbungen wurden in der Quantität noch nicht mehr, aber die Qualität der Bewerbungen stieg markant. Nach acht Monaten entwickelten die Recruiter einen neuen Fragekomplex, den sie bereits zu Beginn des Interviews als standardisierte Fragen einsetzten, mit der Überschrift „Woher wir uns kennen". Somit erreichten die Recruiter, nach einigen Anpassungsmaßnahmen bei den Fragen, eine gute Validierung der aktuellen Social-Media-Marketing-Aktivitäten. So konnten sie weitere wichtige Stellschrauben bewegen, um eine noch bessere Differenzierbarkeit der Botschaften für ihre Zielgruppen zu erreichen.

Je mehr Antworten Sie finden, umso eher sind Sie in der Lage Ihre Zielgruppen zu erreichen. Nun stellen Sie sich bestimmt die Frage, wie Sie die dargestellten externen Informationen evaluieren können. Ich empfehle Ihnen, sich dieser Aufgabe nicht selbst zu widmen, da Sie sehr viel Zeit investieren müssen. Zum anderen benötigen Sie entsprechende Erfahrungen, täglich kommen neue Quellen, Analysen und Studien auf den Markt. Nehmen Sie die Dienstleistungen der Medienprofis und Agenturen in Anspruch, die Ihnen bei der Analyse und Evaluierung sehr gute Ergebnisse liefern können. Achten Sie jedoch darauf, dass die Dienstleister auch Erfahrungen im Bereich der Kommunikation von Arbeitgebermarken haben. Viele Social-Media-Agenturen sind fokussiert auf die Produkt- und Markenpositionierung, weil die Geschäftsbasis hier wesentlich lukrativer zu sein scheint.

Ziele Nachdem Sie Ihre Zielgruppen, beziehungsweise ihre Interessenlagen und Verhalten in den Social-Media-Kanälen analysiert und validiert haben, legen Sie nun die Ziele Ihrer Social-Media-Strategie fest. Die Ziele Ihrer Social-Media-Strategie leiten sich aus den Zielsetzungen ab, die Sie für die Positionierung Ihrer Arbeitgebermarke bestimmt haben. Diese müssen immer wieder der Ausgangspunkt Ihrer weiteren Überlegungen sein. Achten Sie darauf, dass sich keine eigenständigen Social-Media-Zielsetzungen ergeben, die den eigentlichen Zielerreichungsgrad für Ihre Arbeitgebermarke gefährden können. Insofern verweise ich Sie auf die Ergebnisse Ihrer Überlegungen aus den Abschn. 4.1.2, 4.2.4; setzen Sie hier bitte bei der Social-Media-Strategiezielsetzung auf.

Achten Sie darauf, dass Sie sich bei der Zieldefinition an der bekannten SMART-Formel orientieren, das heißt, dass Ihre Ziele

- Spezifisch,
- Messbar,
- Erreichbar,
- Relevant,
- Terminierbar,

sind. Dieser Qualitätsaspekt bei der Zieldefinition wird insbesondere für die noch folgende Steuerung der Social-Media-Marketing-Aktivitäten wichtige Dienste leisten.

Medien Bei der Auswahl der passenden Medien, also der relevanten Social-Media-Plattformen, geht es um die Gestaltung einer cross-medialen Kommunikationsstrategie. Dabei besteht die besondere Herausforderung darin, unter der Vielzahl von Plattformen diejenigen Kanäle zu finden, in denen man seine eigenen Informationen, Botschaften und Storys zielgruppengerecht darstellen kann, um mit den Interessierten oder Zuschauern der Storys ins Gespräch zu kommen, beziehungsweise diese so zu fesseln, dass eine möglichst lang anhaltende Bindung entstehen kann (Rupp 2016, S. 12).

Welche Social-Media-Plattformen für die Kommunikation Ihrer Arbeitgebermarke interessant, beziehungsweise relevant sind, hängt im Wesentlichen von Ihren Zielgruppen, deren Interessen und Informationsbedürfnis ab, wie wir bereits zuvor gelernt haben. Welche Plattformen, für welche Zielgruppen und Ansprachen geeignet sein können, darauf werde ich in Kap. 6 im Einzelnen eingehen.

Content Bei der Bestimmung der Content-Strategie geht es im Kern um die Bestimmung der Inhalte in den jeweiligen Medien, konkreter gesagt, was poste ich wo, für wen, zu welchem Zeitpunkt. Eine gut ausgewählte Content-Strategie ist ein elementarer Baustein für den Erfolg Ihrer Social-Media-Marketing-Strategie, damit Ihre Beiträge, Botschaften und Storys konsistent sind, Ihre Videos und Bilder einen assoziierbaren Wiedererkennungswert haben. Wechselndes Wording, ständig neue Fotos oder „wir posten mal ein Foto von unserem Arbeitsplatz" sind weniger geeignet für eine langfristige Markenentwicklung.

Bevor Sie sich konkret Gedanken über Ihre Content-Strategie machen, sollten Sie sich noch einmal bewusst machen, dass Sie das Ziel verfolgen mit Menschen in Kontakt zu treten und sich mit diesen auszutauschen. Sie kommunizieren mit Menschen, nicht mit technischen Webseiten. Der Erfolg Ihrer Maßnahmen hängt von den Reaktionen der Menschen auf Ihre Botschaften und Inhalte ab. Sie wollen sich ein zielgruppenorientiertes Netzwerk aufbauen, welches wertvoll für die Imageentwicklung Ihrer Arbeitgebermarke, aber auch für die Erreichung Ihrer Rekrutierungsziele, wird.

Beim Content-Marketing ist sehr viel Kreativität, aber auch eine gewisse Frustrationstoleranz, gefragt. Nicht alles wird Ihnen von Beginn an gelingen, die Resonanz wird nicht immer so ausfallen, wie Sie es sich gewünscht haben. Content-Marketing ist ein erfahrungsbasierter Entwicklungsprozess. Grundsätzlich lebt der Content von der Authentizität mit entsprechender, attraktiver Darstellung, die Bilder, Videos Livestreams und gute Geschichten enthält.

Welcher Content für welche Zielgruppe funktioniert, sollten Sie aus der Beobachtungsphase und Ihrer Zielgruppenanalyse in Erfahrung gebracht haben, zumindest sollten Sie Tendenzen erkennen können. Grundsätzlich lassen sich drei verschiedene Content-Typen erkennen (Grabs et al. 2017, S. 117).

Basic-Content Mit dem Basic-Content stellen Sie ein Grundrauschen für Ihre Arbeitgebermarke sicher. Der Basic-Content ist der Grundlagen-Baustein für Ihre Interaktion mit der Zielgruppen-Community. Ohne den Basic-Content werden die anderen Content-Typen nicht funktionieren. Dies können Informationen genereller Natur zu Ihrem Unternehmen sein. Das können aber auch genauso gut Informationen zu Bewerbungsverfahren oder Bewerbungsregulariren sein. Unterschätzen Sie nicht den geteilten Content von anderen Seiten und Kanälen, Sie können damit eine nicht zu unterschätzende Reichweitensteigerung erzielen. Schauen Sie sich also durchaus themenspezifische Fachkanäle verschiedener Medien an, wie zum Beispiel Logistik Heute, oder aus dem Forschungsumfeld, wie die logistikfokussierten Institute der Fraunhofer Organisation. Die regionalen Logistik Cluster oder die bundesweiten Logistik-Initiativen bieten zahlreiche Artikel oder Veranstaltungen, die für Sie interessant sein können, es Wert sind geteilt oder zumindest geliked zu werden.

Info-Content Der Info-Content ist die nächste Stufe des Basic-Content. Dies setzt voraus, dass Sie idealerweise schon eine Grundmenge an Community-Mitgliedern generiert haben. In diesem Stadium wird die Kommunikation intensiviert. Sie weisen auf Bewerberaktionen hin, auf Ihre Teilnahme an Ausbildungsveranstaltungen oder an welchen Kongressen Sie mit eigenen Informationsständen vertreten sind. Hierzu eignen sich insbesondere Veranstaltungen der Bundesvereinigung Logistik, der Logistik Kongress oder der Tag der Logistik. Sportereignisse, die Ihr Unternehmen sponsert oder soziokulturelle Veranstaltungen, die Sie unterstützen, sind interessante Beiträge, mit denen Sie Interesse erzielen. Darüber hinaus gehören die Beantwortung von Fragen aus Ihrer Community, zum Beispiel zu Karriere- und Entwicklungsmöglichkeiten für Ihre Zielgruppen oder Tipps zu Praktika oder Abschlussarbeiten zum wertvollen Info-Content. Starten Sie doch einmal Umfragen in Ihrer Community, wie zum Beispiel zu Wünschen und Bedürfnissen rund um den Arbeitsplatz oder berufliche Karriereziele. So treten Sie nicht nur in den direkten Austausch und aktivieren Ihre Zielgruppe, sondern haben zusätzlich einen interessanten Ansatz für eine weitergehende Zielgruppenanalyse gefunden.

Highlight-Content Der sogenannten Highlight-Content ist sozusagen die Master-disziplin der Content-Gestaltung. Ich empfehle erst einmal ca. 6–9 Monate Erfahrungen bei den Basic- und Info-Contents zu sammeln, bevor man sich dem Highlight-Content widmet. Hinter dem Highlight-Content verbergen sich strategisch geplante Marken-kampagnen, bei den die in Abschn. 5.3 Storytelling-Methode eine zentrale Rolle über-nimmt. Diesen Content veröffentlichen Sie seltener als die übrigen Content-Typen, vielleicht 3 bis 4 Mal pro Jahr, je nach Kampagne und Zielrichtung. Diese haben zum Ziel einen erheblichen Sprung im Bereich der Aufmerksamkeit zu machen. Der Content dient dazu, sich intensiv mit der Arbeitgebermarke auseinanderzusetzen. Dazu werden Emotionen geweckt, mit dem mittel- und langfristigen Ziel sich mit der Arbeitgeber-marke zu identifizieren.

Wenn Sie die verschiedenen Content-Typen genauer betrachten, werden Sie merken, dass Sie mit Ihren Social-Media-Marketing-Aktivitäten eine Lieferantenrolle für Ihre Netzwerke einnehmen. Diese Grundhaltung des Gebens sollten Sie sich immer wieder in Erinnerung rufen. Diese Haltung ist die Basis für erfolgreiche Content-Gestaltung. Nur mit dieser Haltung wird es Ihnen gelingen, Ihr Netzwerk und die Mitglieder Ihrer Ziel-gruppen-Community nicht nur zahlenmäßig, sondern zudem qualitativ langfristig zu stei-gern. Mit Ihrer Einstellung und Haltung des Gebens werden Sie als Mehrwertlieferant für Ihre Community anerkannt. Dieser Weg kostet viel Zeit und Mühe, aber er wird sich langfristig für den Erfolg Ihrer Arbeitgebermarke auszahlen, im Hinblick auf (Weinberg 2014)

- eine als attraktiv wahrgenommene Kommunikation und verbesserte Sichtbarkeit Ihrer Arbeitgebermarke,
- die Reputation als Unternehmen, dass ohne direkte Werbung für vakante Positionen auskommt,
- Ihre Anerkennung als Experte und Innovator in Ihrer Branche,
- die Förderung von Beziehungen und Kommunikation,
- die Entwicklung neuer Projekte und Ideen.

Steuerung Die Steuerung umfasst die Umsetzung der Social-Media-Strategie als kon-kreten Maßnahmenplan. Das wichtigste Element der Steuerung ist ein gut aufgebauter Redaktionsplan. Der Redaktionsplan ist sozusagen Ihr Steuerungscockpit, mit dem Sie nicht nur Ihre Maßnahmen im Blick haben sollten, sondern darüber hinaus den Erreichungsgrad Ihrer Ziele auf einen Blick erfassen können. Der Redaktionsplan erhöht die Planungssicherheit und vermindert das Risiko, dass Ihnen die Themen ausgehen oder Sie sich durch Ad-hoc-Entscheidungen zu kurzfristigen Beiträgen gezwungen sehen. Auch wenn die Kommunikation mit Ihrer Community in den verschiedenen Platt-formen durch nicht vorhersehbare Kommunikation gefüllt werden könnte, so sollten die Info-Contents und Highlight-Contents gut vorbereitet und geplant werden.

Ob Sie Ihren Redaktionsplan nun mittels einer selbst erarbeiteten Excel-Tabelle oder anderen technischen Vorlagen erstellen, bleibt Ihnen überlassen. Die wichtigsten Elemente eines Redaktionsplans sollten Sie jedoch immer berücksichtigen:

- geplantes Datum für den Artikel
- Themendefinition (Kampagne, Information, Hinweis, Interview, Beratung, Termin)
- Titel, beziehungsweise Überschrift und Titel
- Medienverwendung (Text, Video, Bild, Grafik)
- Medien-Kanal
- Autor und Freigabeinstanz
- Zielsetzung und Anmerkungen zur Zielerreichung
- Wer antwortet auf Fragen und reagiert auf Kommentare aus der Community

Die Steuerung und interne Kommunikation des Redaktionsplanes sollte bei einem Social Media Manager liegen. Diese Funktion kann sowohl bei der für Employer Branding zuständigen HR-Managementfunktion liegen oder im Bereich PR/Marketing. Für kleine und mittelständische Unternehmen kann sich die Auslagerung des Redaktionsplans an eine externe Employer Branding Agentur mit Social Media Kompetenz anbieten.

Bereits zu Beginn hatte ich darauf hingewiesen, dass eine permanente Überprüfung der Social-Media-Strategie, explizit der einzelnen Phasen, notwendig ist. Gerade zu Beginn Ihrer Social-Media-Aktivitäten werden Sie viel Lernerfahrung sammeln, Sie werden lernen mit Rückschlägen und interner Kritik umzugehen. Lassen Sie sich nicht entmutigen, wenn bestimmte Storys, von denen Sie sich viel versprochen hatten, nicht den notwendigen Erfolg mit sich bringen. Wie bei jedem Projekt wird es intern Personen geben, die ohnehin vorher wussten, dass das so nicht funktionieren kann. Den strategisch passenden Weg, so meine Beobachtungen und Erfahrungen, lernen die Unternehmen nach ca. zwölf Monaten intensiver Social-Media-Marketing-Aktivitäten. Wichtig ist, jede Maßnahmen kritisch zu beleuchten und im Redaktionsplan zu dokumentieren.

Seien Sie in jedem Fall darauf vorbereitet, dass die Sinnhaftigkeit Ihrer Social-Media-Aktivität auch intern immer wieder auf den Prüfstand gestellt wird, was mich zum nächsten Punkt führt.

Erfolgsmessung als zentrales Element
Die Frage, welchen Beitrag Social-Media-Marketing zum Erfolg des Unternehmens leistet, wird mir immer wieder gestellt. Der Grad des Erfolges hängt, wie so häufig, von der Klarheit und Überprüfbarkeit der definierten Ziele ab. Auf der anderen Seite lässt sich nicht mit letzter Gewissheit beweisen, ob die Erreichung der definierten Ziele im Rahmen des in Abschn. 4.3 dargestellten Monitoring auf spezifische Aktivitäten im Social-Media-Marketing zurückzuführen sind. Wir haben es aus meiner Erfahrung mit unterschiedlichen Erfolgsmessungen zu tun, die sich jedoch mit hinreichender Wahrscheinlichkeit gegenseitig bedingen. Insofern ist ein zweigleisiges Erfolgscontrolling notwendig. Zum einen in Richtung der definierten Ziele der Arbeitgebermarke und zum

anderen im Hinblick auf die Social-Media-Aktivitäten zur Positionierung der Arbeit-gebermarke.

Zur Erfolgsmessung hat der Bundesverband Digitale Wirtschaft ein Erfolgsmessungs-modell entwickelt, mit dem eine einheitliche Basis geschaffen wurde. Unternehmen erhalten damit fundierte Kennzahlen zu Investitionsentscheidungen für Social-Media-Advertising, das Aufdecken von Optimierungspotenzialen und die Erfolgsbewertung. Im Fokus stehen Business-KPIs, mit denen sich Aussagen treffen lassen, welche Aus-wirkungen Social-Media-Positionierung auf konkrete Zielsetzungen haben. Dabei geht es um den 360-Grad-Blick und die ganzheitliche Messung durch Kombination verschiedener Erhebungsmethoden wie Webtracking, Monitoring, Befragung oder internes Controlling.

Denken Sie aber daran, trotz aller Social-Media-Aktivitäten, Begegnungen mit Ihrer Zielgruppe nicht nur in Ihrer Community zu ermöglichen. Gerade den heuti-gen Digital-Natives ist es heute wichtig, persönliche Kontakte zu pflegen und sich ein persönliches Bild von den Mitarbeitern eines Unternehmens zu machen; sich mit die-sen auszutauschen. Deshalb empfehle ich Ihnen; schaffen Sie Begegnungsräume, das bedeutet, organisieren Sie Veranstaltungen mit den Talenten, die Sie über die Community-Plattformen kennengelernt haben.

Nachdem wir uns in diesem Kapitel mit dem Zusammenhang zwischen Employer Branding, der Arbeitgebermarke und dem Social-Media-Management auseinandergesetzt haben, möchte ich Ihnen im folgenden Themenblock darlegen, welche Social-Media-Kanäle mit welchem Content für die Kommunikation Ihrer Arbeitgebermarke sinnvoll sein könnten.

Literatur

Bundesverband Digitale Wirtschaft (BVDW) e. V. (2018). https://www.bvdw.org/themen/digita-les-marketing/social-media-marketing/. Zugegriffen: 22. Febr. 2018.

Grabs, A., Vogl, E., & Bannour, K.-P. (2017). *Follow me! Social Media Strategie.* Bonn: Rheinwerk.

Holmes, S. (2016). *Social media marketing 2017.* Nürnberg: Webmasters Press.

Haufe Online Redaktion. (2017). Digitales Recruiting im Mittelstand: Personaler überschätzen sich. https://www.haufe.de/amp/personal/hr-management/digitales-recruiting-im-mittelstand-wird-ueberschaetzt_80_429070.html?xing_share=news. Zugegriffen: 23. Febr. 2018.

Kossol, U.-J. (2017). *Wer braucht schon einen Kompass. Social Media Kompass 2017/2018* (S. 5). Düsseldorf: Herausgeber Bundesverband Digitale Wirtschaft (BVDW) e. V.

Patel, U. (2011). Hasson brings real life into the lab to examine cognitive processing. https://www.princeton.edu/news/2011/12/05/hasson-brings-real-life-lab-examine-cognitive-processing?sec-tion=science. Zugegriffen: 18. Febr. 2018.

Rupp, M. (2016). *Storytelling für Unternehmen.* Frechen: mitp.

Ullrich, S. (2017). *Social Media Advertising: Ohne Ziele geht nichts. Social Media Kompass 2017/2018* (S. 6–7). Düsseldorf: Herausgeber Bundesverband Digitale Wirtschaft (BVDW) e. V.

Weinberg, T. (2014). *Social media marketing.* Heidelberg: O'Reilly.

Social-Media-Plattformen für Ihre Arbeitgebermarke

6

Zusammenfassung

Mit Social-Media-Plattformen besitzen Sie ein Instrumentarium, um Ihre Arbeitgebermarke zu positionieren und bekannt(er) zu machen. Die Plattformen bieten die Gelegenheit die Interessen und Ziele, die Sie mit Ihrer Arbeitgebermarke verfolgen, mit denen Ihrer Zielgruppe, den potenziellen Interessenten, in den sozialen Netzwerken, zu verbinden. In diesem Kapitel erfahren Sie, welche verschiedenen Kategorien von Plattformen es gibt und welche Plattformen für die Kommunikation Ihrer Arbeitgebermarke interessant und relevant sein können. Sie werden erfahren, welche Plattformen zur Erhöhung Ihrer Reichweite beitragen.

Der Markt der Social-Media-Plattformen und den verschiedenen Angeboten boomt. Es gibt vielfältige Anwendungsmöglichkeiten, die für die Kommunikation von Arbeitgebermarken und einem Austausch mit den Zielgruppen geeignet sind.

Social-Media-Plattformen gelten heute als akzeptierter Kommunikationsstandard. Sie sind, sofern die Unternehmen aktives Employer Branding im Sinne der externen Kommunikation ihrer Arbeitgebermarke praktizieren, alltäglicher Bestandteil der übergreifenden Kommunikationsstrategie. Die Dynamik der Plattformen und die Strategie seiner Betreiber unterliegt dabei einem permanenten Veränderungsprozess. Trends werden immer wieder neu eingearbeitet und die Nutzungsmöglichkeiten, gerade für Unternehmen, verändern sich rasant. Community-Plattformen leben von Werbung, in Form von gesponserten Beiträgen. Für Unternehmen bedeutet dies, die Ausspielung von Beiträgen wird zukünftig immer mehr von einem Algorithmus bestimmt, der die Relevanz des Beitrags festlegt. Relevanz hängt jedoch nicht nur vom vermeintlichen Content für die Zielgruppe ab, sondern auch von der Höhe des finanziellen Gebotes. Google AdWords hat es mit seinem Qualitätsfaktor allen anderen Plattformen vorgemacht. Diese Entwicklung hat selbstverständlich weitreichende Auswirkungen auf die Effektivität

© Springer Fachmedien Wiesbaden GmbH, ein Teil von Springer Nature 2018
C. Runkel, *Employer Branding für die Logistik*,
https://doi.org/10.1007/978-3-658-22642-8_6

Ihrer Beiträge und führt zu einer fortlaufenden Anpassung der Social-Media-Marketing-Strategie für Ihre Arbeitgebermarke.

Bei der nachfolgenden Betrachtung möchte ich bereits an dieser Stelle auf einen Aspekt aufmerksam machen, der weitestgehend immer noch unterschätzt wird. Potenzielle Interessenten und Kandidaten informieren sich nicht nur online über Unternehmen und Karrieremöglichkeiten, sondern ein Großteil informiert sich mobil mittels Smartphone oder Tablet. Dies bedeutet, alle Angebote, Informationen, Posts und Storys, die Sie über Social-Media-Plattformen verbreiten, müssen für eine Online-Nutzung optimiert sein. Ansonsten laufen Sie Gefahr, nur einen Bruchteil Ihrer Zielgruppe zu erreichen.

Das Angebot an Social-Media-Plattformen scheint schier unerschöpflich zu sein. Für das Thema Recruiting hat Tjalf Nienaber ein sogenanntes Recruiting Prism erstellt, welches ein Indikator dafür ist, welche Plattformen für die Kommunikation von Arbeitgebermarken geeignet sein könnten (siehe Abb. 6.1).

Betrachtet man die Vielzahl der Plattformen so wird schnell klar, wie wichtig es ist die passende und für Ihre Arbeitgebermarke relevante Plattform zu finden und sinnvoll einzusetzen.

Zunächst möchte ich Ihnen einen Eindruck darüber vermitteln, welche Plattformen für die Themen Recruiting und Branding aktuell besonders intensiv genutzt werden.

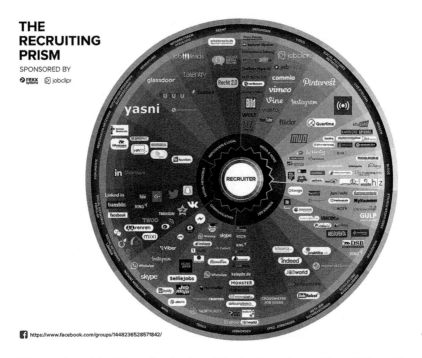

Abb. 6.1 Recruiting Prism. (Quelle: https://facebook.com/groups/RecruitPrisma/about/)

Hierzu existiert eine ganze Reihe von Studien und Untersuchungen. Ganz bewusst möchte ich Ihnen die Ergebnisse aus drei verschiedenen Quellen vorstellen, da unterschiedliche Fragestellungen und Intentionen auf jedes Untersuchungsergebnis Einfluss nehmen. Zudem werde ich auf die Ergebnisse aus dem Blickwinkel der Unternehmen, als auch aus der Sicht der Nutzer, also der potenziell Interessierten oder der Job-Suchenden, eingehen.

Schauen wir uns zunächst an, auf welchen Social-Media-Kanälen Unternehmen generell unterwegs sind, um Social-Media-Marketing aktiv zu betreiben. Eine Übersicht hierzu liefert Abb. 6.2 vom Branchenverband Bitkom.

73 % der Unternehmen nutzen aktuell Social Media. Je größer ein Unternehmen, desto häufiger setzt es soziale Plattformen, wie zum Beispiel Facebook oder Twitter ein. Bei den großen Unternehmen ab 500 Mitarbeitern sind es nahezu alle, bei den Unternehmen mit 100 bis 499 Beschäftigten sind es 88 %, bei den kleineren ab 20 Mitarbeitern 68 %. Als wichtigstes Instrument der Social-Media-Kommunikation bewerten Unternehmen Soziale Netzwerke wie Facebook, XING und LinkedIn, die bei 99 % zum Einsatz kommen. Es folgen Twitter (60 %) und Videoplattformen wie YouTube oder Vimeo (41 %). Foto-Plattformen wie zum Beispiel Instagram oder Flickr nutzen 27 %, Messaging-Dienste wie WhatsApp oder Snapchat nutzen 24 % (Bitkom 2017).

Als nächstes möchte ich Ihr Interesse auf ein Untersuchungsergebnis lenken, bei dem es darum geht, welche Social-Media-Plattform potenzielle Kandidaten nutzen, um sich über vakante Positionen zu informieren.

Die Orizon GmbH hat 2017 zum sechsten Mal die Studie „Arbeitsmarkt – Perspektive der Arbeitnehmer" durchgeführt. An der bevölkerungsrepräsentativen Online-Befragung

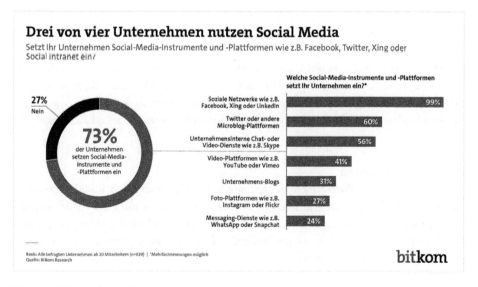

Abb. 6.2 Welche Social Media Plattformen Unternehmen nutzen. (Quelle: Bitkom Research)

nahmen 2074 Arbeitnehmer und Arbeitsuchende in Deutschland teil. Durchgeführt wurde die Studie von dem unabhängigen Marktforschungs- und Analyseunternehmen Lünendonk GmbH.

Das Ergebnis der Studie besagt, dass die Jobportale der Arbeitsagentur und die zahlreichen Online-Jobbörsen verschiedener Anbieter nach wie vor auf den ersten Rängen liegen, wenn es um die Suche nach einem neuen Arbeitsplatz über das Netz geht. Mehr als 50 % der Befragten nimmt dieses Angebot wahr. Die sozialen Netzwerke und Business-Netzwerke werden jedoch immer bedeutsamer, wenn sich Bewerber online nach einem neuen Job umsehen. Bereits 25 % der befragten Arbeitnehmer nutzt die sozialen Netzwerke zur aktiven Jobsuche. Mit 59 % liegt Facebook auf Rang 1 unter den Social-Media-Kanälen. Deutlich dahinter folgen das Business-Netzwerk XING (35 %), Google+ (26 %) und YouTube (17 %). LinkedIn liegt lediglich auf Rang 5. Die Nutzung sozialer Netzwerke für die Jobsuche ist dabei stark vom Alter abhängig: Bei der Altersgruppe zwischen 18 und 39 geht rund ein Drittel der Bewerber diesen Weg, bei den über 60-Jährigen sind es weniger als 10 % (Orizon 2017).

Bereits aus den ersten beiden Untersuchungen wird deutlich, welche Social-Media-Plattformen sowohl von den Unternehmen, als auch den Nutzern priorisiert werden. Aktuell gibt es noch sehr wenige Untersuchungen, die der Fragestellung nachgehen, welche Plattformen von Unternehmen für Imagewerbung Ihrer Arbeitgebermarke genutzt werden.

Die grafische Darstellung in Abb. 6.3 zeigt das Ergebnis einer Untersuchung von monster.de aus dem Jahr 2016, die Statista 2017 veröffentlicht hat. Bei diesem Ergebnis wird deutlich, dass die Unternehmen derzeit bevorzugt auf die Dienstleistungen von Facebook zurückgreifen, vor den Business-Netzwerken von XING und LinkedIn. Danach folgen die weiteren bekannten Social-Media-Plattformen.

Nachdem Sie nun einen ersten Eindruck darüber gewinnen konnten, welche Social-Media-Plattformen im Vordergrund des Interesses stehen, möchte ich die Vielfalt der Angebote ein wenig aggregieren, beziehungsweise clustern. Wie bereits in Kap. 5 ausführlich dargestellt, müssen Unternehmen in den Plattformen ihrer Zielgruppen unterwegs sein, um die Arbeitgebermarke zu stärken. Für eine digitale Employer-Brand-Kommunikation und einer vernetzten Kommunikationsarchitektur lassen sich die verschiedenen Plattformen in drei Kategorien unterteilen (Eger und Eichstädt 2013; S. 114).

Corporate-Plattformen
Unter den Corporate-Plattformen werden alle unternehmenseigenen Kanäle verstanden. Dies kann zum Beispiel die Karriereseite als separate Webseite mit eigner URL sein oder als Unterseite der Unternehmensseite. Besonders im Trend sind zudem die Karriere-Blogs oder die Unternehmens-Blogs, in denen Karrierethemen genauso Eingang finden, wie aktuelle Produktinformationen.

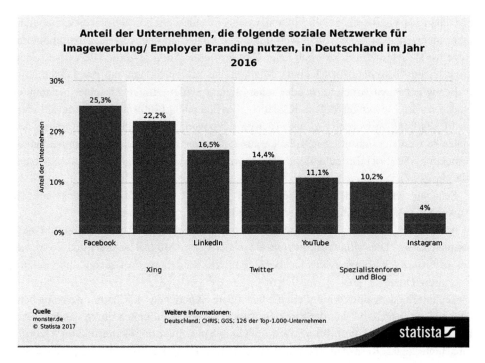

Abb. 6.3 Nutzung von sozialen Netzwerken für Imagewerbung/Employer Branding. (Quelle: monster.de/Statista).

Content-Plattformen

Als Content-Plattformen werden diejenigen Kanäle verstanden, in denen Texte, Fotos, Videos hinterlegt, verlinkt und eingebettet werden können.

Community-Plattformen

Community-Plattformen sind die Schnittstelle zur Kommunikation mit den Zielgruppen. Sie bilden die technische Grundlage zum direkten Austausch mit potenziellen Interessenten. Diese Plattformen haben sich zwischenzeitlich zu erweiterten Content-Plattformen entwickelt, da hier Videos und Fotos eine immer wichtigere Rolle spielen.

Die technologische Entwicklung macht eine immer engere Verzahnung der drei Plattform-Kategorien möglich. Diese spielen immer intensiver zusammen, zusätzlich bedingt durch Unternehmenszusammenschlüsse im Social-Media-Business, und müssen in ihrer Funktionsweise als Einheit zur ganzheitlichen Nutzung verstanden werden.

Weitere Trends

Joseph Weizenbaum hatte erstmals ein Softwareprogramm namens Eliza auf den Turing-Test eingesetzt. ELIZA ist ein 1966 von Weizenbaum entwickeltes Programm, das die Möglichkeiten der Kommunikation zwischen einem Menschen und einem Computer über natürliche Sprache möglich machen sollte. Der Turing-Test definierte, dass Algorithmen erst dann als intelligent gelten sollten, wenn ein menschlicher Gesprächspartner nicht mehr unterscheiden könne, ob er sich mit einem Menschen oder einem „programmierten Regelwerk" unterhalte. Dies blieb lange Zeit erfolglos. Am 12. April 2016 öffnete Facebook seinen Messenger für Chatbots. Menschliche Nutzer können nun ihre Fragen, etwa in Bezug auf einen Arbeitgeber oder seine offenen Stellen, direkt – in einer bestimmten Notation – im Messenger stellen. Künstliche Intelligenz und Information-Retrieval liefern im Idealfall die Antworten. Siri und Amazon Echo werden folgen. Es scheint immer normaler zu werden, sich mit Algorithmen auszutauschen. So wird das Personalmarketing, respektive die Social-Media-Kommunikation diese neuen Möglichkeiten aufnehmen (Grothe 2017).

Schauen wir uns den aktuellen Stand der Entwicklung im Hinblick auf die Anwendungsmöglichkeiten für Recruiting und Branding genauer an.

Tatsächlich existieren die ersten Jobbots in Kombination mit Facebook Unternehmensseiten. Die Allianz (https://www.facebook.com/AllianzCareers/) und Trenkwalder in Österreich (https://www.facebook.com/trenkwalder.austria/) setzen Jobbots zum Recruiting ein.

Technisch ist es aktuell möglich, die Candidate Experience via Chatbot weitestgehend abzubilden, ausgehend von der direkten Ansprache des Kandidaten durch das Bot, über die Vorauswahl und Überprüfung der Eignung anhand zuvor definierter und im Algorithmus hinterlegter Kern-Anforderungskriterien. Der komplette Bewerbungsprozess, wie die Bewerberkommunikation, also Zwischenbescheid, Einladung, Tipps zur Bewerbung und vieles mehr lassen sich automatisiert steuern. Was technisch möglich ist, ist allerdings von zufriedenstellenden, anwendbaren Lösungen noch ein gutes Stück entfernt. Technisch funktionieren die Bots zum Beispiel via Facebook-Messenger.

In den USA sind die Entwicklungen wieder einmal am weitesten vorangeschritten. Im Rahmen einer Umfrage bestätigten 10 % aller teilnehmenden Unternehmen Chatbots zum Recruiting einzusetzen (newsdesk 2017).

Chatbots werden zukünftig Auswirkungen auf die Kommunikation von Arbeitgebermarken haben. Sie werden, davon bin ich fest überzeugt, elementarer Bestandteil des Employer-Branding-Prozesses werden. Mit einem professionell realisierten Chatbot wird es zukünftig möglich, eine Art von sozialer Aufmerksamkeit zu erzielen, um das Vertrauen und die Beziehung zum Unternehmen herzustellen (personalmarketing2null 2017). Technologische Lösungen werden jedoch nie der entscheidende Grund sein, warum Kandidaten sich für ein Unternehmen entscheiden. Der persönliche Austausch, der vertrauensvolle Kontakt mit Recruitern und Führungskräften wird immer das entscheidende Element bleiben.

Und wo steht die Logistik bei der Entwicklung oder Nutzung dieses digitalen Trends? Mir ist bekannt, dass sich eine Handvoll Arbeitgeber, selbstverständlich die Konzernunternehmen, mit der Entwicklung von Jobbots als Part ihrer Karriereseiten beschäftigen. Das Thema ist Teil der Digitalisierungsstrategie im gesamten HR-Management. Es bleibt jedoch zu vermuten, dass die Mehrzahl der Unternehmen in der Logistik erst einmal abwartet, bis sich in anderen Branchen innovative Systeme und Techniken etabliert haben; so lange werden die Unternehmen wieder hinterherhinken.

Ein weiterer Trend, der aber schon eher den etablierten Technologien zuzurechnen ist, sind die sogenannten Social-Media-Automatisierungs-Tools. Mit diesen Systemen lassen sich Multipostings in den von Ihnen ausgewählten Plattformen übersichtlich steuern. Diese Tools übernehmen in zeitsparender Art und Weise Veröffentlichungen, es lassen sich entsprechende Planungen durchführen, die darüber hinaus in einem Redaktionsplan (siehe Abschn. 5.4) integriert werden können. Zusätzlich können diese Automatisierungs-Tools Sie dabei unterstützen, die Plattformen mit konsistentem Content zu versorgen. Wenn Sie solche Tools einsetzen möchten, sollten Sie jedoch bereits umfangreiche Erfahrungen im Social-Media-Marketing gesammelt haben, sowie mit den Eigenheiten der Plattformen bestens vertraut sein. Insgesamt können diese Tools dazu beitragen, nicht nur Zeit zu sparen, sondern auch als ergänzendes Social-Media-Controlling-Instrument eingesetzt werden.

Der Schwerpunkt der Plattform-Betrachtungen

Ausgehend vom Recruiting Prisma werde ich mich in den folgenden Kapiteln nur mit denjenigen Plattformen auseinandersetzen, die sich mittlerweile für Branding und Recruiting bewährt haben. Diese sollten Bestandteil einer vernetzten Kommunikationsarchitektur für die langfristige Positionierung einer attraktiven Arbeitgebermarke sein. Den ausführlicheren Fokus lege ich dabei auf den zuvor dargestellten Corporate-Plattformen, da diese nach meiner Erfahrung, das Herzstück eines jeden Unternehmens sein sollten. Bei den Content-Plattformen konzentriere ich mich auf die Video-basierten Plattformen, da diese in Verbindung mit den Community-Plattformen, nach meiner persönlichen Einschätzung, in den nächsten Jahren weiter an Bedeutung gewinnen werden. Bei den Community-Plattformen liegt das Augenmerk auf denjenigen Plattformen, die bereits heute für Recruiting- und Branding-Themen eine erhebliche Bedeutung haben (siehe Abb. 6.3).

Bewusst ausgespart habe ich die technische Betrachtung und Benutzeranleitung zur Bedienung der einzelnen Social-Media-Plattformen, da sich diese, genauso wie die Nutzungsbedingungen, fast monatlich ändern. Die Herausgeber wechseln ihre strategischen Ansätze, was ebenfalls zu nutzungstechnischen Änderungen führt. Eine konkretere Auseinandersetzung mit den technischen Anwendungen würde zudem den Rahmen dieses Praxisbuches sprengen. Hierzu empfehle ich Ihnen die umfangreiche Literatur zu den einzelnen Plattformen.

6.1 Corporate-Plattformen

Ihre unternehmenseigenen Plattformen sind, mit den Worten der Logistik gesprochen, das Zentral-Hub der Kommunikation Ihrer Arbeitgebermarke. In den folgenden Kapiteln werde ich Ihnen erläutern, warum aus meiner Erfahrung die Corporate-Plattformen eine entscheidende Rolle im Zusammenspiel der verschiedenen Social-Media-Kommunikationskanäle spielen.

Alle Social-Media-Aktivitäten sollten darauf ausgerichtet sein, Interessenten und potenzielle Bewerber auf Ihre Content-Plattformen zu lenken. Ich vergleiche die Content- und Community-Plattformen mit den getakteten Verkehren zum und vom Hub. Sämtliche News, Mitteilungen und Storys sind ein probates Mittel, um über die verschiedenen Plattformen Ihre Zielgruppen auf Ihr Zentral-Hub zu führen. Der Inhalt der Content- und Community-Plattformen fließt sowohl in die Corporate-Plattform, als auch wieder zurück (siehe Abb. 6.4). Die Corporate-Plattformen müssen anregend, aber zusätzlich konsistent gestaltet sein. Es muss sich um ein Markendesign und Wording aus einem Guss handeln.

Die Karriereseite enthält alle wichtigen Informationen zur Positionierung Ihrer Arbeitgebermarke (siehe Abschn. 4.2.1). Relevante Informationen für Interessenten betreffen die Unternehmenskultur, die Werte, die Identitätsmerkmale und die Unternehmensziele. Darüber hinaus gehören alle zielgruppenrelevanten Jobinformationen dazu. Dies inkludiert die Links zu den vakanten Positionen, beziehungsweise den konkreten Stellenanzeigen. Diese sind Bestandteil der Karriereseite und müssen in Layout, Design und der Darstellung der Arbeitgebermerkmale im Sinne der Employer Value Proposition konsistent und jederzeit wiedererkennbar sein.

Der Karriere-Blog ist eine besondere Form der Kommunikation, der neben der aktuellen Information in besonderem Maße geeignet ist, Storys rund um das Unternehmen und seine Arbeitsplätze aufzunehmen, beziehungsweise im Videoformat zu platzieren.

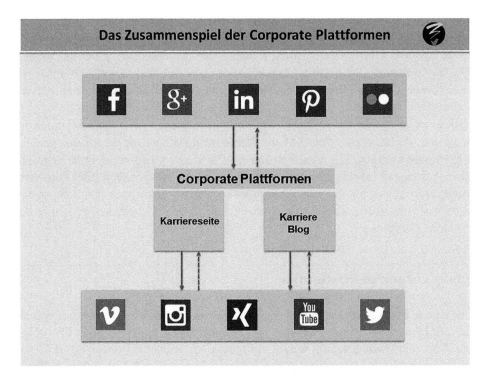

Abb. 6.4 Das Zusammenspiel der Corporate-Plattformen mit anderen Social-Media-Plattformen. (Quelle: Eigene Darstellung)

An dieser Stelle möchte ich nochmals auf den technischen Aspekt hinweisen. Achten Sie bei allen Corporate-Plattformen auf die Online-Fähigkeit, also auf eine gute Lesbarkeit bei Smartphones und Tabletts. Google hat im März 2018 bekannt gegeben, dass ab Juli 2018 der sogenannte Mobile-First-Index eingesetzt wird. Google wird die mobile Version einer Seite heranziehen, um deren Relevanz für die mehrheitlich mobilen Nutzer zu bewerten (t3n Magazin 2018).

6.1.1 Ihre Karriereseite

Die Karriereseite wird von zahlreichen Unternehmen in der Logistik, sofern es denn überhaupt eine Karriereseite gibt, als Unterseite der Unternehmenswebseite eingesetzt. Bei meinen Analysen der Kommunikationsinstrumente zu Beginn eines Employer-Branding-Projektes, stelle ich immer wieder fest, dass die Karriereseite hauptsächlich als Stellenportal genutzt wird. Dies indiziert die von Statista veröffentlichten Daten (siehe Abb. 6.5), die auf einer Untersuchung vom Staufenbiel Institut in Kooperation mit Kienbaum aus Herbst 2016 beruht.

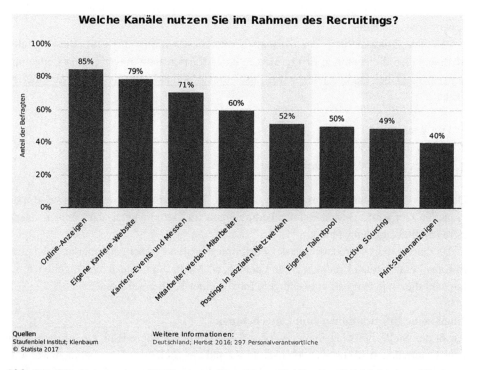

Abb. 6.5 Die Nutzung von Kanälen zum Recruiting. (Quelle: Staufenbiel Institut; Kienbaum 2016/Statista).

Die Karriereseite dient in erster Linie als Informationsportal für potenzielle Kandidaten. Der Umfang, der für eine Karriereseite zur Verfügung steht, ist eher begrenzt und richtet sich an den Vorgaben, beziehungsweise Rahmenbedingungen der Unternehmensseite. In der Zwischenzeit existieren jedoch mehr und mehr Karriereseiten mit einer eigenen URL, die eventuell zusätzlich einen Karriere-Blog beinhalten (siehe Abschn. 6.1.2). Bedingt durch den Informationscharakter ist die Karriereseite eher statischer Natur. Die Mehrzahl der Besucher kommt über konkrete Stellenanzeigen in Jobportalen auf die Karriereseite.

Zu einem interessanten Ergebnis kommt in diesem Zusammenhang die Studie „Employer Branding und Personalmarketing" als Teil der Studien „Recruiting Trends 2017", die im Auftrag der Monster Worldwide Deutschland GmbH als Kooperation verschiedener Institute durchgeführt wurde (Weitzel et al. 2017). Karrierenetzwerke werden von Kandidaten häufiger genutzt, um nach vakanten Positionen zu suchen (42,7 %), als die Unternehmens- oder Karrierewebseite (40,6 %). Laut den Ergebnissen der Studie nutzen jedoch 88,9 % der Unternehmen die eigene Webseite und lediglich 23,5 % Karrierenetzwerke zur Positionierung ihrer vakanten Positionen.

Diese Daten unterstreichen einmal mehr, wie wichtig die permanente Überprüfung der Social-Media-Strategie ist. Zum anderen ist dieses Ergebnis, aus meiner persönlichen Sicht, ein Argument dafür die Karriereseite stärker als Plattform, oder besser noch als zentrale Anlaufstelle im Sinne des zuvor erwähnten Hubs, zur Positionierung der Arbeitgebermarke zu nutzen.

Mit der Fokussierung der Arbeitgebermarken-Positionierung auf die digitalen Medien haben die zentralen Erfolgselemente der Karriereseite gravierend an Bedeutung gewonnen. Dabei lassen sich die Erfolgselemente anhand von drei Schlüsselkriterien benennen:

1. Der Content
2. Die Funktionalität
3. Die Gestaltung oder das Design

Da die Funktionalität und das Design auch von IT-technischen, beziehungsweise individuellen Corporate-Design-Rahmenbedingungen im Unternehmen abhängen, konzentriere ich mich auf den Content.

Da der Content sehr stark von der Positionierung Ihrer Arbeitgebermarke, sowie den in Kap. 4 erarbeiteten Ergebnissen und der Social-Media-Strategie abhängt, gehe ich nur kurz auf die, in jedem Fall notwendigen, Inhalte einer Karriereseite ein.

Allgemeine Informationen zum Unternehmen
An dieser Stelle höre ich immer wieder das Argument „Die wichtigen Informationen zum Unternehmen haben wir doch schon an anderer Stelle der Unternehmenswebseite aufgeführt, warum sollen wir das an dieser Stelle wiederholen". Ein gutes Argument, aber es geht nicht um Redundanz. Besucher von Karriereseiten wollen alle wichtigen

Informationen auf einen Blick. Auf der Karriereseite konzentrieren Sie sich auf die wesentlichen Kennzahlen.

Bei den allgemeinen Informationen bietet es sich an, die strategischen Unternehmensziele mit Bezug auf mögliche Bewerber und Mitarbeiter vorzustellen. Ein Interview mit einem Mitglied der Unternehmensleitung, eventuell im Video-Format, bietet eine gute Möglichkeit vermeintlich trockene Zahlen und Ziele erlebbar und authentisch zu transportieren.

Informationen zu den Unternehmenswerten
Den Content zu den Unternehmenswerten leiten Sie aus der Employer Brand ab. Machen Sie deutlich, wofür Ihr Unternehmen steht und wofür Sie bekannt sein wollen. Lassen Sie in dieser Kategorie Ihre Mitarbeiter zu Wort kommen, beispielsweise zu Themen wie

- Führungskultur,
- Unternehmenskultur,
- soziale Projekte,
- besondere Anlässe.

Karriererelevante Informationen
Abgesehen davon, dass Themen zu dieser Kategorie für potenzielle Bewerber besonders wichtig sind, haben Sie die Möglichkeit sich von anderen Wettbewerbern abzuheben. Hier führen Sie alle Ergebnisse Ihrer Employer Value Proposition (siehe Abschn. 4.2.1) auf. An dieser Stelle sollten Sie zudem Ihre Lead-Botschaften prominent positionieren. Zusätzlich bietet sich die Gelegenheit, Testimonials von Mitarbeitern, die zum Beispiel unternehmensinterne Entwicklungsprogramme absolviert haben, einzusetzen.

Zielgruppenrelevante Informationen
Berücksichtigen Sie die unterschiedlichen Zielgruppen, die Sie im Rahmen der Entwicklung Ihrer Arbeitgebermarke festgelegt haben, indem Sie die Zielgruppen separat aufführen, wie zum Beispiel berufserfahrene Kandidaten, Hochschulabsolventen, Schulabgänger, Praktikanten, um nur einige zu nennen.

Ansprechpartner
Was früher selbstverständlich war, ist aktuell ein immer wieder heiß diskutiertes Thema. Viele Unternehmen verzichten ganz bewusst darauf, einen Ansprechpartner mit entsprechenden Kontaktdaten zu benennen. Hierzu höre ich immer wieder Argumente, wie „dann ruft ja jeder an", oder „dann bekommen wir noch mehr unqualifizierte Mails". Manche Unternehmen verstecken sich hinter der Digitalisierung der automatisierten Bewerbungsprozesse. Dazu möchte ich nur folgenden Hinweis geben: Wenn Sie lieber anonym bleiben möchten, dann sollten Sie Ihre gesamten Aktivitäten im Social-Media-Marketing, insbesondere in den Community-Plattformen, überdenken.

Stellenangebote und Informationen zum Bewerbungsprozess
Genauso wichtig wie die Darstellung der vakanten Positionen, meistens durch einen Link zu den Bewerbermanagementsystemen realisiert, ist eine klare Formulierung des Bewerbungsprozesses. Hier sollten Sie ganz offen kommunizieren, wie lang die Bearbeitung einer Bewerbung aussehen kann, welche Schritte der gesamte Prozess beinhaltet und mit welchen Rückmeldungen, in welchem Zeitfenster, ein Bewerber rechnen kann.

Ihre Stellenanzeige Unter dem Aspekt, dass die Stellenanzeige einen elementaren Baustein der Karriereseite darstellt, nutze ich an dieser Stelle die Gelegenheit auf das Thema noch einmal einzugehen. Da ich bereits in Abschn. 4.4 einige Beispiele im Zusammenhang mit der Entwicklung der Arbeitgebermarke dargestellt habe, konzentriere ich mich auf die wesentlichen Aspekte der Stellenanzeige. Dabei nehme ich den gesamten Blickwinkel aus der Employer-Branding-Sicht ein.

Manchmal habe ich den Eindruck, Stellenanzeigen sind die inhaltliche Übertragung von „trockenen" Stellenprofilen in ein zu veröffentlichendes Template mit gleicher Struktur. Bei Beratungsprojekten in der Recruiting-Praxis bin ich sehr häufig dieser Problematik ausgesetzt. Bedingt durch die Geheimhaltungspflicht und verdeckte Suche sind nebulöse Formulierungen unumgänglich, was die Kommunikation mit potenziellen Kandidaten häufig mehr als schwierig gestaltet. Für Unternehmen, gerade mit eigenen Corporate-Plattformen, sollte der Leitsatz lauten: Stellenanzeigen authentisch gestalten und Buzzwords vermeiden. Bei den Analysen von Stellenanzeigen stelle ich jedoch immer wieder fest, dass Allgemeinplätze wie „attraktives Arbeitsumfeld", „umfangreiche Weiterbildungsmöglichkeiten", „leistungsgerechte Vergütung", um nur einige zu nennen, zum Standardvokabular gehören. Aussagen zum Unternehmen beinhalten vergleichbare Pauschalaussagen (siehe hierzu Abschn. 2.3) oder logistikspezifisches Wording. Dies ist für mich ein Hinweis darauf, dass sich die Unternehmen, die diese Begrifflichkeiten verwenden, nicht konkret mit den Merkmalen ihrer Arbeitgebermarke auseinandergesetzt haben.

Und warum sollte der Bewerber nicht auch eine authentische Stellenanzeige erwarten? Jedenfalls lassen sich die Bewerber unserer Zeit kaum mit leeren Worthülsen locken (Mohr und Ströher 2018).

Struktur und Content einer Stellenanzeige Der Betrachter einer Stellenanzeige sollte so motiviert und inspiriert sein, dass er bereit ist, sich nicht nur mit der vakanten Position, sondern konkret mit dem Unternehmen intensiver zu beschäftigen. Dazu sollte sich die Anzeige möglichst deutlich von der Masse abheben und einen sofortigen Wiedererkennungswert hervorrufen.

Die Lead-Botschaft zur Arbeitgebermarke (siehe Abschn. 4.2) muss ebenso prominent auf der Stellenanzeige aufgeführt sein, wie kurze Hinweise zur Unternehmenskultur. Steigern Sie die Anzeigen- und Arbeitgeberattraktivität, indem Sie Ihre Arbeitgeberstärken einbeziehen. Überprüfen Sie, ob die Stellenanzeige das gleiche Layout, den gleichen Look, die gleiche Lead-Botschaft beinhaltet, wie die Karriereseite oder der Karriere-Blog. Achten Sie also auf Konsistenz.

Eine klare, authentische und ehrliche Kommunikation, gepaart mit einem guten Stück Einmaligkeit sind die Basis für eine differenzierbare Stellenanzeige. Setzen Sie Eyecatcher wie grafische Elemente ein. Firmenlogo, ein Foto und Aufzählungszeichen inmitten einer Textwüste genügen den zukünftigen Anforderungen, gerade bei der jungen Generation, nicht mehr.

Es gibt viele gute Beispiele für kreative Stellenanzeigen. Gute Beispiele zeigen, dass Stellenanzeigen auf Zielgruppen abgestimmt sind und durchaus herausfordernd, amüsant oder überspitzt sein dürfen. So steigern Sie nicht nur die Aufmerksamkeit und Attraktivität (Osman 2017). Vermeiden Sie den Fehler aus einen Wellensittich einen Tiger zu machen. Bleiben Sie realistisch und authentisch. In dieser Hinsicht dürfen die Unternehmen der Logistik mehr Mut zeigen.

Die Zukunft der Stellenanzeige Bedingt durch die strategischen Entwicklungen bei den Community-Plattformen und der video-orientierten jungen Generation werden Stellenanzeigen zukünftig ihr Gesicht verändern. Ich bin fest davon überzeugt, dass die statisch generierte Stellenanzeige in Zukunft von Videoformaten abgelöst wird. Dies wird nicht von heute auf morgen geschehen. Diese werden zunächst ergänzend zu den derzeit vorhandenen Stellenbörsen erscheinen. Videobasierte Stellenanzeigen werden jedoch für Corporate-Plattformen an Relevanz gewinnen, gerade im Hinblick auf den Aspekt der Differenzierung. Je größer der Rekrutierungsdruck wird, umso eher wird sich diese Entwicklung durchsetzen. Ein passendes Beispiel hierfür sind die Zielgruppen der Berufskraftfahrer, der Disponenten oder Vertriebsmitarbeiter. Gerade mittelständische Unternehmen aus der Logistik setzen heute Videos für diese Zielgruppen ein, insbesondere unter dem Aspekt das Image der Berufsgruppen zu verändern.

Beispiel aus der Praxis

Abschließend möchte ich Sie noch auf ein Beispiel aus der Praxis aufmerksam machen. Das Unternehmen Pfenning logistics bietet unter der Fragestellung „Haben Sie das Pfenning-Gen?" einen kurzen „Test" mit neun Fragen im Hinblick auf ein Cultural Fit an. Mit Ideenreichtum und Kreativität wird hier für einen Interessenten die Möglichkeit geschaffen zu überprüfen, auf welche Eigenschaften das Unternehmen Wert legt. Auf der anderen Seite macht das Unternehmen deutlich, wie wichtig es ihm ist, dass Unternehmen und Mitarbeiter die gleiche Erwartungshaltung und Einstellung haben, also zusammenpassen. Es geht hier nicht um eine wissenschaftlich fundierte Cultural-Fit-Analyse, sondern um neue Ideen, wie ein Thema der Unternehmenskultur unterhaltsam kommuniziert werden kann.

6.1.2   Ihr Karriere-Blog

Blogs in der Form einer zentralen Kommunikationsplattform für Social-Media-Marketing, respektive Kommunikation der Arbeitgebermarke, gewinnen in Deutschland nach und nach an Bedeutung. Im Vergleich zum angelsächsischen Raum hinken deutsche Unternehmen jedoch deutlich hinterher.

Dabei bieten Blogs unvergleichliche Möglichkeiten zur Markenentwicklung und um potenzielle Kandidaten zu erreichen. Grundlage hierfür ist, wie im gesamten Employer-Branding-Projekt und beim Kommunikationsprozess, ein fundiertes Konzept und eine klare Strategie.

Generell bieten Blogs eine sehr gute Bühne für das bereits in Abschn. 5.3 vorgestellte Storytelling-Format und die Einbindung der eigenen Mitarbeiter. Die Vorreiter der Corporate-Blogs haben den Wert der Einbindung eigener Mitarbeiter in der Vergangenheit bereits frühzeitig erkannt und konnten damit sehr gute Erfolge erzielen. Wenn es Ihnen gelingt, eine größere Anzahl von Mitarbeitern für Ihren Blog zu gewinnen, so können Sie nach außen hin eine bunte Vielfalt an Kompetenzen und unterschiedlichen Blickwinkeln kommunizieren. Bereits in Kap. 4 habe ich immer wieder darauf aufmerksam gemacht, wie wichtig die Rolle der Mitarbeiter im gesamten Employer-Branding-Projekt ist. Dies gilt darüber hinaus für den Karriere-Blog, denn niemand kann das Arbeitgeberimage und die Attraktivität authentischer transportieren als die eigenen Mitarbeiter.

In diesem Kapitel werde ich die wesentlichen Aspekte aufgreifen, die notwendig sind, damit Sie mit Ihrem Karriere-Blog beginnen können.

Was ist ein Corporate-Blog?

Der Blog ist eine Abkürzung für den Begriff Weblog. Im Grunde genommen ist ein Blog mit einer Webseite vergleichbar, auf der die verschiedensten Informationen oder Mitteilungen, in Kombination mit Fotos oder Videos, einer breiten Leserschaft zugänglich gemacht werden. Im Vergleich zu einer Karriereseite ist der Karriere-Blog geprägt von dynamischen und themenspezifischen Inhalten, die noch intensiver und konkreter auf die Interessen Ihrer Zielgruppen ausgerichtet sind.

Ein elementarer Unterschied zwischen klassischen Webseiten und einem Blog besteht in der engen Verbindung zu anderen sozialen Netzwerken wie zum Beispiel Twitter, Facebook oder Google+. Blogbeiträge lassen sich somit vornehmlich über Social-Media-Kanäle verbreiten. Blogleser abonnieren weniger den Blog an sich, sondern den jeweils dazugehörenden Kanal. Auch die Kommunikation, beziehungsweise der Austausch über die Beiträge findet in den jeweiligen Kanälen statt. Die im Blog integrierten RSS-Feeds erleichtern zudem die Lesefunktion und das Software übergreifende und geräteunabhängige Sammeln von Meldungen (Weinberg 2014, S. 124–127).

Ziel eines Karriere-Blog

Wie bereits zu Beginn dieses Kapitels erwähnt, ist der Karriere-Blog wie eine Art Hub zu betrachten. Kernziel ist es zum einen möglichst viele Interessenten auf Ihren Blog zu lotsen, und zum anderen die „Abonnenten" laufend über aktuelle Entwicklungen zu informieren. Fesselnde Geschichten binden die Abonnenten an den Blog. Dazu ist ein stimmiger, wechselnder Austausch mit den anderen Social-Media-Plattformen notwendig. Prinzipiell sind Blogs ein geeignetes Instrumentarium, um unmittelbare, vertrauensvolle

Beziehungen zu Ihrer Zielgruppe aufzubauen, was das eigentliche Kernziel Ihrer Social-Media-Marketing-Aktivitäten widerspiegelt. Die Grundzüge der Ziele sind in ihrer Social-Media-Strategie (siehe Abschn. 5.4) verankert. Vor diesem Hintergrund sollten Sie die nachfolgenden, beispielhaft aufgeführten Ziele, wiedererkennen.

- Mit sachlich fundierten und spannenden Content neue Interessenten und Bewerber generieren.
- Das Vertrauen zu Ihren Interessenten so zu stärken, dass daraus zukünftige Bewerber werden.
- Die Zufriedenheit der zukünftigen Bewerber deutlich erhöhen.
- Sie entwickeln eine neue Öffentlichkeit und Sichtbarkeit.
- Sie positionieren sich als Kompetenzträger oder Vorreiter Ihrer Branche und steigern somit das Interesse zukünftiger Bewerber.
- Sie bauen eine (alternative) Reputation auf, die für eine positive Imageentwicklung Ihrer Arbeitgebermarke sorgt.

Versuchen Sie jedoch nicht alle Ziele gleichzeitig zu erreichen, sondern konzentrieren Sie sich bereits in der Konzeptionsphase auf maximal zwei Ziele.

Entwicklung eines Konzeptes
Bei der Konzeptentwicklung ist es wichtig, bereits zu Beginn alle notwendigen Abteilungen und Ansprechpartner mit ins Boot zu nehmen. Hierzu gehören auch einige Fachabteilungen, die wichtige Beiträge für den Blog liefern können. Wenn Sie bereits wissen, dass Sie zur Unterstützung eine externe Agentur benötigen, die das spätere Management des Blogs übernimmt, dann sollte diese von Anfang an integriert sein. Ich empfehle Ihnen zu Beginn einen entsprechenden Workshop durchzuführen, in dem alle wesentlichen Elemente des Konzeptes festgelegt werden.

Wenn Sie die in den Kap. 4 und 5 erläuterten Themen und Aufgabenstellungen erfolgreich erarbeitet haben, dann können Sie relativ entspannt an die Konzeption Ihres Karriere-Blogs herangehen. Die grundlegenden Fragestellungen für ein erfolgreiches Konzept wie die nach den Zielgruppen, der Positionierung der Arbeitgebermarke, der Botschaften und Kommunikation sollten Sie jetzt ausführlich beantworten können. Wenn Sie bereits in anderen sozialen Netzwerken und Plattformen unterwegs sind, dann sollten Sie Ihre Social-Media-Strategie (siehe Abschn. 5.4) bereits zum Teil umgesetzt haben.

Dennoch ist jetzt noch einmal ein guter Zeitpunkt den Kern Ihrer Botschaften, mit denen Sie Ihre Zielgruppen erreichen wollen, hinsichtlich der Struktur des Karriere-Blogs zu überprüfen. Darüber hinaus sollten Sie, in Abstimmung mit der PR und Marketingabteilung, festlegen, ob Sie einen reinen Karriere-Blog auflegen wollen, mit dem Ziel Kandidaten zu gewinnen, oder eher ein Image fördernden Blog um Bekanntheit und Attraktivität als Arbeitgeber zu forcieren. Bei einem Image fördernden Blog ist die Struktur eine andere, als bei einem Karriere-Blog.

Beispielsweise legt der Blog von Daimler den Fokus auf Kategorien wie Technologien und Innovationen, neben den klassischen Employer-Branding-Blöcken wie
Berufseinstieg und Entwicklungsmöglichkeiten im Unternehmen. Für viele Interessenten ist besonders interessant, neben den Karriere- und Jobmöglichkeiten, mehr über
die Entwicklung im Unternehmen, gerade aus technologischen Blickwinkeln heraus,
zu erfahren. Dies ist insbesondere für die Zielgruppe der Ingenieure und Techniker von
hoher Bedeutung. Insgesamt erfährt der Blog von Daimler sehr viel Anerkennung, weil
einige hundert Mitarbeiter in der Gestaltung von Beiträgen involviert sind (Weinberg
2014, S. 145).

Damit sind wir bei einem weiteren Baustein des Konzeptes angelangt, nämlich der
Struktur des Blogs. Das Erfolgsgeheimnis eines guten Blogs liegt, wie bei der Karriereseite, in einer übersichtlichen Struktur und anschaulichen, einladenden Darstellung. Der
Blog sollte folgende Strukturelemente beinhalten, wobei sich für die Gestaltung vielfältige Möglichkeiten anbieten (Schröter-Ünlü 2017, S. 255–258):

Eine übersichtliche Chronik In der Chronik werden alle Beiträge in umgekehrter
chronologischer Reihenfolge, also die aktuellsten Beiträge zuerst, angezeigt. Es empfiehlt sich, nur die Überschriften der Beiträge anzuzeigen, um Interesse zu wecken. Dies
setzt voraus, dass Sie spannende Überschriften einsetzen (siehe Unterpunkt Content).
Mit einem Klick gelangt der interessierte Leser dann auf den kompletten Beitrag.

Menüpunkte oder Kategorien Kategorien lassen zweifelsfrei erkennen, welche The-
men behandelt werden. Hierbei handelt es sich um einen elementaren Punkt Ihres Blogs.
Aus den Zielen leiten Sie ab, mit welchen Themenfeldern, die den Ansatzpunkt für die
Kategorien liefern, Sie Ihre Zielgruppen erreichen wollen.

Autoren Stellen Sie die Autoren, die Ihren Blog mit Leben füllen, persönlich vor. Die
eigenen Mitarbeiter bilden den Kern der Autoren, zu bestimmten Beiträgen können aber
auch Gastautoren ins Spiel kommen. Diese können zum Beispiel Kunden, Kooperationspartner oder sonstige Fachexperten sein. Ihre Mitarbeiter sollten Sie in einem kurzen
Steckbrief mit Foto vorstellen. Geben Sie eine Struktur vor, aber lassen Sie Ihre Mitarbeiter die eigene Beschreibung in der Ich-Form verfassen. Wesentlich persönlicher und
authentischer sind Video-Steckbriefe, die ich persönlich empfehle.

Sidebar Eine übersichtliche Sidebar, die die Verlinkung zu Ihren sonstigen Social-
Media-Plattformen anzeigt und eine entsprechende Verlinkung sicherstellt, ist ein weiterer Baustein.

Die Planung der Prozesse und der Organisation stellen zwei weitere elementare
Bestandteile des Konzeptes dar. Im Grunde genommen gelten hierfür vergleichbare
Voraussetzungen und Rahmenbedingungen, wie für das gesamte Employer-Branding-
Projekt. Die wichtigsten Aspekte habe ich Ihnen bereits in Abschn. 2.2 vorgestellt.

Wenn Sie die dort genannten Kriterien auf das Blog-Konzept transformieren, sind Sie gut aufgestellt. Legen Sie Ihr besonderes Augenmerk auf die notwendige Ressourcenplanung, sowohl aus personeller, als auch materieller Sicht. Ein weiterer Bestandteil, an dem Sie sich orientieren können, ist der Redaktionsplan (siehe Abschn. 5.4), wobei Ihr Karriere-Blog dauerhafter Bestandteil Ihres Redaktionsplanes werden sollte.

Zu guter Letzt stellt sich die Frage, welchen Namen Sie denn dem neuen Baby geben wollen. Der Name des Blogs spielt eine wichtigere Rolle als Sie vielleicht vermuten. Der Blog soll neben oder gemeinsam mit der Karriere-Seite zu Ihrem Aushängeschild werden. Das bedeutet der Blog erscheint nicht nur Online als separates Medium, sondern wird unausweichlicher Bestandteil jeglicher Marketingmaterialien. Also nehmen Sie sich als Gesamtteam im Workshop ausreichend Zeit, um verschiedene Varianten ausführlich zu diskutieren (Schröter-Ünlü 2017, S. 259).

Technik und Content

Genau genommen gehören sowohl die Frage nach der Technik, als auch nach dem Content zum kompletten Konzept für Ihren Blog. Meine Erfahrung aus verschiedenen Projekten hat mir jedoch verdeutlicht, dass gerade in diesen Entscheidungsfeldern viel Zeit investiert werden muss.

Mit modernen und weitverbreiteten Blog-Softwareprogrammen wie WordPress oder Blogger.com ist die Erstellung eines Blogs kein großes Hindernis, sowohl was die zeitlichen, als auch technischen Herausforderungen anbetrifft. Sie werden die Entscheidung für das System nicht allein treffen können. Dies hängt sehr stark von den unternehmensinternen Rahmenbedingungen ab, so zum Beispiel von der Wahl, ob Sie Ihren Blog auf eigenen Servern hosten oder auslagern wollen. Sie benötigen leistungsfähige Software und Serversysteme, wenn Sie eine größere Anzahl von Autoren einsetzen oder viel mit Fotos und Videos arbeiten wollen. Denken Sie bei der technischen Fragestellung zudem an den Datenschutz. Daher sollten Sie den IT-Bereich bei der technischen Frage einbinden und gemeinsam zu einer Entscheidung kommen.

Die Frage nach dem Content wird häufig bestimmt von der Problemstellung, über was konkret berichtet werden soll. Diese Frage sollte sich an dieser Stelle erübrigen, denn die Weichen hierfür haben Sie bereits durch die Ergebnisse aus den Abschn. 4.2 und 5.4 gestellt. Insofern beschäftigen Sie sich im jetzigen Stadium eher mit dem Thema, wie die mediale Kommunikation in eine Struktur gebracht werden kann. Diese Struktur ist sehr stark abhängig von den Zielsetzungen und den bis dato erarbeiteten Ergebnissen, aber auch von der bisher vorhandenen Social-Media-Kultur im Unternehmen. Aus diesem Grund stelle ich Ihnen einige Beispiele vor, die sich zwischenzeitlich in der Praxis bewährt haben:

Erfahrungsberichte Die Kategorie der Erfahrungsberichte bietet aus meiner Sicht das breiteste Angebotsfeld für spannende Beiträge. Das Video-Format liefert dabei nicht nur ein authentisches Bild, sondern schafft einen effizienten und relevanten Qualitätsfaktor für die gegenseitige Verlinkung mit den Community-Plattformen. Denken Sie zum Beispiel doch einmal über folgende Formate nach:

- Auszubildende, Studenten dualer Ausbildungsgänge berichten über ihre Ausbildung
- Neue Mitarbeiter erzählen über die Integration in Ihr Unternehmen mittels entsprechender Onboarding-Programme
- Mitarbeiter, die aktuell Personalentwicklungsprogramme durchlaufen, schreiben eine Art Seminar- oder Development „Tagebuch" und berichten regelmäßig über neue Erfahrungen und Lerninhalte
- Führungskräfte berichten, wie Sie mit Ihren Teams neue Projekte gestartet haben, oder in Zusammenarbeit mit den Kunden neue Dienstleistungen entwickelt haben.

Event-Berichte Lassen Sie die Leser Ihres Blogs an Kundenveranstaltungen, Messen und Kongressen teilhaben. Hierzu bietet sich ebenfalls das Video- oder das Livestream-Format an. Event-Berichte, gerade im Livestream-Format, haben den Reiz, beziehungsweise Vorteil, dass Sie bereits im Vorfeld auf den Community-Plattformen regelmäßig Ankündigungen zum Event positionieren können.

Interviews Gestalten Sie doch einmal eine Interviewreihe zu bestimmten Themenfeldern mit Mitarbeitern aus unterschiedlichen Bereichen oder Standorten. Mögliche Themenfelder lassen sich sehr gut aus den zuvor genannten Erfahrungsberichten ableiten. Interviews sind zudem ein geeignetes Medium für fachspezifische Content-Plattformen sowie den klassischen Printmedien.

Fachartikel Binden Sie die Fachabteilungen ein, um Fachartikel zu neuen Produkten, Dienstleistungen oder Kundenprojekten zu veröffentlichen. Gerade bei eher technisch orientierten Produkten, wie zum Beispiel in der Intralogistik, bieten Fachartikel die Möglichkeit Unternehmenseigenschaften wie Innovationsfähigkeit oder technologische Vorreiterrollen auf eine angenehme, anschauliche und authentische Art und Weise in den Mittelpunkt zu stellen.

Fragen an den Personalbereich Regelmäßige Features, zu denen auch Interviewreihen gehören, sorgen für eine besondere Attraktivität innerhalb Ihres Blogs. Der Effekt ist ungefähr mit den Fortsetzungen von Serienfilmen vergleichbar. Unter der Fragestellung „Welche Fragen habt Ihr zum Berufseinstieg und den Karriereperspektiven", die über verschiedene Community-Plattformen platziert wurde, wurde in einem Beratungsprojekt das Feature „Frag den Recruiter" kreiert. Ein wichtiger Nebeneffekt dabei, die Ergebnisse der Fragen führten zu einer Überarbeitung der Informationen auf der Karriereseite.

Behalten Sie bei all den genannten Beispielen einen Aspekt im Blick. Jeder Beitrag benötigt eine spannende Überschrift, die so viel Anreiz liefert, um aus der Sidebar heraus geklickt zu werden.

Positionierung und Vernetzung

Im Mittelpunkt der Positionierung Ihres Karriere-Blogs steht die Frage, wie Ihr Blog gefunden wird.

Im Grunde genommen erfolgt die Positionierung des Karriere-Blogs über die Vernetzung mit Ihren sonstigen Social-Media-Plattformen, über die Sie aktiv sind. Wie bereits erwähnt, besteht die Aufgabe darin das Hub mit entsprechendem News-Verkehr zu versorgen, beziehungsweise über das Hub in andere Kanäle zu transportieren. Wie im Transportmanagement kommt es auf Regelmäßigkeit, hohe Qualität und Zuverlässigkeit an. Sie müssen nicht mit allen Kanälen gleichzeitig starten, orientieren Sie sich an Ihrer Social-Media-Marketing-Strategie, beziehungsweise Ihren Redaktionsplan.

Darüber hinaus wird die URL Ihres Karriere-Blogs Bestandteil aller Marketingmedien, unabhängig davon, ob es sich um Printmedien wie Broschüren, Flyer, Messestände, Geschäftspapiere oder sonstige Druckmaterialien sowie die Signatur in den Mails, handelt.

Mit der Implementierung eines eigenen Blogs gewinnen Sie einen weiteren Vorteil. Google bewertet Blogs als besonders wertvoll und relevant, was bei der Google-Suche zu einem verbesserten Ranking führen kann.

Zusätzlich können Sie Ihren Blog noch weiter fördern, indem Sie sich in Blogverzeichnissen registrieren lassen wie zum Beispiel Bloglovin.

Fazit

Ein Karriere-Blog ist ein geeignetes Instrument, um Ihre Arbeitgebermarke prominent zu positionieren und für eine weitreichende Verbreitung zu sorgen. Als Kernstück Ihrer Social-Media-Kommunikation übertrifft ein Karriere-Blog im Hinblick auf Wirksamkeit und Zielerreichung Ihrer gesamten Employer-Branding-Aktivitäten die Karriereseite.

Starten Sie mit einem Karriere-Blog als Bestandteil Ihrer Unternehmens- oder Karriereseite, was insbesondere für mittelständische Unternehmen mit eingeschränkten Ressourcen interessant ist. Sofern nicht schon geschehen, starten Sie nach Fertigstellung des Blogs mit dem Aufbau Ihrer Social-Media-Community-Plattformen.

6.2   Content-Plattformen für Social-Media-Marketing per Video

Die Bandbreite der derzeit existierenden Content-Plattformen ist recht groß. Zu den Angeboten gehören außerdem themenspezifische Blogs, von denen sich zum HR-Management zwischenzeitlich einige etabliert haben. Logistikspezifische Plattformen, ohne verlagstechnische Anbindung oder Zugehörigkeit, existieren derzeit nur wenige. Branchenspezifische Informationen zur Logistik als Video-Angebot bietet bisher lediglich Logistik-TV (http://www.logistik-tv.net/). Eine Logistik-Plattform mit dem Themenkern

Employer Branding, Imageentwicklung der Logistik Branche, in Verknüpfung mit der Materie Recruiting ist derzeit nicht verfügbar. Mit der digitalen, videobasierten Plattform LOGISTIK-1 wird voraussichtlich ab 2019 das erste Angebot dieser Art zur Verfügung stehen.

Aufgrund der stark ansteigenden Bedeutung von Storytelling-Formaten als Bestandteil von Employer Branding und Recruiting, beschränke ich mich ganz bewusst in der Darstellung der Content-Plattformen auf das Feld des Social-Media-Marketings mit dem Marktführer YouTube.

Social-Video-Marketing mit YouTube

Bedingt durch die hohe Akzeptanz von Videos, nicht nur durch die junge Generation der Digitals, sollte Social-Video-Marketing ein fester Bestandteil in jedem Employer-Branding-Projekt und jeder Social-Media-Strategie zur Kommunikation von Arbeitgebermarken werden. Die authentische Darstellung von Arbeitgebermarken, insbesondere durch die Einbindung von Mitarbeitern als Markenbotschafter, verspricht den größten Erfolg durch die Kommunikation im bewegten Bild. Zudem sind Videos durch Weiterleitungen, Empfehlungen, Links und Likes in der Lage, eine nachhaltige Steigerung der Reichweite zu erzielen und dies mit überschaubaren Investitionen. In Videos lassen sich komplexe Sachverhalte in kurzer Zeit auf den Punkt bringen.

Imagefilme, die in der Zwischenzeit eine recht hohe Verbreitung finden, können den Branding-Film zur Arbeitgebermarke nicht ersetzen, auch wenn ich dieses Argument in Beratungsprojekten immer wieder höre. Unternehmensfilme sind Bestandteil der Social-Media-Strategie und konzentrieren sich eher in Richtung Produkte, Dienstleistungen oder Innovationen, die für die Zielgruppe der Kunden angewendet wird.

Darüber hinaus gibt es noch immer eine ganze Reihe von Einwände und Bedenken, gerade bei kleinen und mittelständischen Unternehmen. Hierzu gehören Aussagen wie Marketing per Video ist viel zu aufwendig und kostet viel Geld, Portale wie YouTube sind etwas für meine Kinder, aber nicht für unser Unternehmen, oder Videos dienen dem Entertainment, aber nicht der seriösen Information. Es gibt noch eine Menge Aufklärungsarbeit zu leisten, aber die Erfolgsfakten von Videos sowie die strategische Ausrichtung zahlreicher Community-Plattformen in Richtung Video und Livestreaming sprechen für sich.

Dabei vereinen Videos eine ganze Reihe von Vorteilen. Zahlreiche Studien belegen, dass Videos in den Social-Media-Kanälen häufiger geteilt werden als Bilder oder Texte. Videos bieten interessante Einblicke in Unternehmen, liefern für den Anwender einen hohen Nutzen und können zum Dialog einladen. Die auditive und visuelle Erfahrung des Zuschauers ermöglicht die Wahrnehmung von Dynamik und Emotionen, sie schafft eine persönliche Verbindung. Die Motivation sich über ein Video zu informieren, ist wesentlich höher als bei Textinformationen (siehe Abschn. 5.3). Der aus meiner Sicht wichtigste Grund, der für den Einsatz von Online-Videos spricht, ist die Chance auf eine hohe Reichweite und schnelle Verbreitung, durch die An- und Einbindung in zahlreiche Social-Media-Kanäle. Somit erreichen Sie eine dynamische Kommunikation und haben die Chance zu einem Beziehungsaufbau. Ein weiteres, eher technisches Argument ist die prominente Anzeige von Videos bei der Google-Suche, vorausgesetzt man hat die passenden Keywords zum Video in YouTube angegeben (Opresnik und Yilmaz 2016, S. 42–49).

Konzeption und Videoformat

Wie ich bereits in Abschn. 4.1.3 und 5.4 ausführlich dargelegt habe, steht Ihre Zielgruppe für die Kommunikation der Arbeitgebermarke im Mittelpunkt, auf diese müssen alle Ihre Aktivitäten ausgerichtet sein. Dies gilt selbstverständlich für die Konzeption Ihrer Videos. Ton, Bild, Text, Dramaturgie, sprich das gesamte Drehbuch wird auf die jeweilige Zielgruppe abgestimmt. Ob Sie Interviews, Dokumentationen, Videoportraits, Slideshows, mithilfe von Fotos oder Testimonials einsetzen, entscheidet die Wahl Ihrer Zielgruppe. In der Regel spielt die Motivierung, also die sogenannte call-to-action, Ihrer Zielgruppe eine wesentliche Rolle. Ist es Ihr erklärtes Ziel, dass Ihre Zielgruppe den Video-Kanal oder einen Newsletter abonniert und Sie so einen dauerhaften Kontakt herstellen können? Mit diesen Fragestellungen müssen Sie sich vor der Gestaltung des Drehbuchs auseinandersetzen. Wichtig ist, dass das Video zumindest Ihre Lead-Botschaft implizit vermittelt und anschaulich wird. Im Sinne des Content-Marketings verbinden Sie die genannten Aspekte und Kriterien zu einer ansprechenden Story.

Bei der Dauer des Videos achten Sie bitte auf knackige, kurze Videos mit prägnanten Botschaften. Ein Video sollte nicht länger als drei Minuten dauern. Ausnahmen können Interviews oder Dokumentationen darstellen. Bei Beratungsprojekten fällt mir bei der Analyse von existierenden Videos immer wieder auf, dass diese viel zu lang sind. Eigentlich gut inszenierte Videos stellen mehrere Mitarbeiter in einem Video mit einer Länge von bis zu sieben Minuten vor. Dies führt zu Abbruchraten, die vermieden werden können, wenn aus einem längeren Video drei bis vier Videos geschnitten werden. Videos, gerade über oder sogar von Mitarbeitern, müssen nicht kinotauglich sein. Im Zweifel ist Authentizität wichtiger als Kino-Look, der mehr nach Schauspielern aussieht, als nach Mitarbeitern (Schmitz 2013).

Achten Sie auf ein Thumbnail, also Titelbild, welches Interesse weckt, oder auf einen entsprechenden Titel, der motiviert. Um über eine hohe Reichweite auf Videoplattformen mehr Traffic auf Ihre Corporate-Plattformen zu generieren, sollten Sie darauf achten, im Abspann des Videos auf Ihre Zielseite (Unternehmens- oder Karriereseite, Karriere-Blog) zu verweisen und im Beschreibungstext bei YouTube immer einen Link zu der von Ihnen gewünschten Seite anzugeben.

Distribution und Einbindung von Videos über YouTube

Der wichtigste Aspekt für ein erfolgreiches Video-Marketing ist, dass Ihre Videos gefunden werden. Basis und Datenbank zugleich ist ein eigener Unternehmens- oder Karrierekanal. Aufgrund der Marktführerschaft kann ich, nach aktuellem Stand, nur einen Kanal auf YouTube empfehlen. Auf Hinweise zur Gestaltung und technischen Einrichtung eines YouTube-Kanals gehe ich nicht weiter ein. Hierzu gibt es auf der einen

Seite entsprechende Literatur, auf der anderen Seite können in Beratungsprojekten die Social-Media-Kollegen mit ihren kreativen Fähigkeiten und technischen Kompetenzen diesen Part erfolgreich übernehmen.

Zurück zu YouTube, welches 2005 gegründet und bereits ein Jahr später von Google übernommen wurde. Auf der eigenen Webseite (https://www.youtube.com/intl/de/yt/about/press/) veröffentlicht YouTube folgende Daten. YouTube hat mehr als 1 Milliarde aktive Nutzer im Monat – das entspricht ungefähr jedem dritten Internet-User rund um den Erdball. Die meisten Nutzer hat die Video-Tochter von Google in der Altersgruppe der 25- bis 44-Jährigen. YouTube-Nutzer schauen jeden Tag Videomaterial im Umfang von einer Milliarde Stunden. Davon entfallen immerhin bereits 40 % auf Mobilgeräte wie Smartphones oder Tablets. YouTube existiert in 76 Sprachen und erreicht damit 95 % aller Internetnutzer weltweit. Darüber hinaus ist YouTube zur weltweit zweitgrößten Suchmaschine nach der Mutter Google avanciert. Unter den Videoportalen hat YouTube einen Marktanteil von mehr als 90 % erreicht (Opresnik und Yilmaz 2016, S. 51). Das bedeutet, dass der User direkt auf YouTube geht, um Videos zu einem von ihm gesuchten Thema zu finden. Auf YouTube „gehostete" Videos können Sie zudem mühelos in die eigenen Content-Plattformen, aber auch in Newslettern oder sonstigen Mails einbinden. Damit erhöhen Sie die Sichtbarkeit, Auffindbarkeit und Reichweite. Durch die optimale Kombination mit Google AdWords sind Videos auf YouTube optimiert für den Marketingeinsatz.

Um das Ranking auf YouTube und damit auf Google generell zu erhöhen, sollten Sie auf folgende Aspekte achten (Grabs et al. 2017, S. 275):

- Benutzen Sie maximal drei bis vier Keywords, die den Kern des Videos tatsächlich treffen. Setzen Sie aber Variationen der Keywords ein, also Singular/Plural, in Getrenntschreibung oder als ein zusammengesetztes Wort. Mein Tipp: Fragen Sie sich, mit welchen Wörtern Sie selbst suchen würden. Geben Sie Ihre Keywords zusätzlich als #Hashtags an.
- Das wichtigste Keyword sollte im Titel des Videos enthalten sein.
- Beim Beschreibungstext benutzen Sie kurze, knackige Sätze. Sorgen Sie für eine Top-Headline, die auffällt und motiviert. Verwenden Sie nicht mehr als 300 Wörter in Ihrem Beschreibungstext.
- Geben Sie immer den Link zu Ihrer bevorzugten Content-Plattform an. Verlinken Sie das Video mit anderen Social-Media-Kanälen.

Zukunft

Zahlreiche Studien und Untersuchungen kommen zu dem Ergebnis, dass YouTube in Zukunft weiterwachsen wird und seine dominante Rolle im Videosegment, gerade in Kombination mit anderen Social-Media-Kanälen (Facebook, Instagram) behaupten, beziehungsweise ausbauen kann. Für die Kommunikation der Arbeitgebermarke wird Video-Marketing, gerade in Hinsicht auf authentisches Storytelling, eine weiterhin zunehmende Bedeutung bekommen.

Erfolgskontrolle

Mit YouTube Analytics wird Ihnen ein gutes Instrument zur Erfolgskontrolle Ihrer Videos zur Verfügung gestellt. YouTube liefert Ihnen Performance-Kennziffern für verschiedene Zeiträume von einem Monat bis zu einem Jahr. Mit Insights pro Video steht Ihnen ein ergänzendes Tool zur Verfügung, um zum Beispiel Informationen zur Anzahl der Videoaufrufe, der Verweildauer, der Zugriffsquellen, zu Regionen des Zugriffs und dem Geschlecht der Nutzer zu erhalten. Das zur Verfügung stehende Zahlenmaterial ist in jedem Fall eine gute Unterstützung, um bei zukünftigen Videos hinsichtlich der Zielgruppen nachzujustieren. Eventuell entdecken Sie bei der Analyse zusätzlich Nutzer in Regionen, an die Sie bisher noch gar nicht gedacht hatten und richten Ihre Ansprache neu aus.

> **Fazit**
>
> Social-Video-Marketing ist ein nachweislich erfolgreiches Social-Media-Instrument, wenn die Inhalte über die eigenen Mitarbeiter transportiert werden, oder sogar direkt von den Mitarbeitern produziert werden. Mit authentischen und kurz gehaltenen Videos gelingt es Aufmerksamkeit zu erzeugen. Aufmerksamkeit ist der Keim für eine Steigerung des Bekanntheitsgrades einer Arbeitgebermarke. Video-Marketing ist zudem eine ideale Bühne, um die Lead-Botschaft Ihrer Marke im bewegten Bild transparent näher zu bringen.
>
> YouTube ist in besonderem Maße geeignet, um Testimonials, Imagevideos oder Interviews potenziellen Interessenten zur Verfügung zu stellen. Aus der YouTube-Basisstation heraus können sie dann in die Community-Plattformen transportiert werden, um letztendlich auf die bevorzugte unternehmenseigene Corporate-Plattform zu führen. YouTube entwickelt sich immer mehr von einer Plattform für Ihre Videos zu einem sozialen Netzwerk, wenn auch noch nicht so stark ausgeprägt wie klassische Community-Plattformen. YouTube wird für diesen Zweck weiterhin das Non plus Ultra darstellen, sofern man dies in einem sich permanent ver ändernden Markt vorhersehen kann.

6.3 Community-Plattformen

Wie bereits zuvor erläutert, sind Community-Plattformen die ideale Schnittstelle zur Kommunikation mit den von Ihnen festgelegten Zielgruppen. Die Plattformen bilden die technische Grundlage für Ihren direkten Kontakt mit potenziellen Interessenten und Kandidaten. Durch die Möglichkeit Videos und Fotos einzubinden oder sogar einen Livestream zu initiieren, werden Community-Plattformen immer beliebter und spielen somit für die Kommunikation der Arbeitgebermarke eine immer wichtigere Rolle.

Bevor ich mich konkreter den einzelnen Plattformen widme, möchte ich noch auf das Thema Datenschutz, beziehungsweise Datennutzung im Zusammenhang mit den Community-Plattformen eingehen. Immer wieder werden Datenmissbrauchsfälle von

Social-Media-Kanälen publiziert, die für eine vorübergehende Verunsicherung von Anwendern führen. Inwieweit dieser Missbrauch tatsächlich stattgefunden hat, kann und möchte ich inhaltlich nicht bewerten. Ich halte es aber für ausgesprochen wichtig, dass die Mitarbeiter mehr Informationen, wenn nicht sogar Schulungen im Umgang mit ihren Daten in Social-Media-Kanälen erhalten. In meinen Employer-Branding-Beratungsprojekten sind diese Schulungen und Informationen in der Zwischenzeit zu einem festen Bestandteil geworden. Die Information und Aufklärung der Mitarbeiter ist nicht nur für Unternehmen von großer Bedeutung, um die Mitarbeiter für mögliche Risiken zu sensibilisieren, sondern stellt sich auch für die Mitarbeiter als Mehrwert heraus.

In den folgenden Kapiteln konzentriere ich mich bei meiner Darstellung und Analyse auf diejenigen Community-Plattformen, die heute eine dominante Rolle sowohl beim Employer Branding (siehe Abb. 6.3), und im Recruiting (siehe Abb. 6.6) spielen.

Facebook, Instagram und Twitter zählen zu den klassischen Community-Plattformen, während XING und LinkedIn als Karriere-Plattformen für den gesamten Komplex des Employer-Branding-Prozesses in der Zwischenzeit eine Schlüsselrolle eingenommen haben. Karriere-Plattformen bieten eine zielgerichtete direkte Kommunikation, sei es über eine direkte Ansprache oder über den Austausch in spezifischen Gruppen oder Beiträgen anderer. Insofern erfüllen Karriere-Plattformen heute alle Anforderungen einer

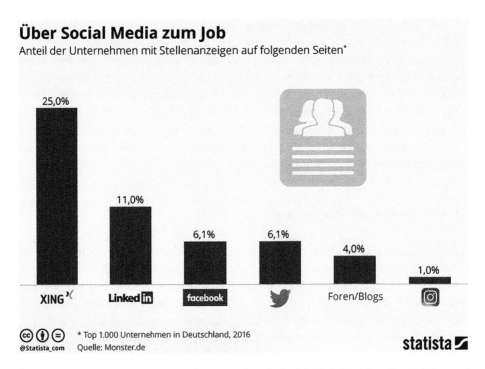

Abb. 6.6 Anteil der Unternehmen mit Stellenanzeigen in Social-Media-Kanälen. (Quelle Monster.de 2016/Statista).

Community-Plattform, wobei es sich hier eher um fokussierte Business-Plattformen handelt.

Selbstverständlich gibt es nicht die richtige oder die passende Plattform für die Kommunikation Ihrer Arbeitgebermarke und dem Austausch mit Mitgliedern Ihrer Zielgruppe. Die Präsenz in einer Plattform wird nicht ausreichen, der gute Mix von mehreren Plattformen ist das Erfolgsrezept. Und zum Erfolgsrezept gehört auch die Erkenntnis, welche Mitglieder aus den Zielgruppen in welchen Plattformen, zu welchen Zeiten, mit welchen Bedürfnissen unterwegs sind.

Für die Charakterisierung und Erläuterung der jeweiligen Community-Plattformen habe ich eine einheitliche Struktur gewählt, die Ihnen eine bessere Vergleichbarkeit der Plattformen ermöglicht:

- Allgemeine Informationen
- Hinweise und Empfehlungen zur Anwendung
  - Bei den Empfehlungen gehe ich nur auf einige wesentliche Aspekte ein, bevorzugt diejenigen, die bei Projekten immer wieder in Unternehmen thematisiert werden. Auf technische Details zur Anwendung gehe ich nicht weiter ein.
- Trends und Entwicklungen
- Nutzen als Branding-Plattform

6.3.1   Facebook

Allgemeine Informationen
Facebook ist, trotz aller immer wiederkehrenden Diskussionen um die Sicherheit privater Daten, beziehungsweise deren Kommerzialisierung durch Dritte, weiterhin das beliebteste soziale Netzwerk. In der Zwischenzeit ist Facebook zu einem festen Bestandteil der Markenkommunikation für eine Vielzahl von Unternehmen geworden. Mit einer Facebook Unternehmens- oder noch besser Karriereseite haben Sie die Chance eine verstärkte Wahrnehmung für Ihre Arbeitgebermarke zu erzielen, sofern Sie Ihre Zielgruppen mit guten und unterhaltsamen Content erreichen (siehe Kap. 5).

Bei den ersten Zahlen, die Facebook Anfang 2018 veröffentlichte (Roth 2018), nannte Facebook die Zahl von 2,1 Mrd. aktiven Nutzern. Davon nutzen 1,4 Mrd. Mitglieder die Plattform jeden Tag. In Europa nutzen 277 Mio. Mitglieder Facebook täglich. Auf der Unternehmensseite betreiben 70 Mio. Unternehmen eine eigene Unternehmensseite, 6 Mio. Unternehmen nutzen Facebook für gesponserte Beiträge, also Werbung. Diese Daten sprechen für sich und unterstreichen, welchen hohen Stellenwert Facebook für die Positionierung der Arbeitgebermarke einnehmen kann.

Durch die hohe Zahl an Usern kann Facebook als eine Art Massenmedium bezeichnet werden. Um jedoch in dieser Masse die richtigen Mitglieder anzusprechen, die zu den definierten Zielgruppen gehören, muss die Anwendung von Facebook präzisiert werden. Eine hohe Anzahl an Fans ist ein Indikator dafür, dass Ihr Unternehmen wahrgenommen wird, mit großer Wahrscheinlichkeit realisieren Sie damit eine erhöhte Besucherzahl auf Ihrer Karriereseite. Es sagt aber dennoch nicht viel über den Erfolg Ihrer Facebook-Unternehmensseite. Entscheidend ist eine zielgerichtete Ansprache mit der Erschließung von Interessenten aus Ihrer Zielgruppe.

Hinweise und Empfehlungen zur Anwendung

Wie bei jedem anderen Social-Media-Kanal empfehle ich vor jedem Start erst einmal eine kurze Marktanalyse durchzuführen, bevor man mit der eigenen Seite beginnt. Schauen Sie sich sehr genau an, wie andere Unternehmen oder auch Wettbewerber auf Facebook agieren, beziehungsweise wie sie sich darstellen und die Kommunikation gestalten. So erhalten Sie erste Anhaltspunkte und weitere Ideen, wie Sie an die eigene Unternehmensseite herangehen wollen.

Vertrauen Sie auf die Mitwirkung Ihrer Mitarbeiter. Gehen Sie offen mit dem Thema um und binden Sie möglichst viele Mitarbeiter, die in Facebook aktiv sind, mit ein, im ersten Schritt als Fans und Multiplikatoren.

Die Nutzung von Facebook und die Implementierung von Unternehmens- oder Karriereseiten ist zwar (noch) ohne Kosten verbunden, dennoch sollten Sie für zielgruppenorientierte Kampagnen ein monatliches Budget für gesponserte Beiträge einplanen. Fangen Sie mit einem niedrigen Budget an, um dieses, mit den zunehmenden Erfahrungen, sukzessive auf einen bis zu ca. dreistelligen Betrag pro Monat zu steigern.

Überprüfen Sie jeden Artikel, den Sie veröffentlichen wollen im Hinblick auf die Zielsetzung Ihrer Social-Media-Strategie und dem Redaktionsplan. Dies gilt selbstverständlich nicht nur für Ihre Beiträge in Facebook, sondern für jede Community-Plattform. Stellen Sie sicher, dass keine Posts ohne Genehmigung der Redaktion oder des zuständigen Administrators veröffentlicht werden.

Nutzen Sie aktiv die Anwendung „Veranstaltung", in der Sie jede Art von Event eintragen können. Dies kann als größere Veranstaltung der Tag der Logistik sein. Es kann eine Bewerberveranstaltung für Schulabgänger sein oder der einfache Hinweis auf eine Veranstaltung auf der Sie demnächst anzutreffen sind. Dabei haben Sie die Gelegenheit, Ihre Zielgruppe im Rahmen einer „privaten Veranstaltung" persönlich einzuladen oder mit der Funktion „öffentliche Veranstaltung" eine breite Gruppe anzusprechen. Im letzteren Fall achten Sie aber darauf, dass Sie die Anzahl der potenziellen Besucher bewältigen können. Zudem können Sie Fotos und Videos einsetzen. Mit einem Video laden Sie persönlich ein, zudem sollten Sie die Rahmenbedingungen zur Teilnahme kommunizieren.

Es gibt Social-Media-Experten, die empfehlen für eine nachhaltige Durchdringung bis zu drei Posts pro Tag. Da stellt sich die Frage, wer dies leisten soll. Sicherlich nicht die zuständigen HR-Bereiche in der Logistik, auch nicht mit Unterstützung von PR oder Öffentlichkeitsarbeit. Nach meiner Erfahrung können Sie mit weniger Posts erfolgreich sein. Ich empfehle regelmäßige Termine einzuführen, auf die sich die Abonnenten einstellen können. Viele Nutzer mögen feste, regelmäßige Termine. Bestimmen Sie im Rahmen der eigenen Organisationsmöglichkeiten feste Termine, verbunden mit einem klaren Thema oder einer Themenrubrik. Wie wäre es zum Beispiel mit

- dem NEWS Mittwoch,
- dem Interview zum Wochenende (am Freitag),
- den Tipps für eine erfolgreiche Bewerbung/Karriere zum Wochenstart (am Montag).

Dies sind nur einige Beispiele, die sich in der Praxis bewährt haben. Ein Beispiel aus der Logistik ist der „#teamtuesday", den die SSI Schäfer Gruppe mit der Seite „SSI Schäfer Karriere" eingerichtet hat. Hier erscheinen jeden Dienstag Videos, Interviews oder einfach News zur Karriere im Unternehmen.

Welche Tage die passenden sind und welcher Content der geeignete ist, hängt wie immer von Ihrer Zielgruppe und deren Prämissen und Vorlieben ab.

Nutzen Sie bei geeigneten Anlässen Facebook Live für Veranstaltungen mit Interviews oder Diskussionen. Bei diesen Sessions können die Betrachter, wie bei einem Webinar, sofort Kommentare absetzen oder Fragen stellen, auf die Sie dann während des Livestreams oder zu einem späteren Zeitpunkt eingehen können.

Denken Sie einmal darüber nach, ob Sie eine eigene Facebook Gruppe zu einem speziellen Thema erstellen. In der Gruppe können sich alle Mitglieder untereinander austauschen. Somit können Sie sehr gut Meinungen und Themenschwerpunkte analysieren. Beachten Sie bei diesen Überlegungen, dass Sie nur mit einem persönlichen Profil, also nicht über die Unternehmensseite eine Gruppe gründen können. Dies sollte dann ein gut ausgebildeter Mitarbeiter des Employer-Branding-Teams sein oder ein extern beauftragter Social-Media-Redakteur.

Nutzen Sie in der Facebook Navigation das Modul „Insights", um detaillierte Informationen und Statistiken zur Wirksamkeit Ihrer Unternehmensseite zu erhalten.

Zur Steigerung der Wirksamkeit der Unternehmensseite und insbesondere der Werbekampagnen empfehlen Social-Media-Agenturen den Einsatz von Facebook Pixel. Facebook Pixel ist ein Instrument, welches dabei hilft, die Effektivität von Anzeigen zu messen und die Zielgruppen zu verfeinern. Dieses Verfahren wird Pixel-Tracking genannt. Mit diesem System kann man herausfinden, wie oft eine Internetseite oder Landingpage angesteuert wurde und von wem. Dazu reicht ein einziger Pixel auf der bildlich dargestellten Webseite aus. Für den User ist ein Pixel nicht erkennbar, weil es sehr klein ist und sich dem Webseitenhintergrund anpasst. Ein auf der eigenen Seite eingebauter JavaScript-Code zählt mit, wie oft das Pixel auftaucht. Die Facebook-ID des Users wird in einer sogenannten Custom Audience gesammelt.

Während ein Custom-Audience- oder Website-Custom-Audience-Pixel (WCA-Pixel) genannt, die Customer Audiences befüllt, werden durch einen Tracking-Pixel die Conversions auf einer Landingpage gezählt. Somit haben Sie die Information wer auf Ihrer Seite geklickt hat, zusätzlich erfahren Sie, ob derjenige seine Daten abgegeben hat. Auch wenn dieses Verfahren sehr hilfreich ist, um direkt zu erfahren, wer die Karriereseite besucht hat und man diesen Anwender nun zielgerichtet kontaktieren kann, so gibt es doch von einigen Rechtsexperten datenschutzrechtliche Bedenken beim Einsatz. Dies sollten Sie vorab mit der eigenen Rechtsabteilung oder einem externen Fachanwalt klären.

Trends und Entwicklungen

Marc Zuckerberg, Gründer und CEO von Facebook, verkündete im Januar 2018 die neue strategische Ausrichtung unter dem Motto „Back To The Roots". Konkret bedeutet diese Ankündigung, Facebook setzt auf seine ursprüngliche Idee ein Netzwerk für Privatpersonen zu sein. Das hat nicht zur Konsequenz, dass Facebook nunmehr für Unternehmen uninteressant wird, denn Facebook setzt noch stärker auf seinen Umsatzbringer der gesponserten Posts. Dies bedeutet der Facebook Algorithmus wird so angepasst, dass eine Ausspielung von Nachrichten nur noch in Verbindung mit zielgerichteten Kampagnen Sinn macht. Weiterhin ist das Ziel, sozusagen als Gegenpart zu YouTube, verstärkt auf Videos zu setzen. Bis 2021 sollen 90 % aller Content-Beiträge aus Videos bestehen oder solche beinhalten. Nur so kann der Relevanzfaktor, den Facebook bestimmt, erreicht werden. Hier nähert sich Facebook offensichtlich seiner zweiten Marke Instagram an (siehe Abschn. 6.3.2). Für die Kommunikation der Arbeitgebermarke im Storytelling-Format mittels Videos sind diese Zielrichtungen von Facebook natürlich als sehr positiv zu bewerten.

Zwar gelten Jobbörsen noch als die Hauptplattformen für direkte Stellenangebote, aber die sozialen Netzwerke holen deutlich auf. In Deutschland hat XING (siehe Abschn. 6.3.4) mit den verschiedenen Recruiting-Tools bewiesen, wie sich ein Netzwerk in Form einer Business-Plattform zu einem ernsthaften Konkurrenten für klassische Jobbörsen wie StepStone, Experteer, Indeed, um nur einige zu nennen, entwickeln kann.

Der Stellenmarkt ist ein Multi-Milliarden Business. Dies hat Facebook für seine Geschäftsentwicklung entdeckt, nachdem Google mit Google for Jobs, das ebenfalls kurz vor der Veröffentlichung in Deutschland steht, in den USA Vorreiter der Entwicklung war. Facebook versucht bereits seit 2016 mit dem Beitragsformat „Jobs" mit einfachen Stellenanzeigen in den Newsfeed Fuß zu fassen. Die Jobanzeigen werden über den Newsfeed potenziellen Bewerbern sichtbar gemacht. Nun baut Facebook tatsächlich eine eigene Jobbörse auf, die wohl unter „Facebook Jobs" an den Start gehen soll. Stellenausschreibungen auf Facebook-Unternehmensseiten sollen dann zum Standard werden. Nach dem Roll-out in 40 Ländern, soll Deutschland in Kürze auf dem Plan stehen. Damit nutzt Facebook das Konzept von LinkedIn und XING. Auf der Basis der User-Profile entsteht mit der Jobbörse eine nicht zu unterschätzende Matching-Grundlage. Da die meisten Stellenbörsen Jobs auf der Basis von Suchmasken anbieten, LinkedIn oder XING im Vergleich zu Facebook relativ wenig über seine Teilnehmer weiß, liegt die Vermutung nahe, dass Facebook zumindest in dieser Hinsicht relevantere Suchergebnisse liefern könnte.

Bereits zu Beginn von Kap. 6 bin ich auf den Trend der Chatbots, respektive Jobbots, eingegangen. Facebook Messenger ist bereits heute als Jobbot nutzbar und wird von einigen deutschen Unternehmen zur Ansprache potenzieller Kandidaten auf der

Facebook-Unternehmensseite genutzt. Durch die Integration in WhatsApp Business, als direktes Kommunikationsmittel für Unternehmen, sind Hinweise und Posts auf vakante Positionen zukünftig automatisiert möglich, natürlich gegen entsprechende Bezahlung. An diesem Beispiel wird deutlich, dass manchmal erst nach einiger Zeit deutlich wird, was hinter den Akquisitionen der Global-Social-Media-Player steckt.

Nutzen als Branding-Plattform
Facebook ist bereits heute eine fast unverzichtbare Community-Plattform für Social-Media-Aktivitäten rund um die Arbeitgebermarke. Mit der strategischen Zielrichtung Video-Formate zu forcieren und diese in Verbindung mit Facebook Jobs zu vereinen, hat Facebook das Potenzial als Employer-Branding-Instrument noch wertvoller zu werden.

Facebook wird Unternehmen mit den neuen Features daher nicht mit einem Schlag neue Reichweite oder die genau passenden, besten Bewerber schenken. Die Regeln für eine Sichtbarkeit und Ausspielung der Beiträge auf Facebook gelten uneingeschränkt weiter. Das bedeutet, Sie müssen weiterhin relevanten Content liefern und Ihre Zielgruppen systematisch aufbauen. Die Relevanz des Contents verschiebt sich durch die neue strategische Ausrichtung, dem müssen Sie Rechnung tragen.

Erwarten Sie keine Wunder in kurzer Zeit. Sie kennen dies aus Ihrem privaten Umfeld, der Aufbau und die Pflege von zwischenmenschlichen Beziehungen benötigt seine Zeit bis eine gesunde Vertrauensgrundlage geschaffen ist.

6.3.2   Instagram

Allgemeine Informationen
Instagram ist ein Unternehmen von Facebook und gehört aktuell zu den immer beliebter werdenden Community-Plattformen. Die Plattform ist von der Geschäftsidee her auf die Veröffentlichung von Fotos und Videos durch seine Nutzer ausgerichtet. Aufsetzend auf diesen Medien hat Instagram 2016 das Format Storys eingeführt, welches sich einer hohen Beliebtheit erfreut. Mit Storys hat Instagram ein erfolgreiches Format der Community-Plattform Snapchat übernommen.

Der Erfolg von Instagram beweist einmal mehr, dass Fotos und Videos in den Social-Media-Kanälen beliebt sind und gleichzeitig mit diesem Medium eine ausgeprägte Aufmerksamkeit erzeugt werden kann. Aus diesem Grund wird Instagram immer mehr von Unternehmen als geeignete Plattform für Produkt- und Markenentwicklung angesehen. Laut dem Social-Media-Portal Futurebiz (Firsching 2018) existieren aktuell (Stand Februar 2018) ca. 25 Mio. Instagram-Unternehmensprofile. Die Hälfte der Unternehmen veröffentlicht pro Monat mindestens eine Instagram Story. Auf der Nutzerseite sollen mehr als 800 Mio. Personen monatlich aktiv sein. Wesentlich ist jedoch folgende Kennzahl: 80 % der Accounts folgen einem oder mehreren Business-Profilen und 200 Mio. Instagram-Nutzer besuchen täglich den Account eines Unternehmens. Zudem kommen zwei Drittel der Business-Profilbesuche von Nutzern, die dem Unternehmen gar nicht folgen.

Instagram ist auf die Nutzung durch mobile Endgeräte ausgelegt, was die Nutzung für Unternehmen nicht gerade vereinfacht, auch wenn seit 2017 eine Desktop-Version verfügbar ist. Die Desktop-Version hat jedoch einen eingeschränkten Funktionsumfang, zudem kann man bei dieser Version nicht gerade von hoher Nutzerfreundlichkeit sprechen. Ein anwenderfreundlicher Desktop könnte aber sicherlich dazu beitragen, verstärkt über mögliche, wenn auch kostenpflichtige Werbekampagnen, nachzudenken.

Hinweise und Empfehlungen zur Anwendung

Instagram bietet die Möglichkeit bis zu vier Unternehmenskonten anzulegen, was eine flexible Nutzung für verschiedene Themenstellungen rund um die Arbeitgebermarke ermöglicht.

Wie zuvor erwähnt, besteht Instagram im Kern aus den drei Media-Varianten Foto, Video und Storys, die durch entsprechende Textbeiträge ergänzt werden können. Auch wenn Instagram darauf ausgelegt ist Fotos, Videos und Storys mittels der Instagram App über ein mobiles Endgerät aufzunehmen und online zu stellen, sollten Sie als Unternehmen darauf achten, möglichst professionelle Bilder und Videos in Ihre Galerie einzustellen. Die Videos dürfen maximal 60 Sekunden lang sein. Bei dieser zeitlichen Beschränkung sollten Sie genau überlegen, welcher Content Sinn macht. Unterhaltung steht bei Instagram im Vordergrund. Der Informationsgehalt spielt nur eine untergeordnete Rolle.

Ähnlich wie bei Twitter (siehe Abschn. 6.3.3) kann man die Veröffentlichungen, oder besser gesagt die Beschreibungen zu Fotos und Videos, mit Hashtags versehen. Diese haben jedoch einen anderen Schwerpunkt als es bei Twitter der Fall ist, es handelt sich eher um eine Art Stichwortkategorie, die sich als Instagram affin darstellt. Die populären Hashtags beziehen sich auf Fotothemen, respektive der Fotogestaltung, auf Kategorien wie Travel, Lifestyle, Food, Leben oder vergleichbaren, populären Themen. Kategorien zu Karriere und Jobs sind derzeit noch deutlich unterrepräsentiert.

Als Unternehmen von Facebook bietet Instagram zudem die Möglichkeit bezahlte Werbekampagnen durchzuführen. Zum einen besteht die Möglichkeit eigene Beiträge durch die Hervorheben-Funktion zu bewerben, zum anderen kann man den Facebook Werbeanzeigenmanager nutzen. Die Abrechnung erfolgt immer über Facebook.

Bei der Anwendung der drei medialen Varianten sollten Sie folgende Empfehlungen beachten.

Fotos Die Bildergalerie-Funktion hat ein wenig an Bedeutung verloren, seit die Storys mit ihren Inhalten eingeführt wurden. Dennoch können auch Fotos für solchen Content sinnvoll eingesetzt werden, der das Leben hinter den Arbeitsplätzen darstellt. So kann in Fotoserien präsentiert werden, was sich konkret hinter Produkten und Marken verbirgt, oder wie Arbeitsabläufe im Unternehmen aussehen. Zudem können Mitarbeiter oder ganze Abteilungen in einer Art Fotogalerie vorgestellt werden. Hierfür bietet die Plattform viel Platz für Geschichten aus dem Unternehmen.

Um einen ansprechenden Beitrag zu entwickeln, sind in erster Linie ein paar qualitativ hochwertige Fotos notwendig, die ein Thema visuell aufgreifen. Die Bilder sollten
mit zentralen Aspekten des Themas und passenden Hashtags ergänzt werden. Bei der
Bildgestaltung sollten Sie beachten immer ein zentrales Motiv deutlich erkennbar darzustellen. Das Motiv ist im Prinzip schon die Botschaft. Kreieren Sie einen einheitlichen
Stil für die Fotos, um einen Wiedererkennungswert sicherzustellen. Laden Sie nur selbst
gemachte Fotos hoch, benutzen Sie keine Fotos aus Bildergalerien. Wählen Sie einen
spannenden, eventuell auch provokativen Text zu den Fotos, der anregt mehr zu erfahren.
Halten Sie sich beim Text in der Bildunterschrift kurz.

Videos Wie zuvor erwähnt, sind Videos momentan in einer Länge von bis zu 60 Sekunden publizierbar. Wenn man jedoch bedenkt, dass ein Video schon ab einer Dauer von
nur drei Sekunden veröffentlicht werden kann, wird klar, dass es um den schnellen Kon-
sum geht. Die Nutzer auf Instagram werden kaum die 60 Sekunden ausharren. Schnelles
Erleben genießt eine deutlich höhere Priorität als nachhaltige Information.

Generell lassen sich Videos, genau wie Fotos, zu einem Blick hinter die Unter-
nehmenskulissen nutzen. Da es um Schnelligkeit und Spontanität geht, sollten Sie die
Gelegenheit nutzen, Ihre Mitarbeiter nicht nur mit einzubeziehen, sondern zu handeln-
den Akteuren machen. Dies erfordert aus meiner Sicht eine intensive Schulung und klare
Regeln, insbesondere, weil die Mitarbeiter die Beiträge in der Regel mit ihren eigenen
Mobilgeräten aufnehmen und online stellen. Eine Überprüfung durch einen Redak-
teur lässt sich zeitlich häufig nicht realisieren und entspricht nicht der Philosophie von
Instagram.

Storys Mit Storys können Fotos und Videos mit Texten und grafischen Elementen kombiniert werden, die 24 h online bleiben und anschließend im eigenen Profil nicht mehr
auftauchen. Business-Accounts haben allerdings durch die bereitgestellten Statistiken
einen längeren Zugriff auf diese Beiträge. Instagram Storys sehen keine Begrenzung
beim Betrachten der Storys durch den Nutzer vor. Andererseits können Sie nicht
erkennen, wie oft eine Story von einem Follower angesehen wurde. Sie können so viele
Beiträge posten, wie Sie mögen, und diese vielfältig bearbeiten. Alles, was Sie posten,
erscheint als Slideshow und bildet Ihre Story.

Zur Auswertung der Unternehmensseite und der Beiträge steht, vergleichbar mit
Facebook, Insights zur Verfügung, um anhand einiger Kennziffern Rückschlüsse auf die
Performance ziehen zu können. Mittels der Statistiken können Sie einsehen, welche Fol-
lower Ihre Story angesehen haben.

Trends und Entwicklungen

Instagram ist vor allem für Lifestyle-Unternehmen ein wichtiger Marketing-Kanal, weil
sie auf eine große Reichweite bei jungen Zielgruppen hoffen. Spannend ist die Frage,
wie sich Instagram in den nächsten Jahren entwickeln wird, speziell in Deutschland.

Im Mai 2017 veröffentlichte Futurebiz eine Prognose des Marktforschungs-instituts eMarketer (Firsching 2017) im Hinblick auf die zukünftige Entwicklung von Instagram. Die Vorhersage basiert unter anderem auf der bisherigen Entwicklung der Deutschland-Zahlen und dem Potenzial, gemessen an der Bevölkerungszahl sowie der demografischen Entwicklung. Bis 2021 rechnet eMarketer mit 16,3 Mio. Nutzern in Deutschland. Demnach wird sich die Dynamik der Wachstumskurve in den kommenden Jahren zwar verlangsamen, jedoch konsequent ansteigen.

Instagram wird den Fokus darauflegen, Storys nicht nur weiter bei seinen Nutzern zu etablieren, sondern auch bei Unternehmen. Sei es über eine bessere Integration in die Unternehmensprofile, eine Anbindung zu Facebook Storys oder über eine nutzerfreund-lichere Desktop-Variante.

Nutzen als Branding-Plattform

Auch wenn Instagram sicherlich eine zukunftsweisende Community-Plattform ist und mit dem Bild-, Video- und Storys-Format der Zielrichtung des Storytellings zur Dar-stellung von Arbeitgebermarken sehr entgegen kommt, empfehle ich sehr genau zu über-denken, inwieweit Instagram für ein Branding der Arbeitgebermarke, insbesondere in der Logistik Branche, ein geeignetes Medium sein kann.

Aus meiner Sicht ist Instagram eher eine Plattform für Unternehmen mit einer sehr jungen Nutzergeneration. 55 % der Nutzer sind zwischen 18 und 29 Jahre alt. Sollte der Schwerpunkt Ihrer Zielgruppe zur Nachwuchsgewinnung und Imageentwicklung bei diesem Alterssegment angesiedelt sein, so könnte Instagram eine ergänzende Community-Plattform, gerade in Kombination mit Facebook, für Sie darstellen.

Instagram stellt tendenziell für größere Unternehmen eine Erfolgsgeschichte im Hin-blick auf Branding und Recruiting dar. Eine zwingende Voraussetzung für die erfolg-reiche Nutzung von Instagram ist die permanente Versorgung der Unternehmensseite mit neuen Fotos, Videos oder Storys. Die wenigsten kleinen und mittelständischen Unter-nehmen werden in der Lage sein, laufend anspruchsvolle Videos und Bilder zu produzie-ren. Dies ist mit einer hohen Investition in Ausrüstung und Zeit verbunden. Insofern bin ich mit einer Empfehlung für Instagram, aus Gründen der Ressourcenbetrachtung, für diese Unternehmen eher zurückhaltend.

Ein weiteres Argument, welches nicht unbedingt für Instagram spricht, liegt im Kern-nutzen einer Community-Plattform, nämlich dem Dialog mit Interessenten und poten-ziellen Kandidaten. Gerade dieser Aspekt gestaltet sich bei Instagram nicht ganz einfach, weil er nicht das Kernziel von Instagram darstellt, beziehungsweise der Dialog mit den Nutzern nicht die ursprüngliche Geschäftsidee von Instagram abdeckt, sondern die dar-stellenden Medien.

Insofern ist Instagram in seiner aktuellen Version, im Hinblick auf die Zielrichtung und seiner Nutzerfreundlichkeit, für ein tiefgründiges Employer Branding eher weniger geeignet. Dies gilt aus meiner Praxis- und Beratungserfahrung heraus insbesondere für die Unternehmen der Logistik.

6.3.3 Twitter

Allgemeine Informationen

Twitter gehört zu den Microblog-Netzwerken und hat sich als Nachrichtenkanal für Unternehmen etabliert. Insbesondere die PR-Abteilungen nutzen Twitter als Kanal für Presseinformationen rund um das Unternehmen, speziell im Hinblick auf Produktplatzierungen und Events, respektive Messen. Andere Unternehmen wie die Telekom oder Deutsche Bahn nutzen Twitter als Kundendienstkanal. Zudem wird Twitter in der Logistikwelt immer beliebter. Die logistikorientierten Verlage und deren Redakteure nutzen Twitter besonders intensiv. Darüber hinaus haben die forschenden Logistikinstitute, Hochschulen und Logistik-Jobbörsen Twitter als interessantes Kommunikationsmedium für sich entdeckt. Logistikunternehmen aus der Intralogistik, Softwareentwicklung und einige Logistikdienstleister nutzen Twitter zwischenzeitlich für den Hinweis auf neue Produkte oder aktuelle Veranstaltungen. Die Einbindung von Fotos und Videos macht Twitter bunt und abwechslungsreich, aber sehr schnelllebig.

Twitter eignet sich zudem ausgesprochen gut zum Recruiting und zur Markenentwicklung, ist also für die Positionierung und nachhaltige Kommunikation der Arbeitgebermarke ein sehr erfolgversprechendes Instrument. Diese Entwicklung bestätigt zudem Abb. 6.6. Twitter hat fast den gleichen Anteil bei der Schaltung von Stellenanzeigen wie Facebook.

Gerade in der Kombination und im Zusammenspiel mit anderen Social-Media-Plattformen ist Twitter besonders effizient, denn die wesentlichen Twitter Rahmenbedingungen, wie maximal 280 Zeichen und die Nutzung von Hashtags, sind besonders geeignet, um auf andere Plattformen zu lenken. Dies kommt insbesondere unserem Hauptziel, die Community-Plattformen als „Verkehrsträger" für die eigenen Corporate-Plattformen zu nutzen, sehr entgegen.

Mit offiziellen Kennzahlen agiert Twitter sehr zurückhaltend und macht fast ein Geheimnis aus seinen Nutzerzahlen. Aus diesem Grund gibt es nur wenige zuverlässige Daten. Monatlich nutzen ca. 330 Mio. Menschen Twitter, davon nutzen 83 % der weltweiten User Twitter über ihre Mobilgeräte (Statista 2018a). In Deutschland soll es über fünf Millionen Nutzer geben. Insbesondere für die Thematik Reichweitenentwicklung der Arbeitgebermarke und Steigerung des Bekanntheitsgrades als Arbeitgeber kann Twitter somit gute Argumente liefern.

Hinweise und Empfehlungen zur Anwendung

Während für die meisten Social-Media-Kanäle die Qualität des Contents der entscheidende Erfolgsfaktor ist, sieht es bei Twitter ein wenig anders aus. Twitter hat als Microblog-Kanal in erster Linie die Funktion Aufmerksamkeit durch Wort und Bild zu erzielen, um den Leser zu motivieren detailliertere Informationen zum Inhalt der Nachricht zu erfahren. Jede Nachricht (Tweet) ist im Prinzip mit der Hoffnung auf den Klick des Lesers verbunden, um ihn damit auf die Ursprungsquelle der Nachricht zu führen.

Im Laufe der Jahre hat sich eine eigene Twitter-Sprache entwickelt. Bedingt durch die Aufhebung der Zeichenbeschränkung auf 140 Zeichen pro Tweet ist allerdings etwas Entspannung eingetreten. Dafür nehmen die Hashtags, wie zum Beispiel #logistik, #employerbranding oder #logistikjobs, eine immer größere Bedeutung ein. Sowohl die sinnvolle Verwendung von Hashtags, in Verbindung mit dem Inhalt des Tweets, als auch die kreative Einführung neuer Hashtags, scheinen sich zu einem immer wichtiger werdenden Erfolgskriterium für die eigenen Tweets zu entwickeln.

Zu Beginn Ihrer Twitter-Aktivitäten sollten Sie zunächst Personen oder Unternehmen finden, denen Sie folgen möchten, um ein Netzwerk der Gleichgesinnten entweder aus der Logistik oder für spezifische Themenstellungen zu finden. Ziel ist zunächst einmal, wie bei jedem Start in den Community-Plattformen, sich einen Überblick zu verschaffen, wer in Twitter, mit welchen Beiträgen unterwegs ist. Zudem können Sie sich so erst einmal mit der Twitter-Sprache vertraut machen. Hierfür empfehle ich Ihnen die Suche nach Stichwörtern über den „Suchfilter" und im nächsten Schritt die „Erweiterte Suche". In der angebotenen Suchmaske können Sie gezielt nach Personen, Neuigkeiten oder Videos suchen. Wenn Sie erst einmal mit den passenden Personen vernetzt sind, werden Sie merken, dass Ihr Netzwerk ständig wächst. Dieser Prozess gestaltet sich nach meiner Erfahrung, die wir in verschiedenen Projekten gesammelt haben, einfacher und effizienter, als zum Beispiel bei Facebook. Hilfreich bei diesem Prozess ist zudem, die Tweets der Personen oder Institutionen, denen Sie folgen, regelmäßig zu lesen und interessante Beiträge, die zu Ihren Themen passen, zu retweeten.

Wie bei jeder Community-Plattform steht die Beziehungspflege mit Interessenten und potenziellen Bewerbern im Mittelpunkt des Interesses. Die Beziehungspflege hat einen gewissen Vertriebsaspekt, denn Sie wollen Ihre Arbeitgebermarke mit attraktiven Stellen und Entwicklungsmöglichkeiten in den Mittelpunkt stellen. Denken Sie aber daran, dass Twitter nicht Ihre unternehmensbezogene Jobbörse wird. Beschränken Sie Ihre Tweets nicht darauf, alle zwei Tage eine Stellenanzeige zu twittern.

Aufgrund der beschränkten Anzahl zur Verfügung stehender Zeichen, können Sie zwar kein Storytelling betreiben, aber Sie sollten im Rahmen der Twitter-Sprache mit den passenden Hashtags auf spannende Storys verweisen. Spannende Storys erzeugen Sie, wenn Sie aus dem Alltag Ihres Unternehmens berichten. Übrigens müssen das nicht immer nur die neuesten Supermeldungen über neue Umsätze, Gewinne oder Produktinnovationen sein. Es geht um den Alltag, und der ist nicht immer nur locker; auch bei Twitter steht die goldene Social-Media-Regel im Mittelpunkt, seien Sie authentisch.

Der Klick zu der von Ihnen gewählten Zielseite zählt. Aus diesem Grund sollten Sie jeden Tweet mit einer Handlungsaufforderung versehen. Diese Handlungsaufforderung kann zum Beispiel die Empfehlung für Freunde, Bekannte oder sonstige Interessierte beinhalten, was zu weiterer Reichweite beiträgt.

Eine weitere gute Möglichkeit, ähnlich wie bei Facebook, ins Gespräch zu kommen, besteht in der Möglichkeit einen Tweet mit einer Frage zu verbinden. Dies können zum Beispiel allgemeine Fragen zur den Zufriedenheitsfaktoren im Job sein oder Fragen zu Entscheidungskriterien für einen möglichen Stellenwechsel. Wenn Sie Ihre Zielgruppe zu Antworten bewegen können, werden Sie nicht nur neue Follower gewinnen, sondern viele neue Erkenntnisse über Ihre Zielgruppe gewinnen, die Ihnen bei der Ausrichtung Ihrer Arbeitgebermarke neue Impulse liefern werden. Im Sinne der angestrebten Kommunikation sollte es selbstverständlich sein, dass Sie die Antworten nicht nur für sich selbst auswerten, sondern auch auf alle Kommentare eingehen und sich für den Input bedanken.

Ein kurzer Hinweis noch zur Twitter-Sprache. Diese hat wenig mit dem formellen Stil zu tun, mit dem Unternehmen Bewerbern oder potenziellen Kandidaten üblicherweise begegnen. Der Schreibstil entspricht eher dem Sprachstil; es handelt sich um einen eher persönlichen Stil. Die offene Kommunikation steht im Mittelpunkt. Es gilt hier eine gute Balance zwischen offener, persönlicher Kommunikation und sachlicher Information zu finden, was nicht einfach ist. Einen abgerundeten, ausgewogenen und facettenreichen Stil erreichen Sie unter anderem damit, dass Sie mehrere Mitarbeiter bei Twitter einbinden. Damit Ihre Follower erkennen können, mit welcher Person aus Ihrem Unternehmen sie kommunizieren, beziehungsweise wer twittert, empfiehlt sich die Verwendung der zur Verfügung stehenden Namenskürzel. Setzen Sie zum Beispiel das Kürzel /sm für Sabine Mustermann, oder besser noch /sa für Sabine ein, um eine personalisierte Kommunikation zu verwenden. Wenn mehrere Mitarbeiter in Ihrem Twitter-Profil aktiv sind, empfehle ich Ihnen ein Twitter-Seminar für alle Teilnehmer. In einem solchen Seminar erhalten Sie wichtige Hinweise zum Umgang mit Twitter, den technischen Möglichkeiten und zu den Voraussetzungen für gelungene Tweets. Persönlich ergänze ich dieses Seminar mit der Erstellung eines internen Regelwerkes, in dem die wichtigsten Grundlagen und Regeln für Tweets festgelegt werden, und darüber hinaus datenschutzrechtliche Aspekte erörtert werden.

Verwenden Sie in jedem Tweet bis zu vier Hashtags. Die Hashtags helfen Ihnen bei der Verbesserung der Reichweite, aber bitte im angemessenen Rahmen. Ich beobachte in letzter Zeit immer wieder, dass manche Tweets zu 60 bis 70 % aus Hashtags bestehen. Das ist der falsche Ansatz. Überlegen Sie sich zudem, welche Hashtags Sie in Ihren Tweets verwenden wollen. Sie müssen zum Inhalt des Tweets und möglicherweise vergleichbaren Themen passen. Um herauszufinden, welche Hashtags die passenden sein könnten, empfehle ich im ersten Schritt zunächst die zuvor erwähnte Twitter-Suche. Hier können Sie für sich analysieren, welche Tweets die von Ihnen angegebenen Hashtags beinhalten. Wenn Sie an detaillierteren Information interessiert sind, dann schlage ich Ihnen die Webseite von RiteTag (https://ritetag.com/hashtag-search) vor. Hier erfahren Sie, wie oft Hashtags genutzt werden, wie viel Retweets erzielt wurden, ob die Tweets mit Grafiken oder Links versehen wurden, oder ob Personen erwähnt wurden.

Trends und Entwicklungen
Wie bereits zuvor erwähnt, hält sich Twitter schon mit der Veröffentlichung von aktuellen Nutzerdaten sehr zurück. Ähnlich verhält es sich mit möglichen Gedanken oder strategischen Zielrichtungen im Hinblick auf neue Entwicklungen, die Twitter im Blick hat. Selbst die Erweiterung der 140 Zeichen pro Tweet war lange Zeit ein von Vermutungen geprägter

Informationsverlauf. Was aufgrund der allgemeinen Entwicklung aller Community-Plattformen nahe liegt, ist, dass auch Twitter alle Features rund um den Bereich Einbindung von Videos oder Live-Videos forcieren wird. Derzeit werden Videos oder Live-Videos bei Twitter noch relativ wenig genutzt, zumindest was den deutschsprachigen Raum angeht. Ein Grund hierfür mag darin liegen, dass eine technische Verknüpfung zu Periscope, einem weiteren Anbieter, seitens Twitter automatisch hergestellt wird, was aus Datenschutzgründen für eine gewisse Verunsicherung sorgt.

Nutzen als Branding-Plattform

Twitter ist vorzüglich geeignet, um den Bekanntheitsgrad der eigenen Arbeitgebermarke zu entwickeln und Reichweite über die Social-Media-Kanäle zu generieren. Mit einer stetigen Verlinkung zur unternehmenseigenen Content-Plattform gelingt es, langfristig die Arbeitgebermarke zu etablieren und damit einen nachhaltigen Beitrag zum Employer-Branding-Erfolg zu erzielen. Twitter vergleiche ich gerne mit einem Musikverstärker, der die Musikboxen, also in diesem Vergleich die anderen Social-Media-Plattformen, so intensiv mit Impulsen versorgen kann, dass ein eindrucksvoller Gesamtklang entsteht.

Wenn man überhaupt von einem Nachteil bei Twitter sprechen möchte, so kann dies lediglich auf die spezielle Twitter-Sprache und die Handhabbarkeit bezogen werden, die sich von anderen Community-Plattformen unterscheidet.

Ebenso nicht zu unterschätzen ist die Bedeutung von Twitter für das Suchmaschinen-Ranking. Regelmäßige Tweets, die mit Beiträgen auf anderen Plattformen verlinkt sind und relevante Hashtags beinhalten, erhalten in der Trefferliste der Google-Suche ein bevorzugtes Ranking. Dies wiederum wirkt sich positiv auf die Reichweite Ihrer Unternehmensinformationen aus.

Im Zuge der immer wichtiger werdenden Employer-Branding-Maßnahmen und damit verbundener Recruiting-Strategien sollte Twitter zunehmend berücksichtigt werden. Gerade kleine und mittelständische Unternehmen aus der Logistik sollten im Rahmen ihrer Social-Branding und Recruiting-Strategien, zur zügigen Entwicklung des eigenen Bekanntheitsgrades, auf Twitter nicht verzichten.

6.3.4   XING

Allgemeine Informationen

XING wurde ursprünglich als Karrierenetzwerk open BC im Jahr 2003 gegründet. In der Zwischenzeit hat sich XING zu einer Recruiting-Plattform entwickelt. Die zum Eingang dieses Kapitels dargestellte Grafik (siehe Abb. 6.6) unterstreicht diese Entwicklung zur Plattform für Social-Media-Recruiting.

Das Unternehmen firmiert seit seinem Börsengang als europäische XING SE. Der Mehrheitsgesellschafter ist die Burda Digital GmbH. Damit ist XING ein digitaler Baustein des Medienkonzerns Hubert Burda Media. Die operative Vermarktung der XING-Angebote erfolgt über die zur XING SE gehörenden Gesellschaften. Die XING

E-Recruiting GmbH & Co. KG steht für die Angebote rund um die Themen Recruiting und Employer Branding. Die XING Marketing Solutions GmbH vertreibt weitestgehend Dienstleistungen und Angebote zu den Themen Werbung und Marketing für Unternehmen.

Gemäß einer Pressemitteilung vom 16. April 2018 zählt XING mehr als 14 Mio. Mitglieder. Mit einer Wachstumsrate von rund einer Million neuer Mitglieder, die sich alle sechs Monate auf der Plattform registrieren, bleibt XING ein weiterhin wachsendes berufliches Netzwerk in Deutschland, Österreich und der Schweiz. Die Anzahl der zahlenden Mitglieder mit einem Premium Account konnte auf eine Million gesteigert werden.

In der nachfolgenden Betrachtung gehe ich der Frage nach, welchen Beitrag und Nutzen XING zum Thema Employer Branding und Imageentwicklung leisten kann, respektive welchen Nutzen Sie für die Social-Media-Marketing-Strategie Ihrer Arbeitgebermarke aus den XING-Angeboten ziehen können. Die Dienstleistungen zum Employer Branding werden von der XING E-Recruiting GmbH & Co. KG angeboten. Meinen Fokus lege ich auf die Angebote zum „Employer-Branding-Profil" und dem „Employer-Branding-Profil-Professional". Sofern Sie mit den Angeboten von XING noch nicht so ganz vertraut sein sollten, möchte ich darauf hinweisen, dass diese Dienstleistungen nicht mit den Angeboten zum Recruiting, wie den „Talent Manager" oder den „Stellenanzeigen" zu verwechseln sind.

Hinweise und Empfehlungen zur Anwendung

Grundlage für ein Employer-Branding-Profil ist zunächst einmal ein aussagekräftiges Profil derjenigen Mitarbeiter, die als Ansprechpartner für das Employer-Branding-Profil genannt werden, beziehungsweise den Mitarbeitern, die als „Editoren" das Profil mit Nachrichten aus dem Unternehmen versorgen. Insgesamt können bis zu neun Editoren benannt werden.

Das Employer-Branding-Profil beinhaltet gleichzeitig einen Unternehmensauftritt auf dem Arbeitgeberbewertungsportal kununu, welches XING Anfang 2013 übernommen hatte. Das erweiterte Employer-Branding-Profil mit dem Zusatz „Professional" enthält zusätzlich die Möglichkeit, spezielle Berufsbilder im Unternehmen aufzuzeigen, die Besucher Ihres kununu-Profils mittels News über Unternehmensneuigkeiten auf dem Laufenden zu halten, häufig gestellte Fragen individuell für Ihr Unternehmen mittels FAQs zu beantworten sowie ein erweitertes kununu-Reporting zu den Bewertungskriterien, auch im Vergleich zu Ihren Wettbewerbern.

Folgende Aspekte sind Kernargumente, die für ein Employer-Branding-Profil sprechen:

- Sie können Fotos, Videos, Broschüren und Präsentationen einbinden.
- Sie haben die Möglichkeit, Ihre Reichweite in Richtung von Jobinteressierten zu steigern.
- Stellenanzeigen, die Sie auf XING einstellen, werden auf kununu dargestellt und Sie können über kununu ein aktives Reputation-Management auf den Weg bringen.

Bei der Gestaltung Ihres Employer-Branding-Profils sollten Sie die folgenden Aspekte berücksichtigen.

In der Rubrik „Über uns" sollten Sie auf den Kern Ihres Unternehmens eingehen. In erster Linie haben Sie die Möglichkeit auf die wesentlichen Elemente Ihrer Arbeitgebermarke, insbesondere der Employer Value Proposition (siehe Kap. 4), aufmerksam zu machen. Ich empfehle Ihnen hiervon in jedem Fall Gebrauch zu machen, genauso wie sich Ihre Lead-Botschaften in Ihrem Employer-Branding-Profil wiederfinden lassen sollten.

Zusätzlich haben Sie die Möglichkeit einen kurzen Steckbrief zum Unternehmen zu erstellen. Hier können Sie auf die Produktbereiche genauso eingehen, wie auf technologische Neuerungen, besondere Projekte oder kundenspezifische Themenstellungen. Zusätzlich besteht die Möglichkeit alle relevanten Kontaktdaten anzugeben.

Eine interessante Möglichkeit bietet die Einbindung von Fotos, Videos, Präsentationen und PDFs. Somit bietet sich Ihnen die Gelegenheit, Ihr Employer-Branding-Profil lebhaft zu gestalten. Achten Sie aber bitte darauf, dass die Multimedia-Inhalte immer einen aktuellen Bezug besitzen. Inhalte, die älter als 18 Monate sind, empfehle ich lieber zu entfernen. Dies unterstützt Sie dabei einen weiteren Fehler zu vermeiden, nämlich zu viele Multimedia-Inhalte zu platzieren. Sorgen Sie zumindest für eine thematische Übersichtlichkeit. Denken Sie daran, dass das Employer-Branding-Profil kein Ersatz für Ihre Karriereseite oder den Karriere-Blog darstellen kann, da diese wesentlich flexibler und übersichtlicher zu strukturieren sind.

Eine weitere, gerade für große Unternehmen nicht zu unterschätzende Option, ist die Benennung von Tochterunternehmen. Sie können darüber hinaus Kooperationspartner oder Kunden in Ihr Employer-Branding-Profil mit einbinden.

Ein relevanter Aspekt der Social-Media-Kommunikation und Reichweitensteigerung stellt die Verlinkung zu verschiedenen Social-Media-Plattformen dar. Hierzu bietet Ihnen das Employer-Branding-Profil eine direkte Verlinkung zu Facebook und Twitter an. Über das Feld „Neuigkeiten importieren" haben Sie die Option, mittels eines RSS-Links automatisch aktuelle Informationen aus Ihrer Karriereseite oder Ihrem Karriere-Blog in das Employer-Branding-Profil zu importieren.

Das Employer-Branding-Profil bietet zudem die Möglichkeit, Ihre bestehenden Mitarbeiter in den Branding-Prozess aktiv einzubinden, was erhebliche Vorteile mit sich bringt (siehe Abschn. 4.2.3). Empfehlungen von Mitarbeitern werden als grundsätzlich vertrauenswürdig angesehen und deutlich stärker wahrgenommen als klassische Werbebotschaften, insbesondere wenn es sich um Themen wie die Unternehmens- oder Führungskultur handelt. Zur Vorgehensweise empfehle ich Ihnen, alle Mitarbeiter über Ihr Employer-Branding-Profil zu informieren. Diejenigen Mitarbeiter, die selber über ein Profil auf XING verfügen, werden von XING automatisch identifiziert und als Abonnenten hinzugefügt. Im weiteren Schritt können Sie den Empfehlungs-Manager einsetzen, um Ihre Mitarbeiter über die vakanten Positionen per E-Mail zu informieren. Diese können dann mit einem Klick ihre eigenen Kontakte informieren und Empfehlungen zu den Vakanzen aussprechen.

Das Employer-Branding-Profil bietet Ihnen eine Übersicht über die Besuchsfrequenz sowie die Besucher Ihres Profils, was insbesondere im Hinblick auf eine direkte Kommunikationsoption mit Ihren Interessenten eine wichtige Rolle spielen kann.

Sie können nicht nur die Besucher der letzten 30 Tage sehen, sondern sich über verschiedene Zeiträume die Entwicklung der Besucherzahlen sowie der Abonnenten anzeigen lassen.

Trends und Entwicklungen

XING hat sich in den letzten Jahren zu einer stark ausgeprägten Recruiting-Plattform entwickelt, die es als Karriere-Netzwerk geschafft hat, neben der Funktion als Community-Plattform, eine ganze Reihe von Rekrutierungstools zu etablieren. Grundlage hierfür bildeten technische Neuerungen, genauso wie Firmenübernahmen. Inwieweit in diesem Handlungsfeld weitere Optionen für die XING SE eine Rolle in den strategischen Überlegungen spielen, ist nicht bekannt. Aktuell scheint XING eher die Zielrichtung zu verfolgen mit aller Macht neue Mitglieder zu gewinnen, um seine Position zu stärken. In den vergangenen Jahren existierten immer wieder Mutmaßungen darüber, XING sei selbst ein potenzieller Übernahmekandidat. Fakt ist aus meiner Sicht, dass der digitale Recruiting-Markt weiterhin von einer steigenden Nachfrage profitieren wird, die branchenunabhängig schon immer zu Konzentrationsprozessen geführt hat. Es bleibt abzuwarten, welche Rolle XING zukünftig spielen wird.

Nutzen als Branding-Plattform

XING bietet mit dem Employer-Branding-Profil ein gutes und einfach zu handhabendes Tool für die Kommunikation der Arbeitgebermarke. Das Employer-Branding-Profil überzeugt durch ein breites Angebot zur Kommunikation mit allen notwendigen Bausteinen für ein Arbeitgebermarketing. Das angebotene Profil gewährleistet eine einfache Handhabung. Darüber hinaus fällt eine gute Kundenbetreuung, zumindest bei der E-Recruiting Organisation positiv ins Gewicht.

Neben dem guten Gesamtbild stelle ich jedoch in meiner Praxis- und Beratungserfahrung immer wieder einige Wermutstropfen fest. XING verfügt aktuell über 14 Mio. Nutzer im deutschsprachigen Raum. Was genau diese Mitglieder wie oft auf XING machen, ist jedoch nicht bekannt. Für Unternehmen sind in besonderer Weise die Premium Mitglieder interessant. Dies sind nach Aussagen von XING ca. eine Millionen Mitglieder. Das sind gerade einmal sieben Prozent aller Nutzer. Diese zahlenden Mitglieder sind für Unternehmen die relevante Größenordnung, denn nur diese Mitglieder sind regelmäßig zur Information und zum Austausch in XING aktiv, und auch erreichbar. Dies sollten Sie bei Ihren Überlegungen zu einem Engagement auf XING immer im Auge behalten.

Mit dem zunehmenden Wachstum sind das Angebot und die Dienstleistungen von XING immer unübersichtlicher geworden. Zudem sorgt eine nicht immer nachvollziehbare Verzahnung unterschiedlicher Bausteine, verbunden mit zum Teil kräftigen Preisentwicklungen, für Verunsicherung. Ein weiterer Gesichtspunkt, den es aus meiner Überzeugung zu beachten gilt, ist der vermeintliche Eindruck des Employer-Branding-Profils, ein gleichwertiges Instrument zu den Corporate-Plattformen zu sein. Unter dem Aspekt der in Abschn. 6.1 dargestellten Ziele Ihrer Corporate-Plattformen, insbesondere der dargestellten HUB-Funktion, könnten mit dem Employer-Branding-Profil diese Ziele aus dem Fokus geraten.

Bei kritischer Betrachtungsweise ist XING mit dem angebotenen Employer-Branding-Profil für größere Unternehmen eine Ergänzung zu den eigenen Corporate-Plattformen. Zieht man das Recruiting Argument hinzu, so ist das Profil ratsam für Unternehmen, die regelmäßig mindestens 20 vakante Positionen im Monat platzieren. Kleine und mittelständische Unternehmen sollten bei der Nutzung des Employer-Branding-Profils eher zurückhaltend sein. Insofern ist das Employer-Branding-Profil, abhängig von der individuellen Unternehmenskonstellation, bedingt zu empfehlen. Grundsätzlich gilt, wie bei allen anderen Plattformen auch, überprüfen Sie den Mehrwert des Employer-Branding-Profils für Ihre Arbeitgebermarke anhand der in der Social-Media-Strategie (siehe Abschn. 5.4) definierten Ziele.

6.3.5 LinkedIn

Allgemeine Informationen
LinkedIn ist im Kern, genau wie XING, eine Social-Media-Recruiting-Plattform. Der Schwerpunkt der Nutzer liegt jedoch auf internationaler Ebene. LinkedIn wurde 2002 gegründet und ging 2003 erstmals online. Seit 2009 ist LinkedIn in deutscher Sprache verfügbar. 2016 wurde LinkedIn von Microsoft übernommen.

LinkedIn verfügt über 546 Mio. Mitglieder in mehr als 200 Ländern und Regionen. Somit ist LinkedIn das größte berufliche Netzwerk der Welt. Fast jeder zweite Nutzer, nämlich 260 Mio. Mitglieder, nutzen LinkedIn monatlich. In Deutschland, Österreich und der Schweiz liegt die Zahl der Mitglieder bei ca. elf Millionen. In Deutschland sollen 1,28 Mio. Mitglieder LinkedIn regelmäßig nutzen, davon sind ca. 40 % zwischen 35 und 49 Jahre alt (Statista 2018b).

Bezogen auf die Geschäftsfelder und die für Mitglieder und Unternehmen angebotenen Dienstleistungen bietet LinkedIn ein vergleichbares Angebot wie XING. Beide Unternehmen haben sich in dieser Hinsicht sehr stark angeglichen. Für Personalrekrutierungszwecke gibt es das Produkt „Recruiter", mit dem, unterstützt durch entsprechende Suchfilter, Profile der Mitglieder nach bestimmten Kriterien durchsucht werden können. Weiterhin wird ein entsprechendes Projekt- und Kandidatenmanagement angeboten, ergänzt durch ein System zur strukturierten Zusammenarbeit eines Recruiting-Teams. Selbstverständlich stehen zusätzlich notwendige Berichts- und Analyse-Tools zur Verfügung. Stellenanzeigen können auf LinkedIn mit dem Modul „Wir stellen ein" veröffentlicht werden. Abgerundet wird das Dienstleistungsangebot durch entsprechende Apps, sodass eine mobile Nutzung gewährleistet wird.

Zum Thema Employer Branding, also der Darstellung der eigenen Arbeitgebermarke, bietet LinkedIn das Produkt „Karriereseite" an, welches mit dem Employer-Branding-Profil von XING zu vergleichen ist. Anders als bei LinkedIn ist die Karriereseite ein Zusatzprodukt zur Unternehmensseite. LinkedIn bietet sehr gute User Manuals mit entsprechenden Tipps zur erfolgreichen Gestaltung und Handhabung an. Diese können direkt über die LinkedIn-Business-Seite (https://business.linkedin.com) heruntergeladen werden. Im Grunde genommen unterscheiden sich die für die Region Deutschland, Österreich und der Schweiz führenden beruflichen Karrierenetzwerke weitestgehend nur noch durch die Anzahl der Mitglieder, was sich jedoch für die zukünftige Entwicklung des Social-Recruiting-Marktes zu einem wichtigen Entscheidungskriterium entwickeln könnte.

Hinweise und Empfehlungen zur Anwendung

Alle Angebote zum Recruiting und Employer Branding werden bei LinkedIn unter dem Begriff Talent-Solutions zusammengefasst (https://business.linkedin.com/de-de/talent-solutions#all). Für die Betrachtung von Employer-Branding-Maßnahmen steht die Karriereseite im Mittelpunkt des Interesses, die mit dem Employer-Branding-Profil von XING in all ihren Facetten und Möglichkeiten vergleichbar ist. Meine Hinweise und Empfehlungen zur Anwendung kann ich aus diesem Grund recht kurz auslegen.

Im Grunde genommen müssen Sie bei der Gestaltung der Karriereseite auf die gleichen Aspekte achten, auf die ich bereits in Abschn. 6.3.4 hingewiesen habe. Dies beginnt mit einem aussagekräftigen Profil derjenigen Mitarbeiter, die die Karriereseite mit abwechslungsreichem Content füllen, über die Einbindung von Multimedia-Varianten wie Fotos, Videos oder Präsentationen als PDF, bis hin zu dem Aspekt der Mitarbeiterempfehlungen.

Ganz besonders möchte ich an dieser Stelle noch einmal darauf hinweisen, dass die Karriereseite bei LinkedIn kein Ersatz für Ihre Content-Plattformen darstellt. Kernziel bleibt, die Besucher Ihrer LinkedIn Karriereseite mit spannenden Beiträgen, die zahlreiche Links und Hashtags beinhalten sollte, auf Ihre eigenen Content-Plattformen zu geleiten.

Die Nutzung von LinkedIn Ads erlaubt Ihnen eine zielgenaue Ansprache Ihrer Zielgruppen vorzunehmen. Oder Sie nutzen die Sponsored Updates, mit denen Sie sowohl Ihre Follower als auch Personen außerhalb Ihres Netzwerkes erreichen können, welche mittels Feed direkt über neue Inhalte informiert werden. Diese Möglichkeit ist mit den Sponsored Posts bei Facebook vergleichbar.

Blogartikel aus Ihrem Karriere-Blog können als automatisierte Statusmeldung, darüber hinaus in den Gruppen, in denen Sie Mitglied sind, veröffentlicht werden. Davon sollten Sie in jedem Fall Gebrauch machen.

Eine regelmäßige Überprüfung zur Anzahl und Qualität Ihrer Profilbesucher auf der Karriereseite ist genauso selbstverständlich, wie die eingehende Nutzung der unterschiedlichen Reporting-Tools, die LinkedIn anbietet.

Die beste Empfehlung sind jedoch Erfolge aus der Praxis. Gerade kleine und mittelständische Unternehmen können mit LinkedIn sehr gute bis außergewöhnliche Erfolge erzielen. So hat ein Unternehmen mit ca. 200 Mitarbeitern mehrere Millionen Follower erreichen können. Um eine solche Zahl zu generieren, sind natürlich einige Voraussetzungen zu erfüllen. Zudem sind sie das Ergebnis jahrelanger, intensiver Arbeit. Das Unternehmen veröffentlicht regelmäßig Beiträge mit ganz unterschiedlichem Content, der alle Facetten der Marke abdeckt. So wird anhand von Fallstudien dargestellt, wie man Lösungen für Kunden entwickelt, wobei die Mitarbeiter als Lösungsfinder im Mittelpunkt stehen. Dieser Ansatz bildet die Basis für die Kommunikation der Arbeitgebermarke. Vakante Arbeitsplätze werden zum Beispiel in Form von Videos vorgestellt (siehe Abschn. 6.2). Beiträge auf LinkedIn sind mit dem Blog auf der Unternehmensseite und dem eigenen YouTube-Kanal gekoppelt. Alle Profilbesucher werden persönlich angeschrieben, verbunden mit konkreten Handlungsaufforderungen oder der Nachfrage, was sie besonders interessiert. Kontaktanfragen werden kurzfristig beantwortet, verbunden mit weiteren Informationen.

Trends und Entwicklungen

LinkedIn arbeitet, wie XING, an der permanenten Ausweitung und Optimierung des Funktionsumfangs, was zu Veränderungen in der Nutzung führt. Das ist notwendig, weil LinkedIn aus meiner Sicht mitunter etwas unübersichtlich erscheint, während XING klarer strukturiert und intuitiver zu bedienen ist.

Welche strategischen Ziele und Innovationen LinkedIn in den nächsten Jahren verfolgt, ist weitestgehend unklar. Seit der Übernahme durch Microsoft werden LinkedIn spezifische Kennzahlen, bis auf die marketingrelevanten Mitgliederzahlen, nur noch selten veröffentlicht. Sicherlich wird LinkedIn weiter bestrebt sein, seinen Marktanteil im Geschäftsfeld Talent-Solutions in zukunftsträchtigen Märkten wie Europa, speziell im deutschsprachigen Raum, zu stärken. Neben dem organischen Wachstum sind Übernahmen anderer Plattformen ein geeignetes Mittel. Immer wieder wird in diesem Kontext über die Übernahme von XING durch LinkedIn spekuliert. Die wirtschaftliche Grundlage hätte LinkedIn sicherlich, wie ein Vergleich der Größenordnung verdeutlicht. Allein im Segment Talent-Solutions erwirtschaftete LinkedIn 1,16 Mrd. US$ Umsatz (Stand 2015, dem letzten eigenständigen Jahr vor der Übernahme durch Microsoft), bei einem Gesamtumsatz von nahezu 3 Mrd. US$. XING kam auf einen Umsatz von gerade einmal 175 Mio. EUR (Stand 2017) im gesamten deutschsprachigen Raum.

Spannend bleibt zu beobachten, wie sich der Einfluss weiterer Microsoft-Produkte auf zukünftige Features auswirken wird, die eine Relevanz für das Employer Branding haben.

Nutzen als Branding-Plattform

Die Bewertung des Nutzens fällt fast identisch aus zu dem Nutzen von XING. Viele Anwender und Unternehmen bestätigen mir in den letzten Monaten, dass LinkedIn für sie immer interessanter wird, auch wenn das Netzwerk mit deutschsprachigen Personen fast identisch mit den Kontakten bei XING ist. Es gibt jedoch einen entscheidenden Unterschied. Wenn Sie Ihr Employer Branding international stärken möchten oder internationale Kandidaten im Fokus haben, dann ist LinkedIn alternativlos, gerade für große Unternehmen mit internationaler Ausrichtung. Weiterhin zeigt das zuvor dargestellte Beispiel eines mittelständischen Unternehmens, dass LinkedIn gerade für diese Zielgruppe eine interessante und Erfolg versprechende Plattform darstellen kann. Wie immer hängt die Entscheidung von der individuellen Unternehmenssituation, der Social-Media-Strategie sowie den vorhandenen Budgets und personellen Ressourcen ab.

Bedingt durch eine sich verbessernde Darstellung und aktuelle Features zur Optimierung der Nutzerfreundlichkeit, wird LinkedIn wesentlich attraktiver und sollte für Unternehmen aus der Logistik einen entsprechenden Stellenwert haben.

6.4 Schlussfolgerungen zur Relevanz und Anwendung von Social-Media-Plattformen für Ihre Arbeitgebermarke

In diesem Kapitel habe ich mich auf diejenigen Social-Media-Kanäle fokussiert, die allgemein als geeignet angesehen werden, um Branding zu betreiben, beziehungsweise bereits aktiv eingesetzt werden (siehe Abb. 6.3), auch von Unternehmen aus der Logistik.

Grundsätzlich eignet sich jede der in diesem Kapitel vorgestellten Social-Media-Plattformen, um die Bekanntheit und Attraktivität der Arbeitgebermarke weiter zu entwickeln. Als ein Ergebnis bleibt jedoch festzuhalten, dass die Community-Plattformen weniger dafür geeignet sind, markenspezifische Informationen zu präsentieren. Sie sind eher ein Instrumentarium, um geeignete Inhalte zu verbreiten, also über Reichweite an Bekanntheit zu gewinnen. Darüber hinaus sind sie ein gutes Mittel, um mit Interessenten ins Gespräch zu kommen (Trost 2013).

Welche Plattformen nun die richtigen, oder besser gesagt die passenden sind, hängt im Wesentlichen von den Zielgruppen ab, die Sie erreichen wollen, und damit unmittelbar von Ihrer definierten Social-Media-Strategie. Eine weitere Rolle spielt natürlich die Frage, ob Sie als Unternehmen, beziehungsweise Personalbereich bereits entsprechende Erfahrungen in den Social-Media-Kanälen sammeln konnten, oder ob Sie in Erwägung ziehen, damit an den Start zu gehen. Mit Erfahrungen sind nicht die Erfahrungen als Einzelperson gemeint, sondern die strategische, organisierte Kommunikation als Arbeitgeber.

Meine persönliche Empfehlung lautet, sich in erster Linie denjenigen Plattformen zuzuwenden, in denen die Platzierung eines Storytelling-Formates möglich ist, welches zu Ihrer Zielgruppe passt. Aus diesem Grund sollte die Einbindung von Multimedia-Formaten, insbesondere die Nutzung von Videos möglich sein. Dieses Format gehört zu den Zukunftsmedien in der Social-Media-Kommunikation.

Nicht zu unterschätzen für die Beurteilung einer geeigneten Plattform ist zudem die Nutzerfreundlichkeit, um möglichst schnell Fortschritte bei der Umsetzung von Erfahrungswerten zu ermöglichen.

Wie ich bereits zuvor mehrmals erläutert habe, sollten die Corporate-Plattformen im Mittelpunkt Ihres Interesses stehen. Ob Sie sich nun für eine Karriereseite als Bestandteil Ihrer Unternehmensseite entscheiden, oder eine Karriereseite oder einen Karriere-Blog mit eigener URL bevorzugen, ist zunächst nicht entscheidend. Sie müssen jedoch professionell aufgebaut, gut strukturiert und mit aktuellem Content gefüllt werden (siehe Abschn. 6.1).

Aus den Erfahrungen der eigenen Beratungsprojekte sowie aus dem Feedback von Kunden und zahlreichen Gesprächen, habe ich die zuvor genannten Aspekte und noch weitere Erfolgskriterien definiert, die entscheidenden Einfluss auf die erfolgreiche Nutzung einer Plattform haben. Diese habe ich zu einer Gesamtbetrachtung, ich vermeide dabei bewusst den Begriff Bewertung, der Social-Media-Plattformen zusammengefasst, die wiederum in eine Empfehlung mündet.

Um zu einer Gesamtbetrachtung zu gelangen, konzentriere ich mich auf neun Erfolgskriterien, die ich gerne als Potenzialfaktoren bezeichne:

1. Potenzial zur Steigerung des Bekanntheitsgrades der Arbeitgebermarke
2. Potenzial zur Reichweitensteigerung mit Interessenten der Zielgruppe
3. Potenzial zur schnellen Kommunikation mit Interessenten und Bewerbern
4. Potenzial die definierten Zielgruppen zu erreichen
5. Anwenderfreundlichkeit der Features, insbesondere für (kleine) Unternehmen, die mit Social-Media-Plattformen beginnen
6. Potenzial zur Verwendung des Storytellings mit relevanten Media-Formaten, insbesondere Videos
7. Ausprägung der Möglichkeiten zur Verlinkung mit den eigenen Corporate-Plattformen
8. Bandbreite des Monitorings von Social-Media-Kennzahlen
9. Zukunftsperspektive, Innovationsfähigkeit und Wachstumspotenzial der Plattform

Die Einstufung dieser neun Potenzialfaktoren erfolgt über ein fünfstufiges Raster, das von „sehr gut geeignet" bis „weniger geeignet" reicht. Diese Einstufung führt zu einer Empfehlungskennziffer. Aus dieser Empfehlungskennziffer leiten sich drei Empfehlungsvarianten ab.

- *„Empfohlen"*, die Social-Media-Plattform wird zur Kommunikation der Arbeitgebermarke empfohlen, da eine hohe Übereinstimmung mit den neun Potenzialfaktoren zu erzielen ist.
- *„Bedingt empfohlen"*, die Social-Media-Plattform wird nur bedingt für die Kommunikation der Arbeitgebermarke empfohlen, weil einige Faktoren nur eine eingeschränkte Eignung erreichen.
- *„Zum Start weniger empfohlen"*, die Social-Media-Plattform wird gerade für Unternehmen, die mit ersten Social-Media-Aktivitäten starten wollen, weniger empfohlen, weil einige Faktoren gerade für Einsteiger in die Social-Media-Kommunikation weniger geeignet sind.

Das Gesamtergebnis mündet in meine persönliche Empfehlung, die ich in Abb. 6.7 grafisch dargestellt habe. Wie erwähnt handelt es sich bei dieser Empfehlung um einen Querschnitt von mehreren Projekten, Unternehmenserfahrungen sowie Gesprächen mit Social-Media-Experten. Die Betrachtung und Empfehlung kann bei einer Einzelbetrachtung für Ihr Unternehmen zu einem anderen Ergebnis führen.

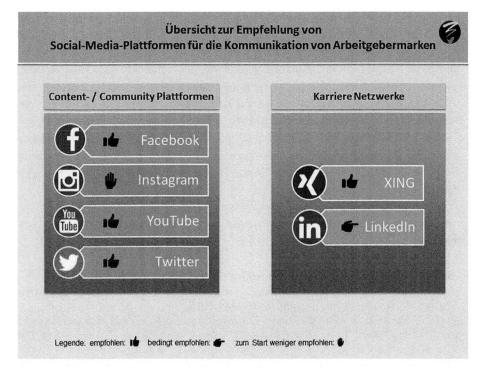

Abb. 6.7   Übersicht zur Empfehlung von Social-Media-Plattformen. (Quelle: Eigene Darstellung)

Fazit: Kein Recruiting ohne Branding

Social-Media-Plattformen sollten fester Bestandteil einer jeden Social-Media-Strategie zur Kommunikation der Arbeitgebermarke sein. Unternehmen, die mit ihren Social-Media-Aktivitäten starten, sollten langsam beginnen, Schritt für Schritt vorgehen und mittels der angebotenen Monitoring-Tools Erfahrungen sammeln, um den Kurs immer wieder anzupassen. Der erste Schritt sollte in Richtung einer professionell gestalteten Corporate-Plattform gehen.

Social-Media-Plattformen sind nicht nur für große Unternehmen und Konzerne der Logistik ein geeignetes Mittel, um mit einer attraktiven Arbeitgebermarke zukünftig die passenden Bewerber zu finden. Die Erfolge von mittelständischen Unternehmen zeigen, und sollten gerade die Unternehmen der Logistik ermutigen, den Weg einer Kommunikation mittels Social-Media-Marketing zu beschreiten.

Der Erfolg beim Aufbau und der Entwicklung einer attraktiven Arbeitgebermarke stellt sich, selbst bei Nutzung aller Social-Media-Potenziale, nicht über Nacht ein. Dies ist eine Erfahrung, die selbst die erfolgreichsten Produkt- und Markenmanager bestätigen. Erfolgreiche Marken benötigen Zeit und Ressourcen.

Die Social-Media-Welt unterliegt einer unvergleichbaren Dynamik. Gerade Community- und Content-Plattformen werden von den großen Konzernen wie Google, Facebook, Microsoft und Twitter bestimmt. Dies bedeutet, Features werden angepasst, Richtlinien und Nutzungsvereinbarungen verändern sich laufend, Algorithmen werden erneuert, oder die gesamte strategische Ausrichtung ändert sich. Zum Teil kommen neue Plattformen auf den Markt, die je nach Zielgruppe eine neue Rolle und Relevanz für den Markt übernehmen können.

Zum Schluss bleibt die Erkenntnis: Recruiting wird ohne eine zielgruppenorientierte Kommunikation der Arbeitgebermarke, unter Nutzung der passenden Social-Media-Plattformen, auch für Unternehmen der Logistik, nicht mehr möglich sein.

Literatur

Bitkom. (2017). Fast jedes zweite Unternehmen hat im Netz schon Gegenwind bekommen. http://www.bitkom.org/Presse/Presseinformation/Fast-jedes-zweite-Unternehmen-hat-im-Netz-schon-Gegenwind-bekommen.html. Zugegriffen: 21. März 2018.

Eger, M., & Eichstädt, B. (2013). Digitales Employer Branding-Kommunikationsarchitektur für das Arbeitgeberimage. In A. Trost (Hrsg.), *2013, Employer Branding* (2. Aufl., S. 111–129). Köln: Wolters Kluwer.

Firsching, J. (2017). Prognose Instagram Nutzerzahlen: 11 Mio. Instagram Nutzer in Deutschland in 2017. 16 Mio. bis 2020. http://www.futurebiz.de/artikel/prognose-11-mio-instagram-nutzer-in-deutschland-in-2017-16-mio-bis-2020/. Zugegriffen: 10. Apr. 2018.

Firsching, J. (2018) Instagram Stories: Unternehmen erzielen 20 % ihrer Impressions mit Stories. http://www.futurebiz.de/artikel/instagram-stories-impressions. Zugegriffen: 10. Apr. 2018.

Grabs, A., Vogl, E., & Bannour, K.-P. (2017). *Follow me! Social media strategie*. Bonn: Rheinwerk Verlag.

Grothe, M. (2017). Arbeitgeber müssen zuhören lernen. http://www.zeit.de/karriere/bewerbung/2017-01/employer-branding-arbeitgeber-digitale-kommunikation-mitarbeiter-bewerber. Zugegriffen: 22. März 2018.

Mohr, B., & Ströher, T. (2018). Zeichen setzen und authentisch sein. http://zukunft-gestalten-magazin.de/zeichen-setzen-und-authentisch-sein/. Zugegriffen: 25. März 2018.

Mynewsdesk. (2017). Whitepaper Recruiter 4.0. http://www.mynewsdesk.com/de/documents/whitepaper-recruiter-4-punkt-0-67570. Zugegriffen: 22. März 2018.

Opresnik, M. O., & Yilmaz, O. (2016). *Die Geheimnisse erfolgreichen YouTube-Marketings*. Wiesbaden: Gabler.

Orizon Presselounge. (2017). Auch im Business-Bereich schlägt Facebook die anderen. http://www.orizon.de/presselounge/detail/auch-im-business-bereich-schlaegt-facebook-die-anderen/. Zugegriffen: 22. März 2018.

Osman, J. (2017). Kreative Stellenanzeigen – Es gibt sie wirklich. http://personalmarketing-nerds.de/kreative-stellenanzeigen-es-gibt-sie-wirklich-mit-beispielen/. Zugegriffen: 3. Apr. 2018.

Personalmarketing2null. (2017). Mit Chatbots im Recruiting zur perfekten Candidate Experience. http://personalmarketing2null.de/2017/07/chatbots-recruiting-candidate-experience/. Zugegriffen: 22. März 2018.

Roth, P. (2018). Nutzerzahlen: Facebook, Instagram, Messenger und WhatsApp, Highlights, Umsätze, uvm. (Stand Februar 2018). http://allfacebook.de/toll/state-of-facebook. Zugegriffen: 10. Apr. 2018.

Schmitz, B. (2013). Videos im Employer branding. In A. Trost (Hrsg.), *Employer branding* (2. Aufl., S. 143–157). Köln: Wolters Kluwer.

Schröter-Ünlü, M. (2017). Karriere Blogs. In R. Dannhäuser (Hrsg.), *Praxishandbuch Social Media Recruiting* (3. Aufl., S. 245–275). Wiesbaden: Gabler.

Statista. (2018a). Anzahl der monatlich aktiven Nutzer von Twitter weltweit vom 1. Quartal 2010 bis zum 4. Quartal 2017 (in Millionen). http://de.statista.com/statistik/daten/studie/232401/umfrage/monatlich-aktive-nutzer-von-twitter-weltweit-zeitreihe/. Zugegriffen 14. Apr. 2018.

Statista. (2018b). Statistiken zu LinkedIn. http://de.statista.com/themen/700/linkedin/. Zugegriffen: 19. Apr. 2018.

t3n. digital pioneers. (2018). Mobile-First-Index: Jetzt startet Google den Rollout. http://t3n.de/news/mobile-first-index-startet-google-1000368/?utm_content=buffer7c799&utm_medium=social&utm_source=facebook.com&utm_campaign=buffer. Zugegriffen: 28. März 2018.

Trost, A. (2013). Employer branding. In A. Trost (Hrsg.), *Employer branding* (2. Aufl., S. 61). Köln: Wolters Kluwer.

Weinberg, T. (2014). *Social media marketing*. Heidelberg: O'Reilly.

Weitzel, T., Laumer, S., Maier, C., Oehlkorn, C., Wirth, J., & Weinert, C. (2017). Employer Branding und Personalmarketing; Recruiting Trends: Studie des Centre of Human Resources Information Systems der Otto-Friedrich-Universität Bamberg. Eschborn: Monster Worldwide Deutschland GmbH.

XING. (2018). Mitgliederrekord: XING knackt 14 Millionen-Marke. https://corporate.xing.com/de/newsroom/pressemitteilungen/meldung/mitgliederrekord-xing-knackt-14-millionen-marke/. Zugegriffen: 18. Apr. 2018.

Ihr Bonus als Käufer dieses Buches

Als Käufer dieses Buches können Sie kostenlos das eBook zum Buch nutzen.
Sie können es dauerhaft in Ihrem persönlichen, digitalen Bücherregal
auf **springer.com** speichern oder auf Ihren PC/Tablet/eReader downloaden.

Gehen Sie bitte wie folgt vor:
1. Gehen Sie zu **springer.com/shop** und suchen Sie das vorliegende Buch
   (am schnellsten über die Eingabe der eISBN).
2. Legen Sie es in den Warenkorb und klicken Sie dann auf:
   zum Einkaufswagen / zur Kasse.
3. Geben Sie den untenstehenden Coupon ein. In der Bestellübersicht wird
   damit das eBook mit 0 Euro ausgewiesen, ist also kostenlos für Sie.
4. Gehen Sie weiter **zur Kasse** und schließen den Vorgang ab.
5. Sie können das eBook nun downloaden und auf einem Gerät Ihrer Wahl lesen.
   Das eBook bleibt dauerhaft in Ihrem digitalen Bücherregal gespeichert.

EBOOK INSIDE

eISBN	978-3-658-22642-8
Ihr persönlicher Coupon	heSc84neC5TCKFJ

Sollte der Coupon fehlen oder nicht funktionieren, senden Sie uns bitte
eine E-Mail mit dem Betreff: **eBook inside** an **customerservice@springer.com**.

Printed by Printforce, the Netherlands